高等教育发展学术论丛

我国大学生价值教育发展史研究

（1949—2019年）

许桂芳◎著

STUDY ON THE DEVELOPMENT HISTORY OF VALUE EDUCATION OF COLLEGE STUDENTS IN CHINA

(1949-2019)

经济管理出版社
ECONOMY & MANAGEMENT PUBLISHING HOUSE

图书在版编目（CIP）数据

我国大学生价值教育发展史研究：1949—2019年/许桂芳著．—北京：经济管理出版社，2020.8

ISBN 978-7-5096-7529-8

Ⅰ．①我… Ⅱ．①许… Ⅲ．①大学生－社会主义核心价值观－教学研究－中国
Ⅳ．①G641

中国版本图书馆CIP数据核字（2020）第169830号

组稿编辑：王光艳
责任编辑：魏晨红
责任印制：黄章平
责任校对：王纪慧

出版发行：经济管理出版社
（北京市海淀区北蜂窝8号中雅大厦A座11层 100038）
网 址：www.E-mp.com.cn
电 话：（010）51915602
印 刷：唐山昊达印刷有限公司
经 销：新华书店
开 本：720mm×1000mm/16
印 张：14
字 数：230千字
版 次：2020年8月第1版 2020年8月第1次印刷
书 号：ISBN 978-7-5096-7529-8
定 价：68.00元

目　录

绪　论

任何社会都是通过价值教育或倡导一定的价值指引，帮助人们选择适合社会发展和个人发展需要的价值取向、价值目标和价值追求，从而实现社会秩序的稳定和文化的连续性。当代大学生肩负着民族复兴的重任。就我国高校而言，不仅要大力提升学生的科学文化素养，更要加强社会主义核心价值体系和社会主义核心价值观教育，教育引导大学生树立正确的世界观、人生观、价值观。尤其是在价值多元化的当下，进一步深化和推动大学生价值教育工作，努力将大学生培养成为遵循价值规范、具备优秀价值品格、掌握社会主义现代化建设所需知识和扎实本领的优秀人才，使之能始终与时代发展相向而行，符合祖国和人民的时代需求，对全面建成小康社会和中华民族的伟大复兴宏伟目标的实现具有重大而深远的战略意义。

中华人民共和国的成立，确立了以马克思主义为指导的社会主义意识形态。改革开放后，党和国家做出了大力推进社会主义精神文明建设的战略部署。1986 年发布的《中共中央关于社会主义精神文明建设指导方针的决议》，提出要“形成有利于社会主义现代化建设和全面改革的舆论力量、价值观念”。1992 年，党的十四大报告中进一步提出要“树立正确的理想、信念和价值观”。此后，在中共中央、国务院的文件和领导人的重要讲话中，谈到价值观念问题时，都指出要“树立正确的价值观”或者“逐步树立正确的世界观、人生观、价值观”。2006 年，党的十六届六中全会第一次明确提出要建设社会主义核心价值体系这个重大命题。社会主义核心价值体系是凝聚全党全国人民团结奋斗的思想基础，关于如何建设社会主义核心价值体系，2012 年，党的十八大明确提出“三个倡导”，积极培育和践行社会主义核心价值观。2017 年，党的十九大提出“要发挥社会主义核心价值观的引领作用，把社会主义核心价值观融入社会发展各方面，转化为人民的情感认同和行为习惯”。

在当代，西方价值教育理念影响广泛，价值教育实践较为普及。早在 20 世纪 60 年代中期，价值教育理论流派和实践模式相继产生，大量的价值教育著作和论文相继出版，以 1966 年价值澄清学派的代表作——《价值与教学：课堂中的价值观作用》一书出版为代表。20 世纪 80 年代，价值教育思潮开始席卷全球，其中，以英美等发达国家为代表。20 世纪 90 年代，价值教育地位和重要性进一步凸显。各国依照各自的社会背景，以每个时期的主流价值观为依托开展价值教育，并形成了相应的理论，主要有西方古代的绝对主义价值教育理论、现代西方的相对主义价值教育理论、人本主义价值教育理论、核心价值教育理论、马克思主义价值教育理论等。在教育模式上，有品格教育模式、文化继承模式、关爱团体模式、社会行动模式、公正团体模式、伦理质询模式等。

全球化是当今世界的基本特征，全球化不仅体现为经济交往、贸易活动，也必然带来观念的碰撞、价值的冲突，同时改革开放 40 多年来的社会经济结构转型，各种社会思潮跌宕起伏，当前中国社会文化呈现出多元化特征，给大学生价值教育带来了新的机遇和挑战。以史为鉴，可以知兴替。通过全面考察新中国成立以来各个历史阶段开展大学生价值教育的情况，认真总结其中的经验和启示，凝练中国特色大学生价值教育模式，对于切实加强和改进大学生价值教育工作、推动社会主义核心价值观渗透到日常生活的社会结构中，使之真正成为大学生认同的价值观具有重要意义。

一、研究意义

2016 年 12 月，在全国高校思想政治工作会议上，习近平强调："立德树人是高校的立身之本。高校要坚持不懈传播马克思主义科学理论，抓好马克思主义理论教育，为学生一生成长奠定科学的思想基础。要坚持不懈培育和弘扬社会主义核心价值观，引导广大师生做社会主义核心价值观的坚定信仰者、积极传播者、模范践行者。"①2017 年 2 月，中共中央、国务院印发《关于加强和改进新形势下高校思想政治工作的意见》，指出要强化思想理论教育和价值引领。党的十九大把坚持社会主义核心价值体系作为党的基本方略之一，强调要发挥社会主义核心价值观对国民教育的引领作用。正确的价值体系要确保其长久的有效性，必须为广大人民群众所理解和认同，才有可能转化为人们自觉坚守和真正奉行的价值遵循。青年时期是价

① 习近平谈治国理政（第二卷）［M］. 北京：外文出版社，2017：377.

值观形成和确认的关键期，推动社会主义核心价值体系在全社会落地生根，必须抓住青年大学生这一关键人群。

（一）理论意义

1. 拓展大学生价值教育的研究视野

近年来，我国价值教育的研究取得了较丰富的成果，学者们从不同的视角对价值教育的内涵、内容、策略、方法等进行了有益的探索。但对我国“价值教育”的历史发展进行专门研究的成果非常少。截至目前，在中国知网能找到的相关论文为数不多，较有代表性的有：石海兵的《简论建国 60 年青年价值观教育的历史发展》，蓝维、夏飞的《价值观教育的确立与发展——价值观教育 30 年的历史回顾》，洪明的《论社会主义核心价值观教育的历史演进》等。本书试图总结中国共产党主要领导人的大学生价值教育思想，通过对新中国成立以来大学生价值教育的历史进行发掘与研究，以社会主义核心价值体系和社会主义核心价值观为中心线索，梳理大学生价值教育内容、途径的演进过程，从历史发展的角度探讨我国大学生价值教育的开展情况，是对大学生价值教育研究视野的拓展。

2. 丰富大学生思想政治教育史

大学生是我国社会中一个十分重要且特殊的群体。我国大学生规模世界第一，在校生总数正朝着 3000 万人的规模迈进。价值观念是思想政治素质中的核心，大学生的价值观念、价值心理、价值活动直接影响国家的核心竞争力和命运走向。中国共产党历来重视对大学生开展思想政治教育，重视对大学生开展马克思列宁主义、毛泽东思想和中国特色社会主义理论体系的教育，用社会主义核心价值体系和社会主义核心价值观教育引导大学生。梳理中华人民共和国成立以来大学生价值教育的开展情况，厘清大学生价值教育历史发展脉络，是对大学生思想政治教育史研究的丰富。中国共产党人的价值理念是一脉相承的，总结中国共产党主要领导人的大学生价值教育思想，也是对大学生思想政治教育指导思想的丰富。开展大学生价值教育的历史发展研究，有助于推动大学生群体站在历史的角度审视不同历史阶段大学生价值教育的开展情况，大学生参加价值理论学习、价值实践活动的情况，让大学生认识到培育和践行社会主义核心价值观并不是一时的心血来潮，而是有历史渊源和历史沿革的，推动大学生更加自觉地践行社会主义核心价值观。

3. 凝练中国特色大学生价值教育模式

新中国成立以来，不同的历史阶段，大学生价值教育的目标、内容、方法、途径等有所不同。但总体而言，大学生价值教育的发展是一个不断规范化、科学化、法制化的过程。大学生价值教育的目标、内容、方法、途径不断得到完善和优化。特别是党的十八大以来，以社会主义核心价值观引领大学生价值教育，推动大学生价值教育取得了历史性发展，在实践中逐渐形成了中国特色大学生价值教育模式。站在新时代背景下，通过系统梳理和总结新中国成立以来大学生价值教育的发展轨迹和主要内容，总结凝练和坚持发展中国特色大学生价值教育模式，提升大学生价值教育的实效性，并向世界贡献在大学生中开展价值教育的中国模式。

（二）现实意义

1. 为新时代加强和改进大学生价值教育提供历史支撑

党的十九大指出我国经济社会发展迈入了新时代，新时代要以习近平新时代中国特色社会主义思想为指导，要弄懂弄通“8 个明确”和“14 个坚持”基本方略；新时代的社会主要矛盾发生了变化，我们要建设富强、民主、文明、和谐、美丽的现代化强国，新时代要求大学生要能担负起民族复兴大任，要有理想、有本领、有担当。概而言之，新时代对大学生的价值教育提出了新要求。如何引导大学生成为有理想、有本领、有担当的一代，是大学教育的重要课题，更是中国共产党人一以贯之的重要工作。党和国家历来重视对大学生的培养，毛泽东提出要使青年学生在德智体几方面都得到发展，邓小平提出“四有”新人的培养目标，江泽民提出“五个成为”的人才观，胡锦涛提出“四个新一代”的人才标准，这些都是新时代开展大学生价值教育的理论依据和历史支撑。

2. 有利于推动大学生的历史使命和高校育人目标的实现

当代大学生肩负着实现中华民族伟大复兴的历史使命，肩负着建设富强、民主、文明、和谐、美丽的社会主义现代化国家的历史使命。为此，要求学生有责任担当意识和能力素质，更要有科学的价值观指引发展方向。立德树人是高校的根本任务，要努力培养信念执着、品德优良、知识丰富、本领过硬的高素质专门人才和拔尖创新人才。[①] 理想信念是深层次的价值观念，是人生最高的价值追求。在知识经济、全球化、信息化的时代进程中，大学生时常面临着理想与现实、利益与道德、效率与公平等不同形态的价值冲击，如何引导大学生学会做出正确的价值判断和选择，是高校育人的重要使命。比如，知识丰富、本领过硬是进行价值选择的基础条件，高素质的拔尖创新人才是价值教育目标的具体体现，那么价值教育可视为高校育人目标达成的“加速器”和“校准仪”。

3. 有利于提升大学生价值教育针对性和实效性

开展大学生价值教育历史发展研究，考察不同历史时期大学生价值教育的内容、途径、特点、经验与教训，在继承的基础上不断创新发展大学生价值教育，有助于提升当前中国大学生价值教育的针对性和实效性。传统的思想政治教育、道德教育中意识形态色彩过重，政治倾向明显，且多采用灌输方式开展，因而在实践过程中容易导致学生的抵触，缺乏针对性，影响教育实效。社会转型时期，价值迷茫、价值冲突对大学生困扰尤为突出，加强大学生的价值教育，以史为鉴，结合新时期大学生身心发展特点要求和时代要求，回归大学生的主体地位，回应大学生的现实需求，在构建大学生价值教育内容的实践中，充分发挥大学生主体在价值教育中的主动性、能动性和创造性，实现知、情、意、行的统一，从而有利于提升大学生价值教育的实效性和针对性。

二、文献综述

（一）国外相关研究综述

西方价值教育的研究成果颇为丰富，在不同的历史时期和国家，都有各具代表性的理论流派和价值教育实践。每个时期的价值教育总是与该时期主流价值观相契合，二者之间又相互影响。本书以大学生价值教育的历史发展为研究内容，属于价值教育的实践问题研究，因此在考察国外研究成果的综述时着重对国外特别是美国的价值教育实践进行总结。

① 教育部思想政治工作司.加强和改进大学生思想政治教育重要文献选编（1978–2014）[M].北京：知识产权出版社，2015：405.

西方价值教育研究起步较早，“冷战”时期，英美国家就开始推行民主自由的价值观念，教育界也开始关注价值教育，但此时的研究还较为零散。从 20 世纪 60 年代开始，价值教育研究逐渐活跃，各种价值教育理论流派和实践模式层叠涌现，关于价值教育的相关著作相继出版。20 世纪八九十年代，世界局势巨变，为应对世界政治、经济、文化新的发展变化，价值教育再次迎来研究高潮并席卷全球，成为一股国际性的思潮。

价值教育较有代表的理论流派有：①价值澄清理论流派。20 世纪 60 年代以来，文化冲突不断，多元文化主义和多元文化思想开始被接受，相对主义价值观盛行。与此同时，价值澄清理论流派逐渐发展，其形成的标志是 Louis E.Raths、Merrill Harmin、Sydney B.Simon 合著的《价值与教学》一书出版。价值澄清理论流派致力于研究个体怎样澄清自己的价值，价值教育的任务就是使学生认清自己的价值并强化自己的价值。价值澄清理论仅仅对价值做出澄清，而对价值观念和价值行为不做出评价与判断，也不给予直接的价值指导和引导，否认普遍的价值共识，反而在一定程度上造成了青少年的价值混乱与困惑。②道德认知理论流派。70 年代，价值教育研究者开始对价值澄清理论进行反思和批判，道德认知理论逐渐发展，代表人物是劳伦斯·科尔伯格，道德认知理论主张通过对一些道德两难问题的讨论，希望让儿童做出是非、道德的判断并陈述理由，从而解决价值冲突问题。其理论包括儿童道德发展的核心是道德认知的发展、“三水平六阶段”的道德认知发展阶段模型等，主张用道德讨论法和公正团体法来促进道德认知的发展。③品格教育流派。品格教育开始复归。80 年代，品格教育的代表人物是托马斯·里可纳，其代表作有《什么是品格教育》《教育品格》《培养品格》等。品格教育强调通过直接传授社会价值规范、文化传统等培养青少年的价值观念和道德品行。“关怀模式”创立者内尔·诺丁斯把关怀理论用于价值教育实践中，把价值教育建立在对受教育者关怀需要的基础上，代表作有《关怀：伦理道德教育的女性主义方式》《学会关怀：教育的另一种模式》。

20 世纪 90 年代，国家价值教育思潮兴起，一些价值教育的学术性组织相继成立，取得了丰富的价值教育研究成果，各国的价值教育实践精彩纷呈。英国教育理论家莫尼卡·泰勒在调查和研究的基础上，编辑出版了《价值教育在欧洲：1993 年 26 国的比较调查概况》，对价值教育的发展提出了建议和对策。泰勒和海尔斯泰德（2000）发表的论文《关于价值的教与学》对英国价值教育的研究进行了较全面的总结。之后，一批关于学校价值教育的成果先后问世。具有代表性的有卡明斯对各国学校价值教育实践的实证研究。

西方学者在学校价值教育方面的研究起步较早，研究成果比较多。不同的国家形成了各自具有代表性的价值教育理论流派，建立了较为系统、完整的学校价值教育理论体系和实践操作模式。首先，国外关于价值教育的探讨，很多是从教育哲学的视角入手，从教育价值的研究转为价值教育。其次，学者对价值教育的本质、内涵等基本理论进行了分析，但至今尚未形成被普遍接受的定义。最后,学者对价值教育实践进行了考察和专门的研究，如对价值教育的要素、课程设置、教师角色、教育方法等进行了实证研究。国外关于学校价值教育的研究及成果，为我国学校价值教育的开展提供了一定的借鉴意义。

1. 关于价值教育的内容

西方国家重视学校价值教育的课程设计、内容选择。在当代教育研究领域，很多学者对学校价值教育内容体系问题进行了深入研究。代表性观点如表 0-1 所示。

表 0-1　国外学者关于价值教育内容的代表性观点

观点提出者	基本思路	价值教育主要内容
托马斯·里克纳（Thomas Lickona）	普遍道德价值	以尊重和责任两个基本道德价值为核心，还包括与之相关的诚实、公平、宽容、谨慎、自律、乐于助人、同情心、合作、勇气和一系列民主价值①
戴安·泰尔曼（D.Tillman）	关键的个人和社会价值观	合作、自由、快乐、诚实、谦虚、爱心、和平、尊重、责任、简朴、包容以及团结②
克里夫·贝克（Clive Beck）	服务于人生幸福的一系列基础价值及其他具体价值	基础价值：生存、健康、幸福、友谊、助人、自尊、自由、自我实践 精神价值：良知、豁达与远见、整体感、惊奇、感激、希望、独立与超然、谦恭、爱、儒雅与和善 道德价值：谨慎、责任、勇敢、自制、可靠、真诚、诚实、公正、无私

① ［美］托马斯·里克纳.美式课堂——品质教育学校方略［M］.刘冰等译.海口：海南出版社，2001：6.

② ［美］戴安·泰尔曼.青年生活价值训练广场［M］.北京：北京师范大学出版社，2005：3-5.

续表

观点提出者	基本思路	价值教育主要内容
克里夫·贝克（Clive Beck）	服务于人生幸福的一系列基础价值及其他具体价值	社会和政治价值：和平、正义、程序正当、宽容、参与、合作、分享、忠诚，等等 中介价值：健美、运动能力、音乐鉴赏、良好家庭关系，等等 具体价值：一辆自行车、一部电话机、一种特殊的友情，等等[①]

西方价值教育不仅重视正规的、显性的课程，也重视非正规的、隐性的课程。

（1）公民教育。西方各国都比较重视公民教育，并将其视为价值教育的主要内容，且随着时代的发展，公民教育的内涵也在不断发展和丰富。以英、美两国为例，都从国家层面出台文件、政策，把公民教育列为学校教育的核心课程，开展公民教育。

（2）精神、道德、社会和文化教育。1988 年，英国颁布《教育改革法案》，明确要求学校提供一种广泛和谐的课程，使学生能够在精神、道德和文化等方面都得到发展。道德教育被视为价值教育的一个亚领域。“道德价值观是价值系统的一部分，它的目的就是促进人的幸福”。[②]

（3）宗教教育。在 Halstead 和 Taylor 看来，宗教教育可以为学生提供一个讨论和反省生活的意义和目的、价值观和信念的本质、承担义务和责任、个体的生活经历等问题的机会，从而帮助学生在价值观和态度方面得到发展。

（4）个人、社会、健康教育。个人教育主要关注学生对自身的了解以及对自身的调节和自信心的培养。社会教育则帮助学生在社会化过程中成长为能更好适应社会的人。个人和社会教育的内容包括个人和家庭的关系、性责任、毒品和酒精教育、家庭养育与儿童发展、暴力、破坏性行为，冲突管理等。健康教育包含身体健康教育和心理健康教育两部分。

（5）学科教学中的价值教育。西方当代价值教育重视把各门学科课程作为价值教育的工具和途径。课程中渗透价值教育的科目既可以是自然技

① ［加］克里夫·贝克．学会过美好生活［M］．北京：中央编译出版社，1997：3–6.

② ［加］克里夫·贝克．优化学校教育——一种价值的观点［M］．戚万学等译．上海：华东师范大学出版社，2003：143.

术科学，也可以是人文社会科学。

（6）隐性课程。显性课程以外的学校生活同样影响学生价值观的发展，主要有校风、集体仪式、课外活动、学校政策、纪律等。在学校中营造积极向上充满正能量的价值氛围，形成良好的校风，对学生的价值观形成至关重要。课外活动是正规课堂教学的有益补充。课外活动包括学校和社区活动。通过有目的、有组织、有意识地开展实践活动，将一定的价值观念渗透其中，在社会实践活动中引导学生形成健康的价值观念、人生态度、社会责任感、参与能力等。

2. 价值教育的模式

西方不同的国家都有自己的价值教育模式。以美国为例，从20世纪90年代以来，品格教育运动（Character Education Movement）开展得轰轰烈烈，是美国、北美地区乃至西方世界学校价值教育开展的主流模式，很多人甚至把美国品格教育看作价值教育的同义词。而实际上，品格教育仅仅是美国价值教育模式的一种。在西方价值教育实践中，形成了很多综合性的价值教育模式，比较典型的价值教育操作模式如表0-2所示。

表0-2 几种典型的价值教育操作模式比较

价值教育模式	主要观点	实施方法	优点	缺点
品格教育模式	（1）强调价值教育的内容 （2）强调榜样示范在价值教育中的作用 （3）通过向青少年传递恰切的美德，学校就能塑造他们的行为	价值传递法、价值指导法	（1）直接传授价值规范 （2）重视培养学生的价值理解能力和判断能力	（1）有灌输的倾向 （2）有文化霸权的痕迹
文化继承模式	（1）学生通过对文化艺术和文化礼仪的深刻理解来学习文化传统和价值观 （2）倡导价值指导	价值引导、隐性生成	（1）对学生文化的尊重 （2）支持多元文化的继承和发展	（1）对价值教育的老师有特殊的要求，如来自学生的本土文化等 （2）很难形成社会共同认可的核心价值观念
关爱团体模式	（1）重视人的社会性交往以及情感的健康发展 （2）全纳性（Inclusiveness）	以间接的隐性教育为主	（1）学生比较有归属感、团体感 （2）学校、课堂氛围较好	（1）教育比较随性化 （2）对教师和学生的协作有较高要求

续表

价值教育模式	主要观点	实施方法	优点	缺点
社会行动模式	（1）学生既是移情的存在，又是社会的当事人，人是社会性和政治性的动物 （2）鼓励学生自由汇聚思想、主动协商课题，在校外寻找学习资源	参与社会行动、体验式价值教育	（1）学生参与性强，容易形成较强的价值主体意识 （2）学习效果比较持久	（1）学习的效果具有随机性和不确定性 （2）限制了教师的作用
公正团体模式	（1）重视学生参与学校管理的权利，在民主管理中发展学生共同的价值意识 （2）旨在影响学生的道德判断和道德行为的统一发展，是一种“团体实践模式”	“干中学”、集体教育、隐性教育	有利于培养学生的集体意识、利他精神	（1）满足学生个性发展方面存在不足 （2）忽视了学生的自主性学习
伦理质询模式	（1）前提假设：讨论促进学生的道德发展 （2）价值教育是学生参与以两难问题为中心的“道德对话”的过程	道德两难情境法	（1）有助于激发学生的积极性、参与性和创造性 （2）在讨论中引入不同的观点和视野，有利于学生之间增进了解	（1）过于强调探究和讨论的过程，而不是明确地强调价值观的传授 （2）被认为是形式主义化的道德教育

（二）国内相关研究综述

1. 国内价值教育研究现状概要

以“价值教育”为主题在中国知网全文数据库进行精确检索，截至2017年12月31日，共有5713篇文献。

第一，从文献的年度分布看，从图0-1可以看出，价值教育的研究从1982年起步，近年来对价值教育的研究呈现逐步上升的趋势，尤其是对价值教育研究的关注度越来越高。2000~2017年的相关文献为5461篇，占文献总数的95.59%。

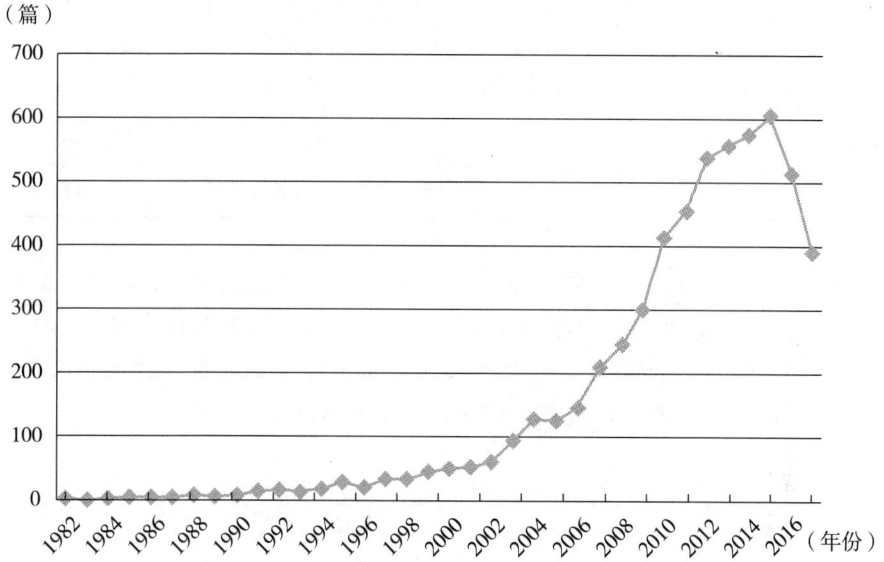

图 0-1　国内价值教育文献的年度分布

第二，从文献的学科分布看，价值教育的文献分布在高等教育等 40 个学科中，其中排名前三的学科为高等教育（1672 篇）、教育理论与教育管理（1280 篇）、中等教育（775 篇），占文献总量的 65.24%。其中，思想政治教育学科的文献共 266 篇，占文献总量的 4.66%，排在学科分布的第五位（见表 0-3）。

表 0-3　国内价值教育文献学科分布前二十的学科

学科领域	文献数量(篇)	学科领域	文献数量(篇)
高等教育	1672	伦理学	62
教育理论与教育管理	1280	新闻与传媒	55
中等教育	775	社会学及统计学	54
初等教育	269	政党及群众组织	50
思想政治教育	266	外国语言文学	50
职业教育	241	哲学	49
体育	181	中国共产党	47
学前教育	107	旅游	45

续表

学科领域	文献数量（篇）	学科领域	文献数量（篇）
成人教育与特殊教育	95	中国政治与国际政治	44
文化	83	医学教育与医学边缘学科	43

第三，从文献的关键词分布看，价值教育文献的关键词主要为大学生、生命教育、思想政治教育，如图 0-2 所示。但从关键词的共现来看，大学生、生命教育、思想政治教育、社会主义核心价值体系、教育、社会主义核心价值观等在文献中的共现次数比较高，如图 0-3 所示。

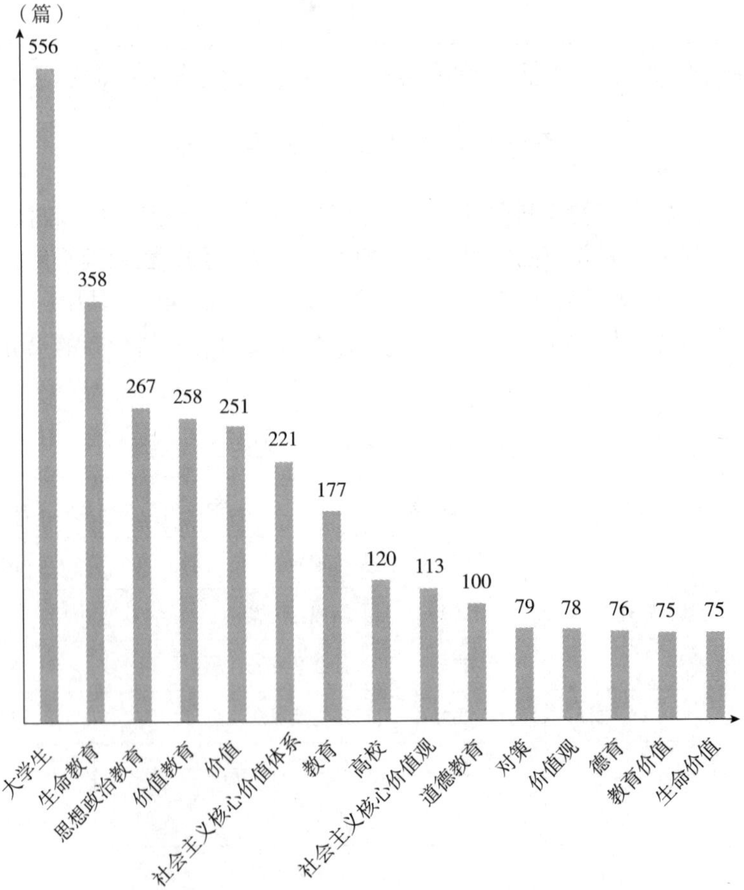

图 0-2 价值教育关键词的文献分布

	大学生	生命教育	思想政治教育	价值教育	价值	社会主义核心价值体系	教育	高校	社会主义核心价值观	道德教育	对策	价值观	德育	生命价值	教育价值	启示	途径	生命	价值取向	创新
大学生																				
生命教育																				
思想政治教育	69	15																		
价值教育	8	4	3																	
价值	7	4	16	17																
社会主义核心价值体系	47		30	3																
教育	35		3	3	16	19														
高校	11	15	13		5	8	3													
社会主义核心价值观	32		6				5													
道德教育				7	8															
对策	24	9				3		5												
价值观	20			4	5		7				3									
德育		5					3	5												
生命价值	20	16					4	3												
教育价值					5		3													
启示	4	4	3	4						2			5							
途径	9	12	6	4	3	5	2		2											
生命	15	32	2				4			3			2	4						
价值取向	4						4													
创新	3		7		2	5	4	4					4							

图 0-3 价值教育关键词共现的文献分布（单位：篇）

2. 关于学校价值教育的研究

（1）关于价值教育的概念。从 20 世纪 90 年代开始，国内学者从不同角度对价值教育进行了界定。代表性观点有：王逢贤（2000）提出："价值教育是促进人的价值素质发展的高级社会活动。价值教育的实质是创造人的价值的教育或真善美的人的创价教育。"[①] 李斌雄（2004）认为："价值教育是指受教育者的价值观理论教育、价值观念培育、价值心理引导和

① 王逢贤 . 价值教育及其在新世纪面临的挑战［J］. 高等教育研究，2000（5）：54.

价值活动调控。其中作为价值观念内容的理想信念教育是核心。”[①] 吴亚林（2009）认为：“价值教育是旨在发现人、寻找人的归属和提升人的生命意义与人生境界的教育。”[②] 石中英（2009）指出，“价值教育不仅关注观念形态的价值范畴的呈现、阐释和宣传，还关注更加广泛的教育目标的达成，如正确的价值态度和情感的陶冶、价值理性或自主性的培育、价值信念的建立，以及将某一价值观念整合到日常生活之中的行动，等等”。[③] 有从价值教育的范围出发来界定价值教育的，如黄藿（2007）认为：“价值教育的范围很广，包括公民教育、爱国主义教育、思想政治教育等这些德育范畴内的教育，也包括审美教育。”[④] 有从教育价值的角度来界定价值教育的，如王坤庆（2003）认为：“价值教育是在教育价值研究的基础上形成的，价值教育主要是教育实践活动的一种类型，是人们在正确的教育价值观的引导下所从事的教育实践活动的一种称谓。”[⑤]

（2）关于价值教育的内容。代表性观点有：李斌雄（2007）认为，社会主义核心价值体系教育的基本内容包括：马克思主义价值理论教育和党的价值观教育、中国特色社会主义共同理想教育、以爱国主义为核心的民族价值观教育、社会主义荣辱观教育四项。[⑥] 石中英（2009）提出价值教育应该肩负如下使命：传承人类的基本价值，弘扬社会的主流价值，整合优秀的传统价值，注重职业价值观的养成，提升人们的价值理性。[⑦] 陶志琼（2013）认为，价值教育内容由三大板块组成：人的价值的教育、教育价值的教育、知识价值的教育。[⑧]余清臣（2013）指出，现代学校价值教育核心内容体系应该以社会和谐—人生幸福为中心来建设，最终形成包括终极理想层、生活精神层、公

① 李斌雄 . 价值教育初探［R］. 21 世纪价值教育观与文化战略学术研讨会论文，2001.

② 吴亚林 . 价值与教育［M］. 北京：北京师范大学出版社，2009：170.

③⑦ 石中英 . 价值教育的时代使命［J］. 中国民族教育，2009（1）：18-20.

④ 黄藿 . 价值教育的几个基本问题［J］. 中国德育，2007（7）：6.

⑤ 王坤庆 . 论价值、教育价值与价值教育［J］. 华中师范大学学报（人文社会科学版），2003（4）：128-132.

⑥ 李斌雄 . 我国社会主义核心价值体系教育的内容结构［J］. 思想理论教育，2007（1）：22-27.

⑧ 陶志琼 . 中小学生价值教育的关键内容构成［J］. 教育发展研究，2013（4）：34-41.

共生活层、个人生活层四个方面的内容体系。[①] 蒲蕊（2013）建议价值教育的内容应体现共识性、民族性和历史继承性、时代精神等。[②]

（3）关于价值教育的开展实施。关于价值教育实施的判断标准：检验思想政治教育中知识教育与价值教育的根本标准是生产力标准、“三个有利于”标准、“四有人才”标准和人的全面发展标准（李斌雄，2001）。[③]

关于价值教育与课程教学的关系：价值教育的教学方法应该采用启发式教学，可以参考苏格拉底的教学方法；教师应该树立良好的身教典范；价值教育中应该传递的价值首先是明辨是非（黄藿，2007）。[④] 任何形式的价值教育只有与课程改革结合起来，才能找到立足的土壤，包括课程的教育价值和价值教育中的课程两个方面（王坤庆，2003）。[⑤] 课堂教学中实施价值教育，是教学过程中各教学要素的优化与组合。教学中价值教育的途径可分为直接途径与间接途径两大类。直接途径就是以情感、态度与价值观目标的达成为载体；间接途径是指课堂教学中隐性的价值目标达成活动，是指教师以间接的方式让学习者体验价值，达成价值目标的过程（魏宏聚，2013）。[⑥]

价值教育的实施路径：以社会主义核心价值体系为指导；发挥广大教师的积极作用；在继承的基础上不断创新价值教育的主题、途径与方法；主动与家长开展密切的合作；辩证地看待社会文化环境的影响作用（石中英，2014）。[⑦]

3. 关于大学生价值教育的研究

目前，学者对该问题的探讨主要集中在以下几个方面：

（1）大学生社会主义核心价值体系教育和建设研究。学者们的研究主要聚焦在：大学生社会主义核心价值体系建设、大学生社会主义核心价值体系教育及意义、大学生社会主义核心价值体系教育的理论与实践、把社会

---

① 余清臣．现代学校价值教育核心内容体系及其教育策略［J］．教育学报，2013（2）：13–20.

② 蒲蕊．中国转型变革社会中的价值教育［J］．教育科学研究，2013（4）：13–17.

③ 李斌雄．论知识教育·价值教育·思想政治教育［J］．思想教育研究，2001（6）：25.

④ 黄藿．价值教育的几个基本问题［J］．中国德育，2007（7）：5–6.

⑤ 王坤庆．论价值、教育价值与价值教育［J］．华中师范大学学报（人文社会科学版），2003（4）：128–132.

⑥ 魏宏聚．课堂教学中实施价值教育的途径与策略［J］．教育科学研究，2013（2）：9–13.

⑦ 石中英．当前加强青少年价值教育的几点建议［J］．中国教育学刊，2014（1）：1–4.

主义核心价值体系融入大学生思想政治教育及全过程、把社会主义核心价值体系融入大学生思潮、大学生社会主义核心价值体系教育与思想政治教育的关系、大学生社会主义核心价值体系教育的有效性研究等。如宫志峰等（2012）的《大学生社会主义核心价值体系建设研究》、张立成（2014）的《大学生社会主义核心价值体系教育研究》、李前进（2014）的《我国大学生社会主义核心价值体系教育研究》等。

（2）大学生认同、培育和践行社会主义核心价值观。研究主要集中在以下领域：大学生社会主义核心价值观培育与思想政治教育创新、大学生社会主义核心价值观培育与践行的路径、大学生培育和践行社会主义核心价值观的长效机制、大学生社会主义核心价值观教育、大学生认同社会主义核心价值观等。有学者对大学生培育和践行社会主义核心价值观现状进行调研，分析存在的问题，提出解决的对策；有学者关注大学生培育和践行社会主义核心价值观中存在的问题；有学者关注立德树人维度下如何加强和改进大学生社会主义核心价值观教育。

（3）大学生价值观教育。有学者梳理改革开放新时期大学生价值观嬗变的历史轨迹，总结分析嬗变的原因，从而有针对性地提出大学生价值观教育的基本内容、方法和途径等。如王莹（2017）的博士论文《当代大学生价值观的嬗变与培育研究》、张兴海（2010）的《大学生价值观教育研究》。有学者从某一个角度出发来关注大学生的价值观教育，如从当代中国马克思主义大众化视域下如何加强和改进大学生价值观教育，从微媒体的视角来探讨大学生价值观教育，从文化多元化的视野来探讨大学生价值观教育等。

（4）大学生价值冲突及价值教育的策略。代表性观点有：唐卫红、罗明星、章明明（2010）认为，“当下大学生价值选择的冲突有：全球化下的个人本位与社会本位冲突、信息网络化下的虚拟与现实的价值冲突、潜规则下的理想憧憬与现实生活的价值冲突、市场经济条件下的物性价值与人性价值的追求冲突。大学生合理价值取向的建立有赖于学校价值教育的完善，而价值内容归序、教育主体与教育制度的价值提升是完善价值教育的合理路径。大学生价值教育的内容应涵盖人性价值归位教育、合理性价值教育、高尚性价值追求教育三个方面”。[①] 吴庆、张泽一（2015）

① 唐卫红，罗明星，章明明 . 大学生价值冲突及价值教育策略研究［J］. 广州大学学报（社会科学版），2010（9）：53–57.

认为，“社会转型期高校大学生的价值冲突与困惑有：物性价值与人性价值的冲突，个人价值与社会价值的冲突，价值选择的导向性和无向性之间的矛盾，想象价值与实际价值的冲突；高校大学生价值教育要实现方式创新，主要可以从以下几个方面努力：改变忽视价值教育的思维模式，重视课程设置，加强高校价值教育的教师素质和队伍建设，课堂教学中将价值教育‘导之以学’，价值教育实践的‘导之以行’，注重高校网络价值教育的治理”。①

（5）大学生价值教育的个案分析。代表性成果有龚放、王婧、郑汉文（2000）的论文《大学生的价值教育：南京大学文化素质教育的个案分析》。该文章以南京大学推行的文化素质教育作为个案，探讨了大学生价值教育的理念与实践。南京大学文化素质教育理念的内涵：注重人格养成和价值教育，实践模式是全体参与与部分加强，实践举措是不拘一格塑人才。②

（6）其他方面。代表性成果有：王树林（1997）的《儒家文化与21世纪大学生的价值教育》，李勋（2015）的《大学生价值教育的文化根基与时代命题》，刘达志（2011）的《志愿服务与大学生价值教育》，叶佩（2013）的《大学生集体行为与大学生价值教育》，李剑富、曾卫明、杨秀江（2005）的《关于大学生的价值取向与加强价值观教育的思考》，胡刚（2007）的《当代大学生价值观教育与社会主义核心价值体系构建》，樊利娟、段靖（2012）的《对大学生价值认知的思考》等。还有学者专门就大学生生命价值教育进行了论述和研究，这些无疑对大学生价值教育起到一定的借鉴作用。

（三）简要述评

对价值教育近20年来的文献进行分析和综述，可以发现：

第一，虽然近年来价值教育的文献数量呈明显增多趋势，但研究的总体数量还较少，研究受基金等资助的比例不高，开展相关研究的学者比较集中。

第二，价值教育研究的学科视角分布主要集中在教育学中的高等教育、

① 吴庆，张泽一．高校大学生价值教育的冲突及实现方式创新［J］．教育理论与实践，2015（9）：38-40.

② 龚放，王婧，郑汉文．大学生的价值教育：南京大学文化素质教育的个案分析［J］．高等教育研究，2000（5）：57-60.

教育理论与教育管理、中等教育等，而从其他学科进行研究的较少，从思想政治教育学科的角度来研究价值教育的文献仅有 266 篇，仅占文献总数的 4.66%，但最近几年有明显的上升趋势。

第三，价值教育理论研究的主题较分散，对国外价值教育的内涵、理论和经验等方面的介绍较多，而对价值教育的具体内容及如何开展，尤其是总结价值教育实践经验方面的文献相对较少，价值教育的实践研究中尚未提出有中国特色的价值教育模式，从历史的视角梳理大学生价值教育发展的研究不多。

第四，随着社会主义核心价值体系重大命题的提出，社会主义核心价值观的培育和践行、价值教育的研究日益为广大研究者所关注，特别是关于社会主义核心价值体系的建设及教育、关于社会主义核心价值观的培育践行和广泛弘扬是研究的热点问题。

三、核心概念界定

（一）价值

“价值”一词在日常生活中被频繁使用，通常指的是“客体的有用性”或“客体满足主体需要的程度”。而上述意义上的价值出现在经济学领域较多，如“我们要树立正确的世界观、人生观、价值观”“我们要加强大学生良好价值品质的培养”，这里价值概念中的“有用性”不仅是对个人的有用性，而且要对社会、对国家都要有用，我们可以把这种“有用性”理解为“一种正当性原则”，即价值是指主体在行动时应该坚持的正确原则，也是评价主体行为“好与坏”“善与恶”“对与错”“高尚与低俗”的重要标准。

在学术界，不同的学者对“价值”一词有不同的界定，大致可以归纳为四类：一是“意义说”。李德顺（2010）认为，价值是指一定的对象（事物、行为、过程、结果等）对人来说所具有的现实的或可能的意义。简言之，价值就是事物对于人（更确切地说，是客体对于主体）的“意义”。[①] 二是“关系说”。袁贵仁（1991）认为，价值是客体对于主体的作用或效用，是作为人的对象性活动的产物和主客体之间的一种关系，是客观存在

① 李德顺．价值论——一种主体性的研究（第 3 版）［M］．北京：中国人民大学出版社，2010：7.

的社会现象，是人的本质力量的对象化。[①]三是“需要说”。李连科（1999）认为，价值是客体与主体需要之间的特定关系，价值来源于客体，取决于主体，产生于实践。[②]四是“效应说”。王玉樑（2008）认为，价值是客体对主体的效应，对主体生存、发展与完善的效应。[③]上述几种代表性的观点虽然在表述上各有侧重，但仔细分析有一个基本共识，即价值是“客体对于主体需要的满足”。客体所具有的客观属性符合主体的利益和需要是客体的价值所在，但价值不仅来源于客体的客观属性，更在于主体的利益和需要，产生于主体的价值追求、评价、选择及价值实践中。这样价值就包括两个维度：一是主体的利益或需要的正当性，人的利益或需要五花八门，但并不是所有的利益和需要都是正当的、合理的，也即我们通常所说的“价值取向”或“目的价值”；二是实现满足主体的利益或需要的方式途径的正当性，即“手段价值”，正当合理的利益或需要如果实现的途径不正当，同样不可取。

马克思主义价值理论是基于主体与客体之间的需要与满足的互动关系，正如马克思指出：“‘价值’这个普遍的概念是从人们对待满足他们需要的外界物的关系中产生的。”[④]价值是以客体的特定属性为基础，以满足主体的现实需要为实现，在主客体之间的相互作用中，在人们具体的、现实的实践活动中不断产生和发展。

（二）价值教育

从我国的教育理论和实践来看，价值教育主要体现在思想教育、思想政治教育、意识形态工作及宣传思想文化工作中，只是在具体的教育实践活动中，思想教育、道德教育、政治教育、价值教育等缺乏相对明确的分野。主题教育、学生社团、文体、社会实践等活动是开展价值教育的形式，专业知识教育、文化素质教育、心理健康教育中也蕴含着价值教育。价值教育是思想教育、思想政治教育、意识形态工作、宣传思想文化工作的理论抽象，它们辩证统一于教育的实践中。可以用一个圈层结构来表示它们之

① 袁贵仁. 价值学引论［M］. 北京：北京师范大学出版社，1991：49-50.

② 李连科. 价值哲学引论［M］. 北京：商务印书馆，1999：94-97.

③ 王玉樑. 关于价值本质的几个问题［J］. 学术研究，2008（8）：43-51.

④ 马克思恩格斯全集（第十九卷）［M］. 北京：人民出版社，1963：406.

间的关系，如图 0-4 所示。

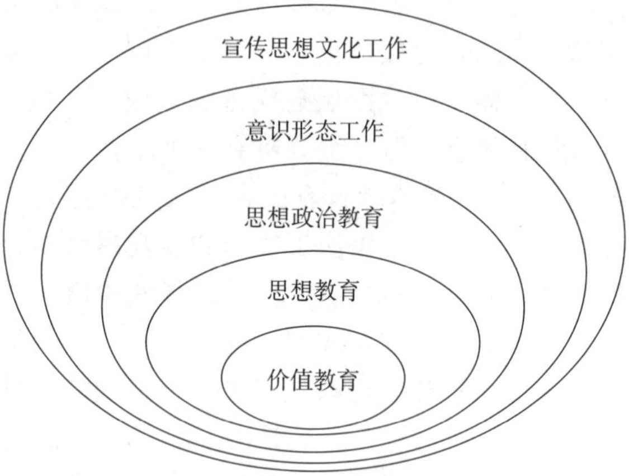

图 0-4　价值教育相关概念的圈层结构

从图 0-4 可以看出，思想教育、思想政治教育、意识形态工作、宣传思想文化工作的核心部分就是价值教育。价值教育归根结底就是为了满足社会和人的发展需要。

本书将价值教育界定为：价值教育是教育者按照社会发展的要求，在马克思主义价值理论指导下，遵循人们价值观念形成发展规律，引导受教育者反思并不断加以重构符合社会发展需求的价值观念、价值心理、价值规范的社会实践活动。我们所指的价值教育的理论基础是马克思主义价值理论。马克思主义价值理论主张价值是客观性与主体性的统一，是相对性与绝对性的统一，是社会性与历史性的统一，是多元性与一元性的统一。价值的客观性是指价值有客观标准，如价值原则、价值规范，价值原则、价值规范不是随心所欲的，而是受社会发展需要的，并且随着社会历史的发展而不断发展。所以，价值教育是可能的并且是必要的。价值的主体性是指价值反映着主体的需要、目的和能力，是以主体为尺度的。价值的相对性是指随着社会实践和历史的发展，价值的判断标准也在不断地完善和发展，所以价值也是社会性与历史性的统一。中国共产党自成立以来，始终坚持马克思主义在意识形态领域的主导地位。因此，我们倡导的价值教育必须坚持马克思主义的指导地位，必须开展马克思主义及其中国化的最新理论成果教育。我们强调建立社会主义核心价值体系，倡导社会主义核心价值观，用社会主义核心价值体系引领社会思潮。当然，在马克思主义一元主导的前提下，我们也倡导主体根据自己的需要实现个性化发展。

价值教育不是增加客体“有用性”或客体有用性的属性的教育，而是让主体明白“什么是正确的、好的、高尚的”的教育，知道“什么样的原则是正当的”“什么样的生活方式是可取的”“在日常学习生活中怎样践行那些被社会所认可的正当性的原则”等的教育。综上所述，价值教育应该体现在以下四个方面：一是价值理论教育，教育引导人们明确价值的本质、规律；二是教育引导人们在多种价值观念中选择符合社会发展要求和个人发展需要的价值观念；三是引导人们形成正当的、合理的价值心理，价值心理引导包括情绪、情感、兴趣、动机、需要的引导；四是正确价值规范的灌输与传递，包括法律规范、制度规范、道德规范等的灌输与传授。

（三）大学生价值教育

本书对大学生价值教育的界定，是指以马克思主义价值理论，特别是以中国共产党主要领导人的大学生价值教育思想为指导，遵循大学生价值观形成发展变化规律和教育规律，有目的、有计划、有组织地对大学生开展以社会主义核心价值体系和社会主义核心价值观为核心内容的教育实践活动。

大学生是一个特殊的群体。①年龄特点。大学生（18~24 岁）处于青年中期，生理发展接近成熟，智力发展达到高峰，但心理发展尚未成熟，缺乏社会实践经验。人是时代的产物，特定时代的经济、政治、文化、科技等在大学生身上体现得淋漓尽致。如新时代的大学生，物质条件相对优越，信息技术发达，手机和互联网是他们生活中不可或缺的。②学习特点。大学生求知欲望强烈，渴望成长成才，大学生阶段教育更多的是专业教育和能力素质教育。大学生价值教育要充分考虑大学生的特点，坚持疏导的方针，采用课堂引导、主题活动、社会实践等多种方式，鼓励大学生进行价值体验和实践。尤其应着眼于引导大学生树立科学的价值取向和价值追求，提升大学生的价值理性和价值能力。

教育的目标简单来说就是培养人发展的方向和规格。具体到大学生价值教育的目标包括：用马克思主义价值理论教育青年大学生，其中包括用社会主义核心价值体系教育引导大学生；引导大学生确立正确的价值目标；坚定正确的价值信念；掌握科学的价值标准和评价标准；遵循社会主义的价值规范；提高价值分析、判断和选择能力；引导大学生在社会实践活动中创造价值，从而实现人生价值，努力成为有理想、有本领、有担当的一代新人。

教育的内容是为了实现教育的目标。教育的内容由教育者根据社会发展的要求和人的全面发展的需要来确定。社会主义核心价值体系和社会主义核心价值观是大学生价值教育的主要内容，也是我国价值教育区别于其他国家价值教育的最根本的标志。社会主义核心价值体系教育包括四项基本内容：马克思指导思想教育、中国特色社会主义共同理想教育、以爱国主义为核心的民族价值观教育和以改革创新为核心的时代价值观教育、社会主义荣辱观教育。社会主义核心价值观是社会主义核心价值体系的内核，体现了社会主义核心价值体系的本质特征，反映了社会主义核心价值体系的实践要求。在大学生中培育和践行社会主义核心价值观，包括国家、社会、个人三个层面，具体为：在大学生中开展富强、民主、文明、和谐、美丽的价值目标教育；开展自由、平等、公正、法治的价值理念教育；开展爱国、敬业、诚信、友善的价值标准教育。

培养人才是教育的根本任务之一。大学生价值教育的主要任务就是用马克思主义价值观教育引导青年大学生，把我国大学生培养成中国特色社会主义事业的合格建设者和可靠接班人。当前价值教育的任务是用习近平新时代中国特色社会主义思想武装大学生，引导大学生坚守社会主义核心价值体系，自觉践行和弘扬社会主义核心价值观。

价值教育是高校思想政治教育和大学德育的重要组成部分。所谓有目的、有计划、有组织是指大学生价值教育不是自发的，而是自上而下的，体现了国家意志或社会意志，通过学校教育体系，贯穿教育教学的全过程，渗透到课程体系、社会实践、校园文化、网络阵地建设及主题教育活动各个环节，是官方的、主流意识形态发挥作用的过程。要充分发挥课堂主渠道的作用，以课程涵养大学生的价值教育；重视社会实践的基本途径作用，以实践引导大学生；注重文化的熏陶滋养作用，以文化人；加强网络的凝聚作用，利用网络积极传播正能量和好声音。

大学生价值教育是个系统工程，大学生价值教育模式包括教育的目标、内容、任务、原则、方法、途径、载体等要素。本书主要对新中国成立以来大学生价值教育内容的发展进行梳理，即研究通过何种方法、途径来对大学生进行以社会主义核心价值体系和社会主义核心价值观为主要内容的教育。

四、研究设计

（一）研究思路

本书在马克思主义价值理论指导下，以中国共产党思想政治教育发展史为背景、以大学生为研究对象、以价值教育为研究内容、以对大学生的社会主义核心价值体系和社会主义核心价值观教育为中心线索，对大学生其他价值理念、价值意识的教育展开研究。本书在认真分析史料和文献的基础上，总结中国共产党主要领导人的大学生价值教育思想，系统梳理新中国成立以来各个历史阶段大学生价值教育的发展历程，归纳新中国成立以来大学生价值教育的主要成效、历史经验和启示，凝练出中国特色大学生价值教育模式。

本书以大学生价值教育的历史发展为研究视角，力图回答两个问题：一是新中国成立以来大学生价值教育的理论体系和教育体系是如何形成的？发展轨迹与主要内容如何？二是立足历史，着眼当下与未来，如何适应新时代的需要和大学生价值观念的新变化，坚持和发展中国特色大学生价值教育模式？综合运用文献研究、历史考察、归纳总结、比较研究等研究方法，力图梳理历史、把握发展规律、总结经验启示、凝练模式、指导实践。

遵循“理论探讨—历史考察—实践探索”的基本思路。①理论探讨，以理论思考为逻辑起点，通过梳理中国共产党主要领导人在不同历史时期对大学生价值教育的有关论述，总结提炼毛泽东、邓小平、江泽民、胡锦涛、习近平的大学生价值教育思想。②历史考察，在大学生价值教育的历史分期上，与中国共产党的历史分期、中国共产党思想政治教育的历史分期大致保持一致的情况下，综合考虑大学生价值教育的特点，本书把新中国成立以来 70 年的历史分为三个大的历史时期，以社会主义核心价值体系和社会主义核心价值观教育为中心线索，对不同历史时期大学生价值教育的形式、内容、成效进行梳理。③实践探索，总结新中国成立以来中国大学生价值教育的主要成效、经验及启示，凝练中国特色大学生价值教育模式及其形成的历史过程，展望未来，坚持和发展中国特色大学生价值模式。

（二）研究内容

本书的基本内容分为三个部分，共六章：

第一部分，中国共产党主要领导人的大学生价值教育思想梳理，即第一章。马克思、恩格斯、列宁丰富深刻的价值教育思想是中国共产党主要领导人大学生价值教育思想的基础和渊源。毛泽东思想中的大学生价值教育思想、邓小平理论中的大学生价值教育思想、“三个代表”重要思想中的大学生价值教育思想、科学发展观中的大学生价值教育思想及习近平新时代中国特色社会主义思想中的大学生价值教育思想，既一脉相承又有各自特点和侧重点，体现了中国共产党人对大学生价值教育认识的不断深化，同时指导了不同历史时期大学生价值教育的开展。

第二部分，新中国成立至今大学生价值教育发展的历史梳理，包括第二、第三、第四章。第二章，主要梳理新中国成立至“文化大革命”结束这一历史时期大学生价值教育的开展情况。这个历史时期，基本确定了大学生价值教育的内容、途径、方法。但受“左”倾思想的影响，特别是“文化大革命”阶段的严重破坏，发展是曲折的。第三章，主要梳理从改革开放到党的十八大以前这一历史时期大学生价值教育的开展情况，这一时期，在经过短暂的恢复以后，大学生价值教育在思想政治教育专业学科发展中不断规范化、科学化、制度化。大学生价值教育的内容、途径、方法不断丰富和拓展。第四章，主要梳理党的十八大以来大学生价值教育的历史性发展。大学生价值教育围绕立德树人这一根本任务，开展了习近平新时代中国特色社会主义思想的系统教育；培育和践行社会主义核心价值观；围绕美丽中国的价值目标开展生态文明教育，推进大学生价值教育贯穿教育教学全过程，重塑教师在大学生价值教育中的指导者和引路人角色。

第三部分，对当代中国大学生价值教育发展的主要成效、历史经验及启示的总结，凝练中国特色大学生价值教育模式，即第五、第六章。大学生价值教育的主要成效表现在：培养了大学生正确的政治方向；培育了大学生爱国主义的情感；推动了大学生对集体主义的认同；坚定了大学生对社会主义的信心。总结大学生价值教育的历史经验，主要包括：坚持用马克思主义中国化的最新成果武装大学生头脑；弘扬爱国主义、集体主义、社会主义主旋律；根据不同历史时期经济社会发展的特点、大学生价值观念变化的特点与时俱进地充实大学生价值教育的内容，体现大学生价值教育内容的时代特色；坚持在疏导的方针引领下进行大学生价值教育方式方法创新；注重发挥大学生价值教育合力的作用。大学生价值教育历史发展的启示主要体现在：坚持“一元”的价值导向和分层分类引导；坚持“以人为本”和尊重大学生的主体性；坚持“导之以行”和发挥大学生的实践自觉；坚持价值原则强化和价值理性提升并重。总结凝练中国特色大学生价值教育模式及历史过程。中国大学生价值教育的发展既是马克思列宁主义价值教育理论在实践中的具体体现,又植根发展于中国的实践土壤中,具有鲜明的中国特色,形成了中国独特的大学生价值教育模式。新中国成立以来,大学生价值教育越来越受到重视和肯定。中国特色大学生价值教育模式着眼于把坚持正确的政治方向摆在首位,培养全面发展的社会主义建设者和接班人,在教育内容上坚持主导性与多样性相统一,教育与生产劳动相结合是大学生价值教育的重要途径,教育与自我教育相结合是大学生价值教育的基本方式。中国特色大学生价值教育模式经过了三个大的历史时期的发展,是一个逐步规范化、科学化、法制化的过程。在新的历史发展背景下,继续坚持和发展中国特色大学生价值教育模式:培养担当民族复兴的时代新人;深化社会主义核心价值体系教育;注重价值教育生活化和隐性生成;建立教育主体集体行动机制和提升教师队伍素质;坚持国际视野本土情怀。

(三)研究方法

本书主要采用以下研究方法,并在研究过程中力求将这些方法有机地结合起来。

1. 调查研究和文献研究相结合

本书主要是以访谈的形式开展调研。作为一名高校辅导员,在从事大学生思想政治工作中,常常与学生交流谈心。通过座谈、深入交流等形式,了解分析大学生的价值观念特点及形成发展的规律。运用本学校的事例、素材,以及青年大学生熟悉的话语体系,引导大学生谈出真实想法,以便深入分析大学生价值观念形成的特点及规律。通过对毕业的大学生进行跟踪调查和回访,了解大学生在学校接受的价值导向教育对工作的影响,收集对学校的价值教育的意见和建议。对收集到的意见和建议进行分类归纳整理,在工作和研究中有针对性地解决问题。

确定选题后,运用计算机信息检索等现代检索方式进行信息检索,收集价值、价值教育、大学生价值教育的文献资料,认真研读,比较分析,整理归纳,概括研究趋势。通过查阅图书馆大量相关藏书、文献资料,尤其认真研读马克思主义经典著作,认真研读《毛泽东选集》《邓小平文选》《江泽民文选》《胡锦涛文选》,特别认真研读《习近平治国理政》的新思想、新论断、新部署。仔细查阅《中共中央文件选集》《新中国成立以来重要文献选编》《思想政治工作文献选编》《中国教育通史》《中国教育年鉴》《中华人民共和国成立以来高等教育重要文献选编》等文献资料，较全面、丰富地收集利用相关史料，为本书的写作提供重要的基础。

2. 归纳总结和比较研究相结合

归纳总结法是一种非常常用的研究方法。归纳总结法主要通过分析许多个别的事例或分论点，归纳总结它们的共有特性，从而得出一般性的结论。通过阅读大学生价值教育的相关文献和史料，归纳总结了中国共产党主要领导人的大学生价值教育思想，他们的思想在不同的历史发展阶段具体指导了大学生价值教育的开展。总结概括了不同历史时期大学生价值教育的形式、内容、特点，力图归纳提炼出中国特色大学生价值教育模式，为当前在大学生中开展社会主义核心价值观教育和践行提供参照。

本书以中国共产党思想政治教育的历史分期为参照标准，对三个历史发展时期七个发展阶段的大学生价值教育进行多维比较，跨越新中国成立以来 70 年的历史，并结合不同的阶段特点对之做出客观的分析和评价。对中国共产党主要领导人的大学生价值教育思想进行比较，总结出他们各自思想的特点。从横向角度，设计相对固定的模块，即大学生价值教育的时代背景、主要内容、具体做法等，考察大学生价值教育的主要方面在不同历史阶段和条件下的异同。

3. 逻辑和历史相统一的方法

逻辑的方法主要是运用概念进行推理判断，从而揭示事物本质和发展规律的方法。“历史从哪里开始，思想进程也应当从哪里开始。而思想进程的进一步发展不过是历史过程在抽象的、理论上前后一贯的形式上的反映”。[①] 理论的逻辑和进程应当与客观历史发展的进程一致。本书在对大学生价值教育概念进行界定，总结新中国成立以来大学生价值教育的理论基础时，尊重历史发展的基本事实，如实地展现新中国成立以来大学生价值教育发展的历史进程和思想观点，以及这些思想观点对当时大学生价值观念及价值教育所产生的影响。分析大学生价值教育历史发展中坚持的指导思想、采

① 马克思恩格斯选集（第二卷）［M］. 北京：人民出版社，2012：14.

取的方法途径，为当前和今后大学生价值教育的开展提供历史借鉴。

历史的方法就是对事物的发展坚持从历史事实出发，不仅对新中国成立以来大学生价值教育开展的历史和发展轨迹进行详细的考察和梳理，总结主要成效、经验和启示。同时结合大学生价值教育开展的理论逻辑，以求历史发展逻辑与科学理论逻辑达到一致，力争做到逻辑的分析以历史发展为基础，历史的描述以逻辑联系为依据。

第一章

中国共产党主要领导人的大学生价值教育思想

习近平同志多次指出，马克思主义理论是我们的“看家本领”，对于这个“看家本领”我们必须要认真学习好、掌握好。马克思主义经典作家关于青年的教育问题有很多精辟的论述，蕴含丰富的思想，是中国共产党主要领导人大学生价值教育思想形成与发展的理论渊源。马克思主义者认为：“青年是现实社会中最为活跃的力量，是社会各个阶级，各种利益集团极力争取的对象。青年是个别的、具体的，又是整体的。”[①]“青年要为人类的福利和美好生活而劳动”是马克思在读中学时就产生的伟大思想。大学生是青年中最活跃的群体。关于为什么要对青年进行教育，马克思曾指出：“最先进的工人完全了解他们阶级的未来，从而也是人类社会的未来，完全取决于正在成长的工人一代的教育。”[②]列宁同志曾告诫我们：“我们是未来的党，而未来是属于青年的。”[③]列宁还指出要把青年的学习、培训等结合起来，用教育加以根本改造。

中国共产党主要领导人是指现行《党章》总纲第 4 至第 8 自然段规定的毛泽东、邓小平、江泽民、胡锦涛、习近平等同志，他们是中国共产党领导集体的主要代表人物。中国共产党主要领导人始终坚持马克思主义的指导地位，创造性地丰富和发展了马克思主义，用马克思主义中国化的最新理论成果指导大学生价值教育，始终把“人”作为大学生价值教育的出发点，把大学生价值教育目标指向“为谁培养人”，把大学生价值教育的内容指向“培养什么人”，把大学生价值教育的方法指向“如何培养人”，最终推动实

①② 共产主义青年团中央团校.马克思恩格斯列宁斯大林论青年[M].北京: 中国青年出版社，1980：68.

③ 列宁选集（第一卷）[M].北京：人民出版社，1995：123.

现人的全面自由发展，集中体现了价值教育的主体性。中国共产党主要领导人的大学生价值教育思想在不同时代背景下继承和发展，既体现了时代性又一脉相承，是新中国成立以来开展大学生价值教育的重要理论依据。

一、毛泽东大学生价值教育思想

毛泽东在长期革命实践中，以马克思列宁主义为理论基础和方法论指导，吸收了中华民族优秀传统文化中关于价值教育思想的精华，形成了关于大学生价值教育工作独具特色的若干观点和思想，是毛泽东思想特别是毛泽东教育思想体系的重要组成部分。本书主要以《毛泽东选集》前四卷和《毛泽东文集》为依据来整理毛泽东大学生价值教育思想。

（一）毛泽东大学生价值教育思想的提出

毛泽东把青年比作八九点钟的太阳，认为青年最有希望、最有朝气。在读书时代，他就积极参加并组织各种学生运动，并逐步坚定了探索救亡救国的意念。他亲身经历或领导了青年学生在五四运动、抗日战争、解放战争、社会主义革命和建设等历史时期的革命和建设。1939 年，在纪念五四运动 20 周年大会上，毛泽东指出，五四运动以来，青年学生起了先锋队的带头作用。他结合自己的经历和参与领导青年运动的经验，认为青年是无产阶级事业的接班人。从新民主主义时期开始，他一直重视对青年学生进行思想政治教育。他重视高等教育，创办或提倡建立起了湖南自修大学、抗日军政大学、陕北公学、延安大学等多所高校。参加延安大学开学典礼并发表重要讲话，亲自任抗日军政大学教育委员会主席，先后多次在中国人民抗日军政大学发表演讲。

新中国的成立，开启了中国走向民主、富强的道路。但新中国成立之初的大学生难免有旧社会的烙印，要想把大学生培养成为建设社会主义新中国的人才，首要的任务就是改造大学生的思想，引导大学生树立无产阶级价值观，认同社会主义制度。毛泽东在民主革命和社会主义建设事业的实践基础上，总结出许多关于青年学生价值教育的重要观点和思想，如把为人民服务作为根本的价值取向，要求倡导青年学生为建设民主、和平、统一、富强的新中国而努力，倡导民主、平等的价值理念，鼓励青年学生做到“学习好、身体好、工作好”，指出教育要为无产阶级政治服务，提倡教育与生产劳动相结合。这些观点依然闪耀着智慧的光芒，对指导当下大学生价值教育的开展具有跨时代的意义。

（二）毛泽东大学生价值教育思想的主要内容

1. 培养有社会主义觉悟的有文化的劳动者

毛泽东高度重视培养什么人的问题。他明确指出："我们的教育方针，应该使受教育者在德育、智育、体育几方面都得到发展，成为有社会主义觉悟的有文化的劳动者。"[①] 德育、智育、体育几方面都得到发展继承和发展了马克思主义全面发展的理论，是马克思主义全面发展理论与中国教育实际相结合的产物。社会主义改造基本完成，社会主义国家的建设和发展，急需德育、智育、体育全面发展的人才。在德育方面，最重要的是要认同社会主义制度，有社会主义觉悟，愿意全心全意为人民服务。在智育方面，我们培养的建设者要求有社会主义的文化，具备服务和建设社会主义的知识技能。毛泽东认为劳动是幸福生活的基础，要求培养出来的劳动者既能从事体力劳动又能从事脑力劳动，他倡导要给劳动人民知识化，认为参加生产劳动是劳动，参加阶级斗争、政治生活、科学艺术生活等都是劳动的形式。

2. 坚持为人民服务的价值取向

为人民服务是中国共产党价值观的核心内容，也是毛泽东一贯坚持的价值取向。毛泽东同志明确指出：立场问题、世界观问题，说到底是个为谁服务的问题。解决立场问题，关键在于要树立全心全意为人民服务的思想。他号召人们学习张思德、白求恩等毫不利己、专门利人的精神，成为一个有利于人民的人。他指出："我们共产党人区别于其他政党的一个显著标志，就是全心全意地为人民服务，一切从人民的利益出发。"[②]《共同纲领》中把发展为人民服务的思想列为文化教育的主要任务。他多次在报告、著作中提到为人民服务，希望广大青年学生从小就立志为人民服务，并把这种价值取向作为毕生的追求。1950 年 3 月，他视察了沈阳医学院，勉励广大师生要继续发扬革命传统，好好为人民服务。

① 毛泽东文集（第七卷）［M］. 北京：人民出版社，1999：226.

② 毛泽东选集（第三卷）［M］. 北京：人民出版社，1991：1094.

3. 倡导树立平等、公正的价值理念

毛泽东率先对社会主义消灭剥削，实现平等、公正的社会进行了探索。平等、公正是毛泽东一生追求的价值理想之一。他多次强调建立民主制度，建立一个自由平等的民主国家，消灭剥削、实现共同富裕。他提倡经济平等，主张平均发展、同步富裕。他提倡政治平等，发扬人民民主，真正实现人民当家作主，为此他反对特权，要求克服帝国主义、封建主义、官僚主义的政治思想影响，主张人都具有平等的社会地位。他提倡实现社会平等，曾把人民公社作为实现社会平等的具体途径，发动“三反”“整风运动”“四清”社会主义教育运动等来消灭特权，克服官僚主义等不正之风。他提倡民族平等，要求培养大批少数民族干部。他提倡男女平等，号召妇女们团结起来为争取民族和人民的自由平等而奋斗。他认为，任何人都没有一种世袭或者必然的政治特权，无论其家庭及个人的历史功绩如何。他要求组织广大青年积极参加土地改革，“三反”“五反”运动，“四清运动”，在实践中开展民主改革的教育，帮助大学生划清敌我界限、剥削和劳动的界限，提高大学生的阶级觉悟，树立起平等、公正的价值理念。希望青年大学生了解历史，知晓国情，珍惜来之不易的胜利果实，并要求用历史、国情教育引导青年，培养青年的爱国主义情感和阶级情感，提高青年学生的道德水平，从小树立起为社会主义事业服务的远大志向。

4. 要求青年学生“身体好、学习好、工作好”

培养什么样的人，实现什么样的发展，是大学生价值教育的重要内容。毛泽东历来重视青年学生的作用，并为青年运动指引方向。中华人民共和国成立后，他关心青年学生的成长和教育，先后两次写信给时任教育部部长马叙伦，要求尽快采取措施，着力解决青年学生学习负担过重、影响身体健康的问题，提出了“健康第一，学习第二”的方针。他要求：“青年团要照顾青年的特点……在谈到学习、工作时反复强调，青年是长身体的时期。如果对青年人身体不重视，那很危险。总之，要使青年身体好、学习好、工作好。”[①] 1965 年，他做出减轻学生负担的“七·三”指示。鼓励青年骨干要做到又红又专，做到德智体全面发展，而身体健康是保证正常学习工

① 共青团中央，中共中央文献研究室．毛泽东邓小平江泽民论青少年和青少年工作（增订本）［M］．北京：中央文献出版社，中国青年出版社，2003：96-98.

作开展的前提，要做到“身体好、学习好、工作好”。一段时间，毛泽东“三好”的号召，成为大学生的奋斗目标和学习成长的行动指南。

5. 坚持教育为无产阶级政治服务，与生产劳动相结合

在人才培养目的上，毛泽东坚持教育为无产阶级政治服务。在培养人的途径上，他坚持教育与工农民众相结合，与生产劳动相结合。他在长期的革命实践中认识到，知识分子革命化的必由之路就是与工农相结合，提出知识分子要与工农群众相结合才能发挥更大的作用。中华人民共和国成立后，他倡导知识分子到群众中去，到农村去，到工厂去接受再教育。毛泽东提出：“高等学校应该抓住三个主要东西，一是党委领导；二是群众路线；三是把教育和生产劳动结合起来。”[①]教育和生产劳动结合，所有在校学生都要参加生产劳动，要求大学文科要把整个社会作为自己的工厂。教育与生产劳动相结合，目的是培养学生的劳动观念和劳动态度，做到理论联系实际。教育与生产劳动相结合，途径有下乡、下厂，高校可以自办工厂和农场，丰富拓展学生参加生产劳动的途径；学生参加勤工俭学、半工半读等都是教育与生产劳动相结合的途径。

（三）毛泽东大学生价值教育思想的主要特点

1. 注重青年学生德智体全面发展

“人的自由而全面发展”是马克思主义人学理论的主题，是共产主义的基本原则。毛泽东丰富和发展了马克思主义关于人的全面发展的思想。他认为社会主义社会的发展目标之一是每个人劳动能力的充分发展。在教育者能力素质结构上，要求受教育者应该在德育、智育、体育几方面都得到发展。他提倡人的个性的自由发展，指出：“没有几万万人民的个性的解放和个性的发展……要想在殖民地半殖民地半封建的废墟上建立起社会主义社会来，那只是完全的空想。”[②]毛泽东把人的个性的自由发展纳入社会主义建设的进程中，提倡人的个性解放和自由全面发展，把人的全面自由个性发展看作价值目标和价值实现过程的统一。如何实现人的全面发展，毛泽东曾先后

① 中国教育年鉴编辑部 . 中国教育年鉴（1949—1981）［M］. 北京：中国大百科全书出版社，1984：467.

② 毛泽东选集（第三卷）［M］. 北京：人民出版社，1991：1060.

从改造客观世界与改造主观世界的关系、政治与业务（“红与专”）的关系、德智体的关系等方面进行了深刻阐述。

2. 注重政治价值观教育

把坚持坚定正确的政治方向放在首位是毛泽东大学生价值教育思想的重要组成部分。1938 年，他在抗日军政大学发表演讲时强调，青年要学一个正确的政治方向，这就是为中华民族的解放、为建设新中国永不退缩、勇往直前的政治方向。进入全面建设社会主义阶段，针对思想政治工作减弱的情况，他提出：“不论是知识分子，还是青年学生，都应该努力学习，除了学习专业之外，在思想上要有所进步，政治上也要有所进步，这就需要学习马克思主义,学习时事政治。没有正确的政治观点,就等于没有灵魂。”[①] 毛泽东非常强调政治方向的确立和政治觉悟的提高对大学生成长成才的重要作用。他要求各个部门都要重视思想政治工作，都要开展思想政治教育。他强调：“思想政治工作各部门都要负责任。共产党应该管，青年团应该管，政府部门应该管，学校的校长教师更应该管。”[②] 他要求学校思想政治教育要为培养无产阶级革命事业接班人打好思想政治基础。要从小抓起，要打好马克思主义理论基础和共产主义思想品德基础。同时，他也强调要进行艰苦奋斗教育，提倡青年学生能够向社会学习，理论联系实际，让学生在社会中初步得到锻炼，在与实践结合、与工农结合中改造思想、磨炼意志、增长才干。同时告诫广大青年学生在努力学习专业知识之外，要时刻关心政治，学习时事政治，关注国家的发展和前途，全心全意为人民服务，树立远大的目标和崇高的理想，并为实现远大的目标和理想而努力。

二、邓小平大学生价值教育思想

邓小平在总结我党思想政治教育工作经验教训的基础上，结合改革开放后中国的具体国情和大学生价值观念的特点，针对大学生价值观及教育发表了许多重要讲话，提出了系列关于大学生价值教育的新观点、新思路和新方法，是邓小平理论特别是邓小平教育理论的重要组织部分。本书主要依据《邓小平文选》来总结提炼邓小平大学生价值教育思想。

①② 毛泽东文集（第七卷）[M]. 北京：人民出版社，1999：226.

（一）邓小平大学生价值教育思想的提出

邓小平大学生价值教育思想的产生既有深厚的理论渊源，又具有鲜明的时代特色。党的十一届三中全会后，党和国家的工作中心转移，我国面临着改革开放和经济发展的新形势，人们的生活环境、经济状况都发生了重大改变。随着改革开放的推进，国外，西方资本主义国家资产阶级自由化思潮席卷中国，它们大肆传播资产阶级腐朽没落的思想，使大学生的思想受到冲击，诱发了 1986 年学潮和 1989 年政治风波；国内，市场经济体制的建立和发展，经济利益的变化引发了思想的变化，诱发了一部分人的拜金主义和“一切向钱看”的现象，面临着坚持四项基本原则的考验。在这种背景下，如何培养教育下一代就变得十分紧迫。邓小平从社会主义现代化建设的全局和长远目标出发，创造性地运用马克思主义的基本原理，阐明了新时期大学生价值教育的理论和实践问题。

20 世纪五六十年代，邓小平就多次论及大学生的德育工作，并提出了不能否定青年有特殊的要求、特殊的问题，青年工作要照顾青年的特点。他提倡“学校要把劳动定到课程中，每周规定半天，主要是使娃娃养成劳动习惯，加强集体观念”。[①] 主张要对青年进行共产主义教育、艰苦奋斗教育；并提出教育要面向现代化、面向世界、面向未来，要努力造就“四有”新人。1989 年 3 月，邓小平在同中央负责同志的谈话中指出：“十年来我们的最大失误是在教育方面，对青年的政治思想教育抓得不够……这个问题无论如何要解决。”[②] 为此，邓小平多次强调：要大力加强思想政治工作，努力克服思想政治工作薄弱的状态，要加强高等学校的思想政治教育，加强对青少年进行中华民族优良道德传统教育和革命传统教育；要恢复和发扬我们党的革命传统，培养和树立优良的道德风尚；要培养社会主义新人，做到有理想、有道德、有文化、有纪律。重视对青年学生进行思想政治教育，旗帜鲜明地反对资产阶级自由化。邓小平大学生价值教育思想的形成和发展，标志着大学生价值教育思想的发展进入了一个新的阶段，是对毛泽东大学生价值教育思想的继承和发展。

① 邓小平文选（第一卷）［M］. 北京：人民出版社，1994：281.

② 邓小平文选（第三卷）［M］. 北京：人民出版社，1993：287.

（二）邓小平大学生价值教育思想的主要内容

1. 主张培育“四有”新人

邓小平认为实现四个现代化的重要条件是人的现代化，提出要“造就具有社会主义觉悟的一代新人”。[①]他明确提出培养有理想、有道德、有文化、有纪律的“四有”新人是思想政治教育的根本目标。在1980年召开的中共中央工作会议上，他强调：“要加强各级学校的政治教育、形势教育、思想教育，包括人生观教育、道德教育。……要努力使我们的青少年成为有理想、有道德、有知识、有体力的人，使他们立志为人民作贡献，为祖国作贡献，为人类作贡献，从小养成守纪律、讲礼貌、维护公共利益的良好习惯。”[②]1985年，针对改革开放过程中出现的新问题、新情况，邓小平再次强调：“教育全国人民做到有理想、有道德、有文化、有纪律。”[③]以“四有”为核心的人才标准，是邓小平大学生价值教育思想的重要内容。“四有”体现了“红与专”、德育与智育的辩证统一关系，是邓小平价值教育标准的具体化。“四有”的价值目标决定了价值教育的内容。理想信念教育，是邓小平教育思想中反复论述的重点。邓小平多次强调要加强学校的道德教育。“有道德”的标准要求加大对大学生进行为人民服务教育、集体主义教育、“五讲四美三热爱”教育、职业道德和社会公德教育。“有文化”的标准要求对大学生进行基本的科学技术文化教育，提高科学文化的教学水平。“有纪律”的标准决定了要对大学生进行四项基本原则教育、民主教育和法制教育。邓小平还注重艰苦奋斗教育，提出要用中国的历史教育青年。

2.“三个有利于”的价值标准

1992年初，邓小平完整地提出了“三个有利于”的价值标准，即把是否有利于发展社会主义社会的生产力、是否有利于增强社会主义国家的综合国力、是否有利于提高人民的生活水平作为判断是非曲直的价值标准。“三个有利于”是社会主义社会的根本价值标准。社会主义社会实现共同富裕的价值目标，决定了要大力发展生产力，增强国家的综合国力，创造积累更多

① 邓小平文选（第二卷）［M］. 北京：人民出版社，1994：105.
② 邓小平文选（第二卷）［M］. 北京：人民出版社，1994：369.
③ 邓小平文选（第三卷）［M］. 北京：人民出版社，1993：110.

的社会财富，满足人民日益增长的物质文化生活需要。“三个有利于”标准是邓小平在深刻认识社会主义社会本质特征的基础上提炼出来的，是在建设有中国特色社会主义的实践过程中概括出来的，“三个有利于”的有机统一决定了社会主义社会的价值取向，符合“三个有利于”标准就是对社会主义社会有价值、有意义的，全党全社会就应当遵循。“三个有利于”标准涵盖了社会主义事业的各个领域，自然也是大学生价值教育好坏的衡量标准。这种价值的设定实质上是实现大学生价值教育向社会主义价值目标的回归，坚持了价值教育的工具性与目的性的统一。“三个有利于”的价值判断标准也是马克思主义价值教育理论同西方各主要流派价值教育理论的根本区别。在大学生价值教育中，就要教育引导大学生在学习、工作、实践中始终坚持“三个有利于”的标准。

3. 提倡加强大学生的民主、法制教育

邓小平在多个场合强调要在青年大学生中开展民主和法制教育。1980 年 12 月 25 日，在中共中央工作会议上，邓小平指出：“在党政机关、军队、企业、学校和全体人民中，都必须加强纪律教育和法制教育。”[①] 要求大学生从入学起就必须学习和服从校纪校规。1986 年 6 月，在中央政治局常委会上，他发表了题为《在全体人民中树立法制观念》的重要讲话，指出：“加强法制重要的是要进行教育，根本问题是教育人。法制教育要从娃娃开始。”[②] 我国延续了两千多年的封建社会，缺乏民主与法制的传统，公民法制观念相对淡薄。特别是“文化大革命”的十年，更是对民主法制的践踏和破坏。在大学生中加强民主与法制观念教育是高等教育的重要组成部分。邓小平从提高人的整体素质方面论述了法制教育的重要性，科学地指出了法制观念和文化素质的关系，“法制观念与人们的文化素质有关。现在的青年人犯罪，无法无天，没有顾忌，一个原因是文化素质太低”。[③] 要求我们必须重视提高大学生的整体文化素质，在此基础上引导大学生树立起法制观念。通过法制教育，让大学生明白什么是合法的行为，什么是不合法行为，从而树立起遵纪守法的价值观念。邓小平还重视对大学生进行纪律教育，深刻

---

① 邓小平文选（第二卷）[M]. 北京：人民出版社，1994：360.

② 邓小平文选（第三卷）[M]. 北京：人民出版社，1993：144.

③ 邓小平文选（第三卷）[M]. 北京：人民出版社，1993：163.

指出："中国的政治体制改革，要讲社会主义的民主，也要讲社会主义的法制。在强调法制民主的同时，要强调教育我们的人民特别是青年要有理想，守纪律。"① 在改革开放新的历史阶段，增强对大学生的法制教育，让大学生学法、懂法、守法、用法，养成遵纪守法的良好习惯，是时代发展的需要。

4. 教育为经济建设服务，坚持教育与生产劳动、经济发展相结合

邓小平继承和发展了毛泽东关于教育与生产劳动相结合的观点。他指出为了培养社会主义建设需要的合格人才，在新的历史条件下，我们必须认真研究如何更好地把教育与生产劳动相结合，要求在内容上、方法上都要有新的发展，教育事业发展要适应和满足国民经济发展的要求，为此，他指出："教育规划的制定要与国家的劳动计划结合起来，切实考虑劳动就业发展的需要。"② 此外，在他看来，教育不仅包括思想政治和科学文化知识的教育，劳动也是教学，也是政治思想课。关于生产劳动，他指出社会主义社会的劳动者包括从事体力劳动者和脑力劳动者，生产劳动要与经济发展的新技术相适应，要求青年大学生要从勤学苦练中学本领。关于两者的关系，他认为教育为生产服务，为生产劳动提供智力支持和创造劳动力；生产劳动创造财富，为教育提供物质基础，要求加强学校同生产、科研和社会各方面相结合，强调人才只有大胆地用才能培养出来。关于大学生参加生产劳动的途径，他指出包括结合专业学习搞对口劳动，参加学校的军事训练，参加专题项目实习实践活动，参加义务劳动和公益活动。

5. 采用多种形式和方法

邓小平指出，思想政治教育要避免过度采用政治运动的方法。针对大学生价值教育的方法，他要求不同的对象要采用不同的教育形式，指出："学校要把学生的思想工作做到家……要找出各种方式，多做转化工作，把不好的转变为好的或者比较好的。"③ 他强调思想政治工作人员要有高度的社会责任感，努力为青少年健康成长营造好的社会环境。加强和改进青年学生的思想政治教育，需要不断更新教育内容，改进教育方式方法。他指出："老

① 邓小平文选（第三卷）［M］. 北京：人民出版社，1993：245.
② 邓小平文选（第二卷）［M］. 北京：人民出版社，1994：108.
③ 邓小平文选（第二卷）［M］. 北京：人民出版社，1994：56.

师要敢于教、善于教。只有老师教得好，学生才会学得好。”[①] 强调要提高教师的水平，加强师资培训，教与学要相互作用。大学生价值教育要求教师要旗帜鲜明地引导帮助学生辨别对与错、善与恶，同时注意教育的方式方法，增强学生的认同感，引导学生健康成长成才。

（三）邓小平大学生价值教育思想的主要特点

1. 坚持四项基本原则

针对当时社会上对毛泽东和毛泽东思想的错误认识，对党的领导和社会主义道路的错误认识，为保证改革开放的正确方向，邓小平提出了四项基本原则的要求：“必须坚持社会主义道路；必须坚持无产阶级专政；必须坚持中国共产党的领导；必须坚持马列主义、毛泽东思想。”[②] 坚持四项基本原则是邓小平大学生价值教育思想的重要特点。四项基本原则的提出，对大学生价值教育的开展具有重要意义，鼓舞了大学生为实现“四化”而努力奋斗的积极性。针对 1986 年底发生的学潮，邓小平尖锐地指出：“这是几年来反对资产阶级自由化思潮旗帜不鲜明、态度不坚决的结果。”[③]1987 年 1 月 20 日，邓小平旗帜鲜明地提出了要加强四项基本原则教育，坚持改革开放政策。他提出要经常用四项基本原则教育人民，是社会主义事业健康发展的根本保证。如不坚持四项基本原则，青年学生就有可能被“西化”“分化”，社会就会不稳定。对于如何坚持四项基本原则，他提出了要“依据事实，考虑实际”。1989 年政治风波发生后，他再次强调要结合实际对大学生进行有效的思想政治教育。

2. 强调理想和人生观教育

邓小平多次强调要从小培养青少年革命的理想、共产主义的道德品质。希望整个社会都要关心青少年思想政治的进步，全社会形成合力营造良好的社会风气。邓小平指出：“我们过去在非常困难的情况下能奋斗出来，战胜千难万险取得革命胜利，就是因为我们有理想，有马克思主义信念，有共

① 邓小平文选（第二卷）［M］. 北京：人民出版社，1994：56.

② 邓小平文选（第二卷）［M］. 北京：人民出版社，1994：164-165.

③ 中共中央文献编辑室 . 邓小平同志论教育［M］. 北京：人民教育出版社，1990：157.

产主义信念。”[①]“我们有马克思主义和共产主义的信念。有共同的理想，有了铁的纪律。无论过去、现在和将来，这都是我们的真正优势。”[②]面对改革开放进程中少数大学生出现思想波动的情况，邓小平强调要加强理想和纪律教育，要求要经常教育青年大学生树立共产主义的远大理想；要求把理想教育与人生观教育结合起来，教育引导我们的青年大学生认识社会发展的基本规律，认识人生的意义在于为共产主义理想而奋斗。认为进行理想和人生观教育要特别注意抵制资产阶级人生观的侵蚀与危害，指出大学生的价值教育工作要坚定不移地贯彻党的“一个中心、两个基本点”的基本路线，使大学生价值教育服从服务于党的基本路线，培养一大批坚持四项基本原则的，又红又专的社会主义建设者和接班人，为社会主义现代化建设服务，为经济建设服务，为发展社会生产力服务。

三、江泽民大学生价值教育思想

党的十三届四中全会以来，江泽民根据国际国内形势的发展变化，针对大学生价值观念的特点，提出了一系列关于大学生价值教育的新论断、新要求，是“三个代表”重要思想的组成部分，是新阶段做好大学生价值教育的行动指南。本书主要依据《江泽民文选》总结概括江泽民大学生价值教育思想。

（一）江泽民大学生价值教育思想的提出

20 世纪 90 年代，世界格局发生变化，经济全球化进一步发展，政治、文化、教育等也呈现出全球化的发展趋势。多极化的政治格局增加了大学生分辨是非的难度。在全球化背景下，各种文化、价值观念之间的碰撞和交融进一步加快，特别是随着互联网技术的迅速发展，各种思潮、价值观念迎面扑来，不同文化之间价值观念的冲突冲击着大学生，造成了他们思想上的迷茫。国外敌对势力“分化”“西化”的图谋，在意识形态领域对青年一代的争夺更加激烈。人们对经济与道德关系的理解出现分歧，“理想理想，有利就想”“前途前途，有钱就图”“一切向钱看”等不良风气在社会

① 邓小平文选（第三卷）[M]. 北京：人民出版社，1993：110.

② 邓小平文选（第三卷）[M]. 北京：人民出版社，1993：163.

中客观存在并影响着青年大学生价值观念的形成和确立。

江泽民同志针对当时一些学校对大学生的思想教育抓得比较松的现象，深刻地阐述了问题产生的原因，强调加强青年大学生思想政治教育工作的重要性和紧迫性，要求各级党委、政府、教育部门都要高度重视思想政治教育工作。他非常关心和重视大学生的成长成才。他多次深入大学考察、调研、看望师生员工，写（回）信给大学生，把青年大学生请到中南海亲切谈心，充分表达了他对青年大学生的热切关怀。爱祖国、爱人民，树立远大理想——这是江泽民同志对青年大学生的第一要求。他先后到上海交通大学、南开大学、厦门大学、北京大学、清华大学、北京师范大学、中国人民大学、国防科技大学等高校视察、看望师生并发表重要讲话；先后与上海交通大学等的校领导进行座谈。此外，他号召青年要爱国和履行知识分子的使命；号召全体人民进一步学习和发扬鲁迅精神、把长征精神一代一代传下去、大力发扬艰苦奋斗精神、继承和发扬五四运动的光荣传统等。在这些重要讲话和座谈中，江泽民对大学生价值教育进行了精辟的论述，形成了他的大学生价值教育思想。

（二）江泽民大学生价值教育思想的主要内容

1. 符合“三个代表”的价值取向

2002 年 2 月，江泽民在广东省考察时第一次明确提出了“三个代表”的重要思想，即中国共产党始终“代表中国先进生产力的发展要求，代表先进文化的前进方向,代表中国最广大人民的根本利益”。[①] 同年 10 月 11 日，在党的十五届五中全会上再次强调：“我们开展的各项工作，都要贯彻‘三个代表’的要求，看看我们所采取的措施、所做的工作，是不是符合‘三个代表’要求，符合的就毫不动摇地坚持，不符合的就勇于实事求是地纠正。”[②]“三个代表”辩证展现了经济、政治、文化的协调统一发展，彰显了有中国特色社会主义的价值原则，体现了社会主义核心价值观的本质要求。为此，他要求要引导青年大学生坚定正确的政治方向，学习和掌握马克思主义基本原理，认真学习邓小平建设有中国特色社会主义理论，树立爱国主义、集体主义、社会主义的价值观念，努力成为又红又专的社会主义事业接班人。

---

① 邓小平文选（第三卷）［M］. 北京：人民出版社，1993：2.

② 江泽民文选（第三卷）［M］. 北京：人民出版社，2006：129.

2.“五个成为”的人才观

2001年4月，在庆祝清华大学建校九十周年大会上，他希望大学生要达到“五个成为”的目标，即“成为理想远大、热爱祖国的人，成为追求真理、勇于创新的人，成为德才兼备、全面发展的人，成为视野开阔、胸怀宽广的人，成为知行统一、脚踏实地的人”。①“五个成为”是对青年大学生成长成才应具备的条件、要求和素质的高度概括。理想远大、热爱祖国是青年大学生成长成才的首要条件，江泽民强调青年大学生要努力成为有志和有为的青年，首要要求就是爱祖国、爱人民。追求真理、勇于创新是核心要素，青年大学生要想在日新月异的知识经济时代立足，核心要求就是要有追求真理的勇气，有勇于创新的胆略。德才兼备、全面发展是基本要求，青年大学生要成为社会主义的合格建设者和接班人，除了要掌握现代化的科学文化知识外，还应具有坚定的社会主义信念、正确的价值取向、科学的价值观念和远大的价值理想。视野开阔、胸怀宽广是时代要求，全球化和信息化的时代，要求大学生要面向世界，汲取世界一切优秀文明成果，同时要有中国情怀，不能忘本，大力吸收中华民族的优秀传统文化的养分。知行统一、脚踏实地是客观要求，远大的理想，崇高的目标都需要青年大学生脚踏实地、一步一个脚印地去奋斗。

3. 强调爱国主义、社会主义、集体主义教育

江泽民认为爱国主义、社会主义、集体主义是素质教育的灵魂。他多次论述了爱国主义教育的重要性，强调继承和发扬爱国主义传统，要在全国人民尤其是青年大学生群体中广泛深入地进行爱国主义教育，将其贯穿于社会主义现代化建设的全过程。江泽民明确指出了知识分子的正确成长道路：热爱祖国，忠于人民；把祖国和人民的利益摆在首位；人生的最高价值是为祖国的独立和富强、为人民的解放和幸福贡献毕生精力。指出爱国主义教育的内容包括：“把国家主权和安全放在第一位；维护国家统一、民族团结、人民利益；历史国情教育，中华优秀传统文化教育；党和人民的光辉业绩教育，优良传统教育；坚持对外开放，学习世界各民族的长处、先进科学技术经验和经营管理经验，增强我们自力更生的能力，加快祖国的发展；增

---

① 江泽民在庆祝清华大学建校九十周年大会上的讲话［EB/OL］.http：//old.moe.gov.cn//publicfiles/business/htmlfiles/moe/moe_177/200407/2474.html，2004-07-24.

强民族的自尊心和自豪感。”[①] 对于如何开展爱国主义、集体主义、社会主义教育，他要求坚持以马克思列宁主义为指导，把解决思想问题和解决实际问题相结合，坚持教育与社会实践相结合，坚持爱护学生和严格要求相结合。在教育的途径上，要求学校、社会、家庭紧密联系，营造积极健康的校园文化，重视网络媒体作用的发挥。

4. 大力倡导公正、法治的价值理念

江泽民重视法制教育，进一步明确了法制教育的重要地位，论述了法制教育在法制建设和依法治国中的重要地位和作用，并多次强调要提高和增强法律意识和法制观念。指出：“加强社会主义法制建设，坚持依法治国，一项重要任务是不断提高广大干部群众的法律意识和法制观念。……加强社会主义法制建设既要加强立法工作，又要加强普法教育，不断提高干部群众遵守法律、依法办事的素质和自觉性。”[②] 他多次强调既要加强法律知识的宣传教育，又要引导全体公民包括大学生树立法制观念，在学习生活工作中遵纪守法，依法办事，从而在全社会形成学法、用法的良好风气，为坚持依法治国打下坚实的基础。党的十四大确立建立社会主义市场经济体制，随着市场经济的深入推进，收入差距拉大，分配不公等现象开始出现。他要求“正确认识当前分配不公的两种表现，在促进效率提高的前提下体现社会公平”。[③] 加强分配制度改革、健全社会保障体系、扩大就业、改善人民的生活水平是他公正价值理念的体现。

5.“四个统一”的成才路径

1998 年 5 月 4 日，在庆祝北京大学建校一百周年大会上，江泽民希望大学生践行“四个统一”，即“坚持学习科学文化与加强思想修养的统一，坚持学习书本知识与投身社会实践的统一，坚持实现自身价值与服务祖国人民的统一，坚持树立远大理想与进行艰苦奋斗的统一”。[④]2002 年 5 月，在纪念中国共产主义青年团成立八十周年大会上，他再次指出：青年要承担

---

① 江泽民文选（第一卷）［M］. 北京：人民出版社，2006：580-582.

② 江泽民文选（第一卷）［M］. 北京：人民出版社，2006：512-513.

③ 江泽民文选（第一卷）［M］. 北京：人民出版社，2006：48-55.

④ 江泽民文选（第二卷）［M］. 北京：人民出版社，2006：124-125.

建设社会主义现代化和实现中华民族伟大复兴的历史责任，就要做到“四个统一”。“四个统一”的思想丰富了教育与生产劳动相结合、与国民经济建设相结合的思想。科学文化知识和思想修养不可分割，只有思想修养好，才能树立热爱祖国、奉献人民的志向，才能在学习科学文化的时候迎难而上、勇攀高峰。纸上得来终觉浅，实践出真知，书本知识的学习是为了更好地指导实践。人生价值的标准由个人标准和社会标准组成，衡量一个人的人生价值从根本上说是由社会所决定的，大学生要想实现人生的价值，就要把个人的价值和服务祖国、服务人民相结合。理想是灯塔，能够照亮我们前行，但在前行奋斗的路上必定有荆棘，这就要求大学生既要有实现远大理想的政治抱负，同时也需要脚踏实地、艰苦奋斗的作风。

（三）江泽民大学生价值教育思想的主要特点

1. 将美育教育列为大学生价值教育的内容

1957 年，毛泽东提出了受教育者要在德、智、体等方面全面发展的思想。改革开放后，邓小平根据新时期学生的特点和要求，提出了“四有”新人的标准。江泽民在继承毛泽东、邓小平关于“人的全面发展”论述的基础上，将美育列为我国的教育方针和大学生价值教育的内容，是对“全面发展”理论内涵的拓展。在 1999 年的全国教育工作会议上，江泽民指出：“我们必须全面贯彻党的教育方针……努力造就有理想、有道德、有文化、有纪律的，德育、智育、体育、美育等全面发展的社会主义事业建设者和接班人。”[①] 他强调大学生不仅要学习美学知识，同时要积极主动地开展美育实践活动。大学生美育的重点在于培养大学生和谐、美好的情感，引导大学生发展自己的个性。美育作为人的全面发展教育的重要组成部分，在教育教学活动中既是独立发展的，又与德育、智育、体育相互渗透、相互影响。

2. 强调帮助大学生树立正确的世界观、人生观和价值观

江泽民同志特别注重和强调对大学生进行正确的世界观、人生观和价值观教育。先后在多个重要场合阐述大学生“三观”教育的重要性，他指出：“大学生青年时期注重思想修养，陶冶情操，努力树立正确的世界观、

① 江泽民文选（第二卷）［M］. 北京：人民出版社，2006：332.

人生观、价值观，对自己一生的奋斗和成就将会产生长远而巨大的作用。”① 并强调教育在大学生“三观”形成中的重要作用，他指出：“正确的世界观、人生观、价值观的确立，民族优良传统的发扬，共同理想和精神支柱的形成和巩固，科学文化水平的提高，都离不开教育。”② 他认为：“加强理论教育、思想教育和政治工作的目的，就是要引导和帮助青年树立正确的世界观、人生观、价值观。”③ 他强调全党全社会都要关心支持这项工作，不仅教育部门要做，其他部门也要积极参与。针对帮助大学生树立正确的“三观”教育目标，他要求宣传思想工作要做到“四以”，把树立正确的“三观”、培育“四有”新人的目标具体化为价值教育的实践要求。

四、胡锦涛大学生价值教育思想

党的十六大以来，胡锦涛高度关注大学生思想政治教育。围绕“培养什么人，如何培养人”的根本问题提出了新战略和新要求，是科学发展观的重要组成部分，指导了全面建设小康社会进程中大学生价值教育的开展。本书主要依据《胡锦涛文选》和系列重要讲话来总结概括胡锦涛大学生价值教育思想。

（一）胡锦涛大学生价值教育思想的提出

进入 21 世纪，经济全球化更加凸显，国际交流更加频繁，国际竞争日益激烈，知识的力量更加彰显，人才是推动经济社会发展的最有力资源之一。西方国家从未放松对我国人才的抢夺，试图用意识形态和西方价值观念来潜移默化我国的大学生。国内，随着我国经济体制改革和社会结构的变化，我国的经济成分、组织形式、就业方式、利益关系和分配方式日益多样化，人们思想活动的独立性、选择性、多变性和差异性日益增强。这有利于大学生树立竞争意识、自强意识、创新意识，但同时也带来了一些负面影响。一些大学生不同程度地存在政治信仰迷茫、理想信念模糊、价值取向扭曲等问题。一些学校对大学生价值教育重视不够。

---

① 江泽民文选（第二卷）［M］. 北京：人民出版社，2006：124.

② 江泽民文选（第二卷）［M］. 北京：人民出版社，2006：331.

③ 江泽民文选（第一卷）［M］. 北京：人民出版社，2006：372.

党的十六大以来，胡锦涛在继承毛泽民、邓小平、江泽民同志关于大学生价值教育思想的基础上，对大学生价值教育给予了高度的重视，在不同场合发表的很多重要讲话都蕴含着价值教育思想。他明确指出，培养什么人、如何培养人，是我国社会主义教育事业发展中必须解决好的根本问题。围绕培养什么人、如何培养人的根本问题，紧密结合国内外形势发展变化，特别是当代大学生价值观念的现实状况，胡锦涛对大学生价值教育的理念、内容、方法、目标、原则等问题提出很多新思路、新观点。中共中央、国务院联合印发《关于进一步加强和改进大学生思想政治工作的意见》，召开全国加强和改进大学生思想政治工作会议。胡锦涛先后在北京大学、中国农业大学、清华大学等多所高校考察、看望师生员工并发表重要讲话，与大学生畅谈人生理想、社会责任；他给中国青年群英会致信、给中国农业大学师生回信，鼓励大学生努力成为“四个新一代”的社会主义建设人才。

（二）胡锦涛大学生价值教育思想的主要内容

1. 坚持“育人为本，德育为先”的教育理念

胡锦涛结合党和国家的需要，结合青年大学生价值观念的特点和形成规律，创新性地提出了“育人为本、德育为先”的价值教育理念。在全国加强和改进大学生思想政治教育工作会议上，他强调：“全国高校都要始终不渝地全面贯彻党的教育方针，坚持学校教育、育人为本，德智体美、德育为先。”[①]“育人为本”就是坚持以青年大学生的全面发展和个性发展为本，以提高大学生的能力、提升大学生的价值品质、实现大学生全面而自由发展为终极目标，使大学生能在复杂多元和快速多变的社会环境中正确地进行价值判断和价值选择。“德育为先”是指在德智体美的人才素质要求中，思想道德素质是重中之重，是大学生价值教育的首要任务。胡锦涛指出：“我国高校办得怎么样，我国高等教育事业发展得怎么样，首先要看培养出来的大学生是不是合格，特别是思想政治素质是不是合格。”[②]“育人为本、德育为先”的大学生价值教育理念，为大学生价值教育的开展和加强指明了方向和途径。

①② 中共中央文献研究室．十六大以来重要文献选编（中）［M］．北京：中央文献出版社，2006：640.

2. “四个新一代”的培养目标

在《致中国青年群英会的信》中，胡锦涛站在时代的高度，要求广大青年努力成为“四个新一代”的新目标，他希望全国广大团员和各族青年牢记党和人民的重托，自觉担负起时代的重任，以英雄模范为榜样，努力成为理想远大、信念坚定的新一代，品德高尚、意志顽强的新一代，视野开阔、知识丰富的新一代，开拓进取、艰苦创业的新一代。[①]“四个新一代”的人才观是当代中国经济社会发展对青年大学生价值教育的新要求。这一要求指明了新时期大学生价值教育的具体目标，为青年大学生的健康成长指明了方向。在培育“四个新一代”人才观的指引下，大学生价值教育工作要注重加强大学生的理想信念教育，引导大学生树立共产主义远大理想，坚定社会主义必胜的信念；引导大学生客观地对待自身的价值诉求，把实现个人的理想与中国特色社会主义共同理想联系起来。注重加强大学生的价值品格教育，“品德高尚、意志顽强”讲的就是品格品德问题，大学生要想成就事业，高尚的品德品格很重要，我们要引导大学生践行社会主义荣辱观，坚持以德修身、以德立志，坚守道德高地，做有益于人民、有益于社会的人。注重提高大学生的综合素质能力，大学生在努力学好科学文化知识外，还要提高自身的综合素质。要注重提升大学生的价值理性，增强价值判断和选择能力，在学习生活中学会分清是非、美丑、善恶。注重加强大学生的开拓创新、艰苦奋斗教育。胡锦涛先后强调要“发扬光大雷锋精神”“把握井冈山精神的时代新内涵”“学习弘扬焦裕禄精神”“大力弘扬载人航天精神”等，同时他也勉励“当代青年要肩负起时代赋予的崇高责任”。

3. 社会主义核心价值体系建设

在党的十六届六中全会上，胡锦涛同志明确提出了“建设社会主义核心价值体系”的重大命题。在党的十七大上，他提出切实把社会主义核心价值体系融入国民教育和精神文明建设全过程。社会主义核心价值体系的基本内容包括：“马克思主义指导思想，中国特色社会主义共同理想，以爱国主义为核心的民族精神和以改革创新为核心的时代精神，社会主义荣辱

① 胡锦涛 . 致中国青年群英会的信［N］. 人民日报，2007-05-05（001）.

观。”[①] 坚持以马克思主义为指导,就是要用马克思主义及中国化的最新理论成果武装青年大学生的头脑，发挥其对青年大学生的正确导向作用。中国特色社会主义共同理想教育，就是要教育引导青年大学生走中国特色社会主义道路，为实现中华民族的伟大复兴而不懈奋斗，青年大学生要自觉地把个人理想同社会理想、个人价值追求和国家社会的价值追求结合起来，在实现中华民族伟大复兴的道路上实现自己的人生理想。以爱国主义为核心的伟大民族精神和以改革创新为核心的时代精神是社会主义核心价值体系的精髓。广大青年大学生要自觉培育和践行这两种精神。社会主义荣辱观既体现了中华民族优秀的文化传统，又结合了改革开放的时代精神，是新时期善恶美丑的价值标准。践行社会主义荣辱观就是要旗帜鲜明地指导青年大学生明是非、辨美丑、分善恶、知荣辱、讲正气、促和谐，形成正确的价值判断。社会主义荣辱观明确了当代社会最基本的行为准则，成为引领社会风尚的一面旗帜。

4. 坚持“三贴近”的教育原则

胡锦涛认为青年大学生的价值教育工作要有的放矢地去做，结合青年的特点，具体问题具体分析、具体解决，他要求：“坚持以人为本，贴近实际、贴近生活、贴近学生，努力提高思想政治教育的针对性、实效性和吸引力。”[②]“三贴近”的教育原则是相互联系的统一体。“贴近实际”就是指大学生价值教育要贴近大学生成长成才环境的客观实际，贴近大学生成长成才的客观规律，贴近大学生价值观念形成的基本规律。“贴近生活”是指要立足于青年大学生学习、生活、交友、恋爱、求职、择业等实际，把握大学生价值观念形成发展的规律，提高大学生价值引导的针对性。“贴近学生”体现了大学生价值教育的目的性，贴近学生就是要及时了解、分析学生面临的新情况新问题，并且尽所能帮他们解决实际困难，维护青年学生的切身利益。此外，他还要求青年大学生的思想政治工作要注重贴近时代、贴近生活、贴近青年，运用青年大学生容易接受的方式方法、喜闻乐见的形

① 中共中央文献研究室 . 十六大以来重要文献选编（下）［M］. 北京：中央文献出版社，2008：661.

② 中共中央文献研究室 . 十六大以来重要文献选编（中）［M］. 北京：中央文献出版社，2006：636.

式和载体，把解决青年大学生的思想问题和实际问题结合起来。

5. “五结合”的教育方法

对于如何做好高校思想政治教育工作，胡锦涛要求要在体现时代性、把握规律性、增强实效性上狠下功夫。提出了“五结合”的教育方法，即“坚持教育与自我教育相结合；坚持政治理论教育与社会实践相结合；坚持解决思想问题与解决实际问题相结合；坚持教育与管理相结合；坚持继承优良传统与改进创新相结合”。[①] 教育与自我教育相结合是大学生生存和发展的需要。青年时期是价值观形成的关键时期，需要教育者加强教育和引导，需要对他们强化主流意识形态教育；大学生需要掌握大量的科学知识及学习方法，这就需要大学生学会自我教育。政治理论教育与社会实践相结合是马克思主义的重要教育原则，学校的教育主要是传授理论知识，这就要求大学生在实践中去体验、认同、提高，在实践中经受锻炼，增见识，长才干。解决思想问题与解决实际问题相结合是大学生价值教育的有效方法。帮助大学生解决学习、生活、工作的实际问题，切实为他们排忧解难，在帮助解决问题中加以引导，这是最有说服力的价值教育工作。教育与管理相结合是大学生健康成长成才的需要。优秀价值品格的培养，基本价值规范的形成，既要靠耐心细致的价值教育，又要靠科学规范的管理，有些大学生自我控制力差，还需要辅之以制度、法律的约束。继承优良传统与改进创新相结合是大学生价值教育适应时代发展的要求。我们党在大学生价值引领工作方面有很多优良传统，是我们的宝贵财富，要继承和发展。网络新媒体的发展，为大学生价值教育工作提供了更多的载体和资源，我们要善于利用网络媒体的优势，创新载体，使网络成为大学生价值教育的重要阵地。

（三）胡锦涛大学生价值教育思想的主要特点

1. 坚持“以人为本”

“以人为本”是科学发展观的核心。胡锦涛在多个场合突出强调了“以人为本”的价值原则。2003 年，在全国宣传思想工作会议上，他强调，思

① 中共中央文献研究室．十六大以来重要文献选编（中）［M］．北京：中央文献出版社，2006：640-643.

想政治工作说到底是做人的工作，必须坚持以人为本。2005 年，在全国加强和改进大学生思想政治工作会议上，明确指出培养什么人、如何培养人是社会主义事业发展中必须解决好的根本问题。既要坚持教育人、引导人、鼓舞人、鞭策人，又要做到尊重人、理解人、关心人、帮助人。思想政治工作必须结合经济工作和其他实际工作一道去做，把解决思想问题同解决实际问题紧密结合起来。2010 年，在全国教育工作会议上，他强调推动教育事业科学发展，必须坚持以人为本。大学生价值教育应该确立以人为本的理念，促进大学生追求真善美，使大学生获得全面而自由的发展。胡锦涛指出，加强和改进大学生思想政治工作一定要做到四个重点，即要以理想信念为核心深入进行大学生的人生观、世界观、价值观、荣辱观教育；要对大学生进行爱国主义和民族精神教育；要以基本道德规范为本进行公民道德教育；要对大学生进行素质教育最终促进大学生全面发展。①在具体教育方式上，他主张对大学生既要摆事实、讲道理，进行耐心细致、循循善诱的疏导、开导、引导，同时要关心大学生，为大学生办实事，帮助大学生处理好成长过程中学习、交友、生活等方面的具体问题；要深入学生、了解学生、服务学生，为大学生办实事、做好事、解难题，改善学习生活条件，做好就业服务指导，加强困难大学生资助工作等。

2. 注重道德价值观教育

“育人为本、德育为先”是胡锦涛教育思想的重要内容。他强调：“德是做人的根本，只有树立崇高理想和远大志向，从小打牢思想道德基础，学习才有动力，前进才有方向，成才才有保障。”②育人为本是大学生价值教育的根本要求，在育人的过程中首先体现在德育为先上。胡锦涛指出，“大学时期是人生形成自觉道德意识的重要阶段，在这个时期形成的思想道德观念对他们一生影响很大。高校应该把帮助和促进大学生形成良好的道德情操和道德修养摆在重要位置”。③为此，胡锦涛要求在大学生中广泛开展社会公德、职业道德、家庭美德、个人品德教育，高校要发挥第一课堂主渠道作用开展道德理论教育；积极组织“第二课堂”“第三课堂”道德实践

①② 胡锦涛文选（第三卷）［M］. 北京：人民出版社，2016：420-421.

③ 中共中央文献研究室 . 十六大以来重要文献选编（中）［M］. 北京：中央文献出版社，2006：638.

活动，把道德实践活动融入大学生的日常学习生活中。引导大学生自觉遵守爱国守法、明礼诚信、团结友善、勤俭自强、敬业奉献的基本道德规范，养成良好的道德品质和文明行为。加强法制和诚信教育，引导大学生树立法制观念、诚信意识。教育大学生认识到诚实守信的道德品质是立身之本、做人之道，引导大学生树立守信为荣、失信为耻的道德观念。

五、习近平大学生价值教育思想

习近平在继承毛泽东、邓小平、江泽民、胡锦涛大学生价值教育思想的基础上，把大学生价值教育工作摆在了更突出、更重要的地位，进一步丰富和发展了价值教育理论。对新时代大学生提出新的希望和要求，提出了一系列新的观点、论断和部署，形成了习近平关于大学生价值教育的思想，是习近平新时代中国特色社会主义思想的重要组成部分，是新时代开展大学生价值教育的指导思想。本书主要以习近平系列重要讲话为依据，特别是依据《习近平谈治国理政》来整理他关于大学生价值教育的思想。

（一）习近平大学生价值教育思想的提出

党的十八大以来，经济全球化加剧，社会文化多元化更加凸显，信息技术的发展更加迅猛，社会变革和技术变革更加空前，这些给我国经济社会发展带来机遇挑战的同时，也给大学生价值教育带来了系列新情况、新问题。当前大学生的价值观念、思想状况主流是正确的、健康向上的，但也存在价值取向多元化，价值认知与价值行为脱节，社会责任感缺失，心理健康问题频发等问题。这些问题的产生，一方面是社会大环境的不良影响造成的，另一方面也是大学生价值教育未能保持与当前形势完全与时俱进造成的。

习近平强调立德树人是高校的根本任务，要求大学生坚定理想信念，坚定对马克思主义的信仰，坚定对社会主义和共产主义的信念，坚定对中国共产党领导的信念，树立“四个自信”。要求大学生要自觉培育和践行社会主义核心价值观，在实现中华民族伟大复兴的中国梦的道路上放飞青春梦想。提出建设美丽中国的价值目标，强调要加强生态文明建设，引导广大人民群众树立生态意识。他要求青年大学生要有理想、有本领、有担当。党的十八大以来，每年的五四青年节，习近平都会参加相关活动，和青年共度五四，寄语青年，勉励青年。他先后到中国科学院大学、中南大学、国防科学技术大学、中国人民武装警察部队特种警察学院、北京大学、北京师范大学、澳门大学横琴新校区、国防大学、中国科技大学、中国政法大学等院校考察，看望师生，与师生座谈。他给优秀的学生复信，谈人才、谈教育、谈科技创新，关心青年大学生价值观的形成、确立和发展，鼓励大学生为“两个一百年”的奋斗目标不懈努力。参加全国高校思想政治工作会议，强调要开创高校思想政治工作新局面。主持召开学校思想政治理论课教师座谈会，深刻阐明学校思政课的重要意义，就如何办好新时代思政课作出部署、提出要求。在这些重要讲话中蕴含了丰富的大学生价值教育思想，是新时代大学生价值教育的行动指南。

（二）习近平大学生价值教育思想的主要内容

1. 立德树人的根本任务

党的十八大以来，习近平多次强调立德树人是根本任务，是高等教育事业的中心环节。一方面，强调了“德”在大学生德智体美各种素质中的首要地位。国无德不兴，人无德不立。另一方面，强调“立德”是树人的方式，立德才能树人。社会主义国家的教育方针是要培养德智体美全面发展的社会主义建设者和接班人，因此，“立德树人”过程中所要立的“德”是社会主义事业所需的德，大学生价值教育须以培养有道德的人为目标。大学生正处在价值观形成的重要时期，抓好大学生的价值观教育关系着国家和民族的前途，关系着大学生自身的发展。价值观是德的主要内容，习近平强调世界观、人生观、价值观是“总开关”“总钥匙”问题，完成立德树人的根本任务必须抓好“三观”教育，把培育和践行社会主义核心价值观贯穿教育教学的全过程。对于如何立德树人，习近平深刻论述了教师的历史责任和素质要求，在与北京师范大学师生座谈时，提出了“四有”好老师的标准，强调好老师的首要标准是以德施教，以德立身，要求教师要用自己的行动、学识、阅历、经验引导大学生对真善美的追求，让学生在润物细无声中把社会主义核心价值观转化为日常行为规范。

2. 培养有理想、有本领、有担当的时代新人

党的十九大报告指出：“青年一代有理想、有本领、有担当，国家就有前途，民族就有希望。中华民族伟大复兴的中国梦终将在一代代青

年的接力奋斗中变为现实。”[①]青年既有价值塑造的充分可能，又有价值引导的极大需求。青年能否真正认同和践行社会倡导的主流价值观，不仅关系到青年自身的健康成长问题，更关乎国家和民族的未来发展问题。只有通过不断深化青年对中国特色社会主义的“四个认同”和“四个自信”，增强青年的价值判断和价值选择能力，才能促使青年形成向上向善的价值心态、正确的价值判断和自觉的价值实践，为“中国梦”的实现增添青春正能量。因此，做好青年的思想教育和价值引领是强化社会价值导向的关键所在。价值教育要砥砺大学生的强国之志、爱国之情，引导广大青年学生勇敢地担负起时代的使命，只有广大青年有能力、敢担当、能奉献，树立起为实现中国梦努力奋斗的远大理想，才能自觉投身到实现中华民族伟大复兴的奋斗中。

3. 培育和践行社会主义核心价值观

习近平指出：“人类社会发展的历史表明，对一个民族、一个国家来说，最持久、最深层的力量是全社会共同认可的核心价值观。核心价值观，承载着一个民族、一个国家的精神追求，体现着一个社会评判是非曲直的价值标准。”[②]在当代中国，我们的民族、我们的国家应该坚守的社会主义核心价值观，就是党的十八大提出的“三个倡导”的社会主义核心价值观。社会主义核心价值观把涉及国家、社会、公民的价值要求融为一体，凝聚着全体中国人民的价值目标和共同追求，继承了中华优秀的传统文化，积淀着中华民族伟大复兴的精神力量。习近平总书记专门指出：“核心价值观，其实就是一种德，既是个人的德，也是一种大德，就是国家的德、社会的德。”[③]养大德者方可成大业。新时期高校落实立德树人根本任务，必须将传承社会主义核心价值观贯穿于立德树人的各个环节，实现全员、全方位、全过程青年价值观培育工作；必须牢牢抓住大学生群体的特点，把握大学生价值观的发展态势，聚集青年大学生的价值目标、价值取向和价值标准等问题，引导青年走上成长成才的正确道路。

① 习近平．决胜全面建成小康社会　夺取新时代中国特色社会主义伟大胜利——在中国共产党第十九次全国代表大会上的报告［M］．北京：人民出版社，2017：70.

②③ 习近平谈治国理政［M］．北京：外文出版社，2014：168.

4. 强调以“中国梦”引领青年大学生

引导和促进青年全面发展，是实现“中国梦”的题中之意。习近平总书记明确指出，理想指引人生方向，信念决定事业成败。实现个人的全面发展，离不开正确价值观的指引。加强青年价值观培育，引导青年正确认识实现中华民族伟大复兴的历史发展趋势，认识到历史与未来、中国与世界的发展大势；引导青年把个人的梦想融入“中国梦”中，与历史同向、与祖国同行、与人民同在。同时要适应青年的年龄和特点，遵循学生的成长规律，既要用好课堂教学主渠道，又要发挥文化育人、实践育人、网络育人等路径的协同作用。要把解决思想问题与实际问题相结合，引导青年正确认识和处理个人、社会、国家的关系，帮助青年排忧解难，在关心关爱中传递正确的价值观。

5. 坚持正面宣传教育为主的原则

我们党历来善于应用正面宣传的方式，通过正面宣传、榜样激励等来凝聚各方面的力量，推动社会的进步和发展。2013 年，在全国宣传思想工作会议上，习近平提出要坚持团结稳定鼓劲、正面宣传为主的宣传思想工作方针。2016 年，在党的新闻舆论工作座谈会上，要求新闻舆论各个方面和各个环节都要坚持正确的舆论导向。2016 年，在网络安全和信息化工作座谈会上，强调建设网络良好生态，发挥网络引导舆论、反映民意的作用。① 当今世界风云骤变，西方国家到处宣扬普世价值，企图通过“和平演变”来争夺青少年。国内改革开放，取得了巨大成就，同时许多矛盾也凸显出来，这也让部分人生阅历尚浅的青年大学生无所适从。面对这样的国际国内形势，我们在对青年大学生进行价值教育的时候，迫切要求教育者坚持正面宣传为主，给青年大学生注入正能量，给青年大学生营造积极向上的氛围。他要求：“坚持巩固壮大主流思想舆论，弘扬主旋律，传播正能量。把握好时、度、效，增强吸引力和感染力，让群众爱听爱看、产生共鸣，充分发挥正面宣传鼓舞人、激励人的作用。”② 大学生价值教育要把握好时机，教育者既要利用好课堂教育教学的时间，又要把握好隐性的教育时机，特别是在青年大学生迷茫、困惑的时候及时传递正能量，开展正面的引导教

① 习近平谈治国理政（第二卷）［M］. 北京：外文出版社，2017：335.

② 习近平谈治国理政［M］. 北京：外文出版社，2014：155.

育。大学生价值教育要掌握好程度，不要妄想“一口吃成胖子”，要循序渐进，浅尝辄止。大学生价值教育要有效果、效度，就要贴近学生，选取贴近学生的教育材料，用真实感人的典型故事鼓舞、激励、引导青年大学生。大学生价值教育坚持正面宣传为主的原则，不断把握好时代赋予大学生的历史使命，认清时代的主旋律，唱好中国好声音，讲好中国好故事。

（三）习近平大学生价值教育思想的主要特点

1. 强调教师在大学生价值教育中的重要作用

习近平认为，“教师是立教之本、兴教之源”，教师承担着最庄严、最神圣的使命。他号召全社会要形成尊师重教的良好氛围，要求把加强教师队伍建设作为教育事业发展最重要的基础工作来抓，支持优秀人才长期从教、终身从教，使教师成为最受社会尊敬的职业。他强调教师职业的特殊性，指出教师培养的是德智体美全面发展的社会主义建设者和接班人、实现中华民族伟大复兴中国梦的主力军；对广大教师提出了殷切期望，希望广大教师坚持“四个相统一”，争做“四有好老师”，做好“四个引路人”。他要求，广大教师要牢固树立中国特色社会主义理想信念、终身学习理念和改革创新意识。“要时刻铭记教书育人的使命，甘当人梯，甘当铺路石，以人格魅力引导学生心灵，以学术造诣开启学生的智慧之门”。[①]广大教师应带头践行社会主义核心价值观，踊跃投身到教育创新实践中，不断提高业务能力和教育教学质量，做学生健康成长的指导者和引路人。2018 年 1 月，中共中央、国务院印发了《关于全面深化新时代教师队伍建设改革的意见》（以下简称《意见》）。《意见》是新中国成立以来党中央出台的第一个专门面向教师队伍建设的里程碑式的政策文件，充分体现了党和国家对人民教师的殷切希望与关怀，一定要牢记使命、不忘初衷，爱岗敬业、教书育人，改革创新、服务社会，努力做党和人民满意的高素质、专业化、创新型教师。

2. 全程全方位培育和践行社会主义核心价值观

习近平强调，通过教育引导、舆论宣传、文化熏陶、实践养成、制度保障等方式方法推动社会主义核心价值观内化于心、外化于行。明确指出，

① 习近平谈治国理政［M］. 北京：外文出版社，2014：175.

理想指引人生方向，信念决定事业成败。实现个人的全面发展，离不开正确价值观的指引。教育引导要适应青年的年龄和特点，遵循学生成长规律，既要用好课堂教学主渠道，又要发挥文化育人、实践育人、网络育人等路径的协同作用。要把解决思想问题与实际问题相结合，引导青年正确认识和处理个人、社会、国家的关系，帮助青年排忧解难，在关心关爱中传递正确的价值观。

在大学生价值教育的过程中，要重视舆论宣传，通过正面宣传、榜样示范等方式传递正能量。选取青年身边的榜样，用真实感人的典型故事鼓舞、激励、引导青年，传递正能量。青年价值观培育要把握好舆论宣传时机，把握好宣传先进事例的时间和尺度，同时注重宣传的方式方法，充分发挥“两微一端”等新媒体的作用，注重媒体融合和资源共享，增强先进典型的辐射力和吸引力。

重视文化熏陶在价值教育中的作用，强调要注重文化浸润、感染、熏陶，重视潜移默化的隐性教育，达到入芝兰之室久而自芳的效果。尤其强调要从中华优秀传统文化中汲取丰富营养，努力实现传统文化创造性转化和创新型发展。[①] 只有发挥先进文化的涵养作用，才能使主流价值观内化为青年的精神素质，外化为青年的价值实践。

实践养成是价值观养成的重要途径。“一种价值观要真正发挥作用，必须融入社会生活，让人们在实践中感知它、领悟它。[②] 价值观不仅要内化为精神追求，更要外化为实际行动。“道不可坐论，德不能空谈”。青年人学生价值观的形成需要在社会实践中锤炼检验，大学生要在实践中体验、感悟、推广社会主义核心价值观，就要从日常的细微行动开始。

缺乏制度的领航护卫，大学生价值教育工作将面临许多可知与不可知的阻碍。因此，要通过动态的调整不断健全相关制度，以创新思维破除现行制度中的藩篱与阻碍，用制度支撑和保障青年价值观培育工作，发挥制度的刚性约束监督作用。正如习近平所指出的，制度问题更带有根本性、全局性、稳定性、长期性。[③]

① 习近平谈治国理政（第二卷）［M］. 北京：外文出版社，2017：313.

② 习近平谈治国理政［M］. 北京：外文出版社，2014：165.

③ 习近平谈治国理政［M］. 北京：外文出版社，2014：391.

第二章

社会主义革命和建设时期大学生价值教育的曲折探索（1949~1976 年）

1949 年 10 月 1 日，中华人民共和国成立，中国高等教育的发展由此翻开了新的篇章。从新中国的成立到改革开放新时期的开启，是大学生价值教育的曲折发展时期。从这 28 年大学生价值教育的发展轨迹来看，大致又可以分为三个阶段：第一阶段从新中国成立到社会主义改造基本完成，大学生价值教育取得了良好开端，《共同纲领》基本确定了大学生价值教育的任务、内容和方法。通过党在过渡时期总路线的宣传教育和开展民主改革运动对大学生进行社会主义教育，围绕抗美援朝运动开展了爱国主义和国际主义教育，通过健全法律法规及教育传递了新中国平等、公正、法制的价值理念。第二阶段从 1956 年社会主义改造完成到 1966 年"文化大革命"开始前的十年，国家进入全面建设社会主义阶段，大学生价值教育在曲折中探索发展。党的八大胜利召开和《关于正确处理人民内部矛盾的问题》的发表，为大学生价值教育的开展提供了正确的方向。1958 年，《关于教育工作的指示》明确提出党的教育方针，进一步明确了大学生价值教育的目标。雷锋等先进典型的涌现，为在大学生中倡导敬业、友善、无私奉献的社会主义价值观念提供了榜样的力量。但是，这一阶段，"左"倾错误严重干扰了大学生价值教育的开展。第三阶段是"文化大革命"的十年，也是大学生价值教育遭受严重挫折的十年，大学生价值教育的原则、内容、途径和方法都遭到了严重的破坏。

一、新中国成立初期大学生价值教育的良好开端（1949~1956 年）

新中国成立初期是指 1949 年新中国成立到 1956 年基本完成社会主义

改造的七年。这一历史阶段大学生价值教育实现了良好的开端。高等教育开展了接管和整顿旧的学校，改造旧教育制度，实现由新民主主义教育转变到社会主义教育的过渡。《共同纲领》基本确定了大学生价值教育的目标、任务、内容和方法。通过党在过渡时期总路线的宣传教育对大学生开展了社会主义教育。在建立健全各项法律法规并开展宣传教育中渗透了新中国追求平等、公正、法制的价值理念。在抗美援朝运动中开展了爱国主义和国际主义教育。大学生价值教育主要完成了两项任务：一是肃清了大学生中封建的、买办的、法西斯主义的残余价值观念，对旧的价值观念进行了彻底改造。二是在新民主主义革命向社会主义革命的转变中，进一步提高大学生的政治觉悟，为在大学生中树立无产阶级的世界观和人生观打下了基础，探索了一条适合我国国情的大学生价值教育发展路径，为以后在大学生中更好地开展价值教育积累了宝贵的经验。

（一）新中国成立初期大学生价值教育的形势分析

新中国的成立意味着新民主主义革命的胜利完成，但党和国家仍面临着严峻的考验，新生的人民政权需要巩固，国民经济需要发展，社会秩序需要稳定。为此，党和国家开展了土地改革运动、镇压反革命运动、接管旧学校和建立新学校、抗美援朝运动。制定了党在过渡时期的总路线，开展了社会主义改造运动，制订了第一个五年计划，积极开展社会主义建设。

新中国成立初期，社会主义建设需要大量的人才，培养高水平的国家建设人才成为迫切需要。新中国成立前，国民党反动统治的教育把广大劳动人民的子女排除在外，为少数人服务，因此对高校的接管和改造势在必行，在这个过渡与转变的过程中，价值体系的替代与更新有举足轻重的作用。它不仅要摒弃旧的、落后的价值观念和规则，同时还要根据新的发展需要建立新的社会价值体系，并通过学校价值教育传递给学生，引导学生树立新的价值观念。

新中国成立后，大学生的规模增长较快，普通高校在校生从 1949 年的 11.65 万人增至 1956 年的 40.32 万人，如表 2-1 所示。作为对社会问题敏感的大学生，面临着翻天覆地的变化，在思想上是矛盾的、彷徨的。他们一方面对新中国充满向往和憧憬，另一方面对新中国及社会主义制度能否在中国共产党的带领下更好地发展存在疑虑。此外，由于长期受帝国主义、反动统治阶级的影响，他们中不少人身上印有唯心主义、个人主义的烙印，甚至对马列主义还有一些怀疑，在政治上存在敌我不分的现象，存在崇美、亲美、恐美的思想，不能完全适应当时中国革命和建设的需要。这些现象的存在都需要教育引导，特别是价值教育的加强。

表 2–1　新中国成立初期全国普通高校本、专科在校生人数统计

单位：万人

年份	合计	本科	本科占比（%）	专科	专科占比（%）
解放前最高年	15.46	13.07	84.5	2.39	15.5
1949	11.65	9.39	80.6	2.26	19.4
1950	13.75	12.47	90.7	1.28	9.3
1951	15.34	11.25	73.3	4.09	26.7
1952	19.11	13.13	68.7	5.98	31.3
1953	21.22	15.15	71.4	6.07	28.6
1954	25.30	19.44	76.8	5.86	23.2
1955	28.77	24.39	84.8	4.38	15.2
1956	40.32	35.04	86.9	5.28	13.1

资料来源：历年《中国教育年鉴》。

（二）《共同纲领》的制定和为人民服务的革命人生观教育

1949 年 9 月 29 日，中国人民政治协商会议第一届全体会议通过了《中国人民政治协商会议共同纲领》（以下简称《共同纲领》）。其是在马克思列宁主义、毛泽东思想指导下，总结中国人民 100 多年来，特别是近 20 多年来反对帝国主义、封建主义、官僚资本主义的革命斗争经验，从中国政治、经济、社会的实际情况出发，制定出来的一部新中国的建国纲领。共包括七章六十条内容，起着临时宪法的作用。其中，第四十一条明确规定："中华人民共和国的文化教育为新民主主义的，即民族的、科学的、大众的文化教育。人民政府的文化教育工作，应该以提高人民文化水平，培养国家建设人才，肃清封建的、买办的、法西斯主义的思想，发展为人民服务的思想为主要

任务。”[①]

1. 确定教育为人民服务的价值取向

《共同纲领》明确规定了教育的主要任务是发展为人民服务的思想。为了完成这一任务，学校通过开设政治课、发布文件、强化舆论宣传，开展对知识分子的思想改造运动等方式和途径，教育引导学生树立科学的世界观、革命的人生观和全心全意为人民服务的思想。

1949 年 12 月，周恩来在第一次全国教育工作会议上指出："新民主主义的教育是民族的、科学的、大众的。我们的教育是大众的，是为人民服务的，这是我们教育的方向。"[②]1950 年 6 月，在第一次全国高等教育会议闭幕式中，时任教育部部长马叙伦在致辞中指出，高等教育在今后的方向是培养全心全意为人民服务的、高级的国家建设人才。1950 年，时任教育部副部长钱俊瑞在《人民教育》发表文章进一步指出："为工农服务，为生产建设服务，这就是当前实行新民主主义教育的中心任务。"[③]1950 年 4 月 26 日，中共中央把"向全国为人民服务的知识界致敬"列为庆祝五一劳动节口号之一。1950 年 8 月 14 日，具有法规性质的文件《高等学校暂行规程》正式颁布，其总纲第二条第二款规定："根据中国人民政治协商会议共同纲领，进行革命的政治及思想教育，肃清封建的、买办的、法西斯主义的思想，树立正确的观点和方法，发扬为人民服务的思想。"1951 年 9 月，北京、天津的高等学校开始开展知识分子改造运动。1951 年 11 月 30 日，中共中央印发《关于在学校中进行思想改造和组织清理工作的指示的通知》，指出："学生的思想改造，应看作是一个长期的工作。这里所说的思想改造，主要是指分清革命与反革命，建立为人民服务的观点。"[④] 要求在大学生中普遍开展学习运动，号召他们认真学习马列主义、毛泽东思想，联系实际，开展批评与自我批评，进行自我教育和自我改造；以此分清革命和反革命，树立为人民服务的思想。

---

① 中共中央文献研究室 . 建国以来重要文献选编（第一册）［M］. 北京：中央文献出版社，1992：10-11.

② 中国共产党宣传工作文献选编（1949-1956）［M］. 北京：学习出版社，1996：81-82.

③ 刘光 . 新中国高等教育大事记［M］. 长春：东北师范大学出版社，1990：13.

④ 中共中央文献研究室 . 中共中央文件选集（1949 年 10 月至 1966 年 5 月）（第 7 册）［M］. 北京：人民出版社，2013：285-286.

2. 建立革命的人生观

为贯彻落实《共同纲领》中提出的文化教育政策，时任教育部副部长钱俊瑞在第一次全国教育工作会上的总结中强调逐步地建立革命的人生观，并指出，当前的一个主要任务是要通过对旧教育、旧学校的改造，在改造中建立新教育，通过开展政治与思想教育，让学生有计划、有步骤地学习并达到逐步建立革命的人生观的主要目的。学习的主要内容要以马克思主义世界观和毛泽东思想为主，服务新民主主义建设。同时，在教育的过程中要结合学生的思想实际，抓住重点解决主要的思想问题。思想改造的基本任务在于确立革命的人生观，鼓励学生自由思考，运用民主启发，合理批评与自我批评。针对不同的对象，发扬其本身的正确思想，里应外合地逐步克服不正确思想，把学习与参加生产劳动、群众斗争、参观学习活动结合起来。

3. 身体好、学习好、工作好是具体要求

1950 年 2 月，时任团中央书记处书记蒋南翔在第一次学校工作会议上指出："青年学生要做到科学知识、进步思想和健全体魄的统一。"[①]1953 年 6 月 30 日，毛泽东在接见青年团第二次全国代表大会主席团时多次提到要处理好学习与工作的关系，他反复强调，青年是长身体的时期。如果对青年人身体不重视，那很危险。总之，要使青年身体好、学习好、工作好。[②] 1953 年 10 月，中共中央发出《关于加强党对青年团的领导的指示》，指出：身体好、学习好、工作好不仅是党和国家在建设时期对青年的期望，而且也正是青年切身的要求。各级党委必须领导青年团针对青年的特点，按照"三个好"的方向来进行工作。[③] 之后，各高校普遍开展了评"三好"活动，"三好"成为当时青年大学生的奋斗目标，"三好"学生的评选成为当时高校价值教育的一项重要内容。高校根据"三好"的培育要求，把学生的专业学习、课外文体活动等结合起来，注重学生的全面发展。

① 刘光 . 新中国高等教育大事记［M］. 长春：东北师范大学出版社，1990：8.

② 共青团中央，中共中央文献研究室 . 毛泽东邓小平江泽民论青少年和青少年工作（增订本）［M］. 北京：中央文献出版社，中国青年出版社，2003：96-98.

③ 共青团中央，中共中央文献研究室 . 毛泽东邓小平江泽民论青少年和青少年工作（增订本）［M］. 北京：中央文献出版社，中国青年出版社，2003：112-113.

（三）马列主义理论教育和党在过渡时期总路线的宣传教育

1. 开设政治理论课开展马列主义理论教育

坚持进行马克思主义及其最新理论成果教育，培养社会主义事业的建设者和接班人，是社会主义大学与资本主义大学的本质区别。新中国成立初期，为了适应经济政治发展的需要，给予大学生必要的思想武装，马克思主义政治理论的学习和宣传活动变得非常必要和迫切。从这个时期开始，通过开设政治理论课的方式对大学生进行系统的马克思列宁主义教育，成为我国对大学生进行价值教育的一个传统。在取消国民党反动课程体系后，各大高校逐渐建立马克思主义政治理论课程体系。1949 年 10 月 12 日，华北高等教育委员会颁布了《各大专科学校文法学院各系课程暂行规定》，其中明确规定，把“辩证唯物主义论与历史唯物主义论”“新民主主义论”“政治经济学”等课程列为文学院、法学院的公共必修课。1952 年 10 月 7 日，教育部发出《关于全国高等学校马克思列宁主义、毛泽东思想课程的指示》（以下简称《指示》），对高等学校政治理论课的开设做了进一步的调整和规范，规定综合大学及财经、艺术院校自 1952 年起，依照一、二、三年级次序，分别开设“新民主主义论”“政治经济学”“辩证唯物主义论与历史唯物主义论”课程。各类型高等院校和专修科准备自 1953 年度增设“马列主义基础”。[①]《指示》的发布标志着我国正式确立起新型的政治理论课程体系。1953 年 2 月 7 日，高等教育部发出通知：自 1953 年起，“马列主义基础”为各类高等学校及专科（两年以上）二年级必修课程。1953 年 6 月 17 日，教育部又发出通知，将高等学校一年级开设的“新民主主义论”课程改为“中国革命史”，并规定了该课程的教学目的和重点。[②] 1956 年 9 月，高等教育部发出《关于高等学校政治理论课程的规定（试行方案）》。其中规定了马列主义基础、中国革命史、政治经济学、辩证唯物主义论与历史唯物主义论四门政治理论课的高低两种教学时数，以适应不同系科的需要。该方案的颁布和实施，推动我国政治理论课程的建设进一步走向系统化、合理化。

① 中央教育科学研究所 . 中华人民共和国教育大事记（1949–1982）［M］. 北京：教育科学出版社，1983：66.

② 中央教育科学研究所 . 中华人民共和国教育大事记（1949–1982）［M］. 北京：教育科学出版社，1983：73.

到 1957 年初，我国已初步建立起一整套系统的马列主义政治课程体系，较好地向学生传授马克思主义世界观，肃清了封建的、买办的、法西斯主义的思想影响。

2. 在党的过渡时期总路线的宣传教育中开展社会主义教育

1952 年，党中央开始提出过渡时期的总路线。1953 年 9 月 25 日，《人民日报》正式公布了这条总路线，简称为“一化三改”，由此全国范围内开始宣传党在过渡时期的总路线。总路线的宣传，首先在党的领导干部中进行传达学习，随后向广大人民群众进行了大张旗鼓的宣传。1953 年 12 月 28 日，中共中央批转中宣部《为动员一切力量把我国建设成为一个伟大的社会主义国家而斗争——关于党在过渡时期总路线的学习和宣传提纲》。学习宣传提纲发布后，全国各地开展了广泛的宣传活动。中共中央高度重视总路线的宣传教育，充分利用报纸、图书、标语口号等文字宣传途径，通过集中开会、讨论进行重点宣传，利用广播电台等进行普及宣传，借助歌曲、电影、戏曲等文艺作品进行广泛宣传。

全国各大专院校迅速掀起了一场学习宣传总路线的热潮，组织开展了各种形式的宣传教育活动，按照教育部要求，对广大青年学生开展党的过渡时期总路线教育，开展马克思主义基础知识教育。在这段时间里，各高等学校先后对大学生开展了党在过渡时期总路线的教育活动，开展了辩证唯物主义、历史唯物主义思想的宣传教育。“一化三改造”的观念在大学生中得到广泛传播；“为实现国家工业化而勤奋学习”的口号响彻高校校园；“拥护社会主义改造”“身子脑袋都要进入社会主义”成为当时最流行的话语。在学习过渡时期总路线过程中，广大师生进一步接受了马克思主义思想的洗礼，在思想上为国家从新民主主义向社会主义转变做好准备。

为适应社会主义总路线对人才培养的需要，从 1953 年 9 月到 1954 年 10 月，教育部分别召开了综合大学、财经、政法、医学、农林高等教育会议，针对不同学校类型制定不同的教育任务和目标。如要求综合大学培养的人才具有马克思主义世界观，全心全意服务于祖国和人民的事业，培养专门从事研究或教学工作人才；财经类院校的培养目标是在马克思列宁主义指导下，为国家培养掌握经济命脉的企业和财经管理人才；等等，但在培养目标中都强调社会主义价值导向。

《中华人民共和国高等学校章程（草案）》指出，一切高校的总任务是

“适应国家的社会主义建设的需要，培养具有一定马克思列宁主义水平、实际工作所必须的基本知识、掌握科学和技术的最新成就和理论联系实际的能力，并且身体健康、忠实于祖国、忠实于社会主义事业和准备随时保卫祖国的高级人才”。[①] 由此可见，学生的思想政治素质是各类高校的总要求，培养的学生必须树立马克思列宁主义的世界观，坚定对社会主义的信念和新中国的感情，确定坚定的无产阶级立场等，也是大学生价值教育在社会主义过渡时期的根本任务。

3. 在民主改革中传递民主价值观念

这一时期的民主改革主要涉及土地改革和“三反”“五反”运动。1950 年冬至 1953 年春，土地制度改革运动开展，各高校纷纷组织广大青年学生参加土改运动，并在运动实践中教育引导学生，帮助大学生划清敌我界限、剥削和劳动的界限，提高大学生的阶级觉悟。1950 年 2~3 月，仅北京地区就有 700 余名大学生赴郊区参加土地改革。大学生通过参加土地改革运动，亲眼所见了农民生活的疾苦以及地主阶级的剥削与压迫，更加明确了阶级立场和阶级观点，同时也深切地感受到了劳动人民的伟大，进一步强化了为人民服务的思想。

1952 年 3 月 13 日，中共中央发布《关于在高等学校中进行“三反”运动的指示》。广大青年学生在学校的组织下将“三反”“五反”的学习与思想改造运动相结合，针对资产阶级腐朽思想开展了一场轰轰烈烈的斗争。大学生们通过听报告、读文件等形式，结合自身的实际情况开展批评与自我批评。在学习过程中，进一步批判了崇美、亲美、恐美、反共、反苏、反人民的思想，弄清了资产阶级与工人阶级的思想界限，同时对资产阶级剥削人民、唯利是图、腐化堕落的思想进行了深刻批评，逐步树立了劳动光荣、为工农服务、为人民服务的思想。并在实际斗争中认识到了资产阶级腐化堕落思想的丑恶本质。

自 1953 年起，在全国各市县范围内开展的人民代表普选运动，是中国人民第一次真正自主地行使当家作主的民主权利，近 6 亿人参加了选举，选出了基层代表 550 多万人。普选运动的开展，让大学生切实体会到了社会主义社会的民主制度，对大学生民主价值理念的形成产生了良好的效应。

---

① 刘光．新中国高等教育大事记［M］．长春：东北师范大学出版社，1990：107.

（四）在抗美援朝运动中开展爱国主义和国际主义教育

1950 年 6 月，美国借用联合国的名义发动了对朝鲜的侵略战争。10 月 19 日，中国人民志愿军参加了正义的抗美援朝、保家卫国战争。大学生价值教育结合抗美援朝运动，采用广泛宣传、组织学生参加抗美援朝运动、发起订立爱国公约等方式开展爱国主义和国际主义教育。

1. 结合抗美援朝开展国际主义教育

抗美援朝运动开始后，在中共中央的引导下，广大大学生拥护和声援抗美援朝、保家卫国战争的氛围高涨。1950 年 10 月 8 日，毛泽东在《关于组成中国人民志愿军的命令》中，明确要求志愿军认识到抗美援朝是正义的行动，支援朝鲜、抗击美帝国主义侵略是中国人民义不容辞的国际主义义务。中共中央要求全国各地认真开展时事宣传教育活动，引导人民正确地认清当前形势，确立胜利信心。1951 年 2 月 2 日，《中共中央关于进一步开展抗美援朝爱国运动的指示》提到："我们必须进一步在全国普遍开展各阶层人民的抗美援朝、反对美国重新武装日本及铲除匪特镇压反革命活动的运动，与前线胜利相配合相呼应。在各阶层人民，特别是在工农群众中，应广泛进行时事教育，开展蔑视、鄙视、仇视美帝国主义与提高民族自信心自尊心的运动。目前爱国运动应以三件事为中心：反对美国重新武装日本，争取全面的公正的对日和约；慰劳中国人民志愿军和朝鲜人民；发起订立爱国公约。"①

大学生们积极响应国家号召和指示，以实际行动支持和参加抗美援朝。大学生们响应中共中央关于动员大、中学生参加军事学校的指示，参加各种军事学校，学习训练军事科学知识和技术，以巩固和发展中国人民革命的胜利成果及保卫我们的和平建设事业。据不完全统计，三次共动员了大、中学校学生 40000 余人参加了局势干部学校。青年学生以实际行动"服从祖国的需要""到祖国最需要的工作岗位去"。很多青年中的党团员和进步分子积极报名参军，有些学生写血书以示决心和勇气。

① 中央档案馆，中共中央文献研究室．中共中央文件选集（1949 年 10 月至 1966 年 5 月）（第 5 册）［M］．北京：人民出版社，2013：93–96.

2. 结合批判亲美、恐美、崇美思想开展爱国主义教育

第一，开展广泛的宣传教育活动。一是结合时事教育开展宣传教育活动。1950 年 10 月和 12 月，中共中央先后两次要求各地开展关于目前时事的宣传运动，让广大人民群众认清美国侵略的本质，坚决消除亲美、恐美等错误心理。教育部根据《指示》要求，学校要改变一般的思想政治教育，而有计划地进行以抗美援朝为具体内容的思想政治教育。高等院校设立时事学习讲座，加强爱国主义教育和进一步开展抗美援朝运动。二是利用“五一”“十一”等重大节日开展游行示威活动。《中共中央关于普及和深入宣传抗美援朝及准备五一纪念办法的规定》（1951 年 3 月 15 日）要求各地要实现“全国每一处每一人都受到抗美援朝的爱国教育”的口号……五一劳动节，在全国所有城市乡村举行以抗美援朝、反对武装日本为主要内容的大示威。[①] 三是充分发挥电影等文艺作品的宣传作用。《中共中央关于写作电影剧本工作的指示》（1951 年 4 月 28 日）指出，电影是传播革命思想、培养爱国主义的最有威力的武器，要求重视电影在宣传爱国主义等方面的意义。四是在教育教学活动中开展爱国主义教育。1951 年 5 月 18 日，马叙伦在向政务院报告 1951 年全国教育工作方针和任务时提出，要大力开展抗美援朝的爱国主义教育并将其作为当年教育工作的首要任务，要求各级各类学校通过各种方式在教学和实践中创造性地开展好爱国主义教育。1951 年 7 月 24 日，《对各大行政区分别召开暑期高等学校政治课讨论会的指示》指出，政治课应明确以加强爱国思想为首要任务，培养学生全心全意为人民服务的革命人生观和价值观。

各高校迅速掀起以“抗美援朝”为中心的宣传教育活动。通过开班会、座谈会、时事报告会、讲演会等方式进行宣传，利用话剧、壁报、漫画图片、军事操练等符合大学生特点的方式宣扬爱国主义精神。如北京大学壁报最多时一日曾达 6 万余字。

第二，发起订立爱国公约。《中共中央关于订立和检查爱国公约的指示》（1951 年 5 月 31 日）指出，“在抗美援朝运动中，订立爱国公约的办法，是把全国人民的爱国高潮引向深入和经常化的中心环节”。[②] 要求各地把这一运

---

① 中央档案馆，中共中央文献研究室．中共中央文件选集（1949 年 10 月至 1966 年 5 月）（第 5 册）［M］．北京：人民出版社，2013：279-281.

② 中共中央文献研究室．中共中央文件选集（1949 年 10 月至 1966 年 5 月）（第 6 册）［M］．北京：人民出版社，2013：172.

动当作一项政治任务，没有订立的地方组织群众在自愿的基础上订立，已经订立的应半年检查一次，同时强调订约者的范围要小，公约内容要具体，遵守民主自愿的原则，要有检查等事项。《中共中央关于开展爱国公约等项运动的指示》（1951 年 6 月 1 日）要求，防止或克服“抗美援朝运动已经差不多了”的自满情绪，在全国更普遍地开展爱国公约运动，开展增产捐献武器以及优待烈属军属及残废军人运动，切实提高广大民众的政治觉悟和爱国热情。

第三，组织学生参加抗美援朝运动。广大青年学生还以他们自己的方式积极支援前线。一是投寄慰问信，寄慰问袋，上海 361 所大中学校 13.6 万名学生用他们的校徽缀成“抗美援朝”字样赠给志愿军。二是医学院校的青年学生参加医疗服务队，为志愿军或军属服务。三是号召学生努力学习，掌握知识、技术，准备随时为祖国服务。广大青年学生在自我学习的同时，还纷纷走向社会，深入工厂、农村，向广大群众宣讲抗美援朝。据不完全统计，截至 1951 年 2 月，全国有 3 万多名大中学生参加了宣讲活动，创造了 2300 多件文艺作品，对 57 万以上的群众进行了宣传。学生在宣讲中不仅提高了自己的觉悟，还有助于学生与工农的结合。1950 年 12 月 10 日，中共中央转发《彭真关于抗美援朝工作的报告》，指出“经过抗美援朝运动的宣传工作，学生中的‘恐美病’有了很大的减少，大学生多认为我们是打得过美国的，胜利信心有了极大的提高。提高群众对我国人民伟大力量的自信心，确信中国人民一定能战胜帝国主义。同时应适时地领导学生把高涨的抗美援朝情绪转入加紧生产、加紧学习和经常的业务中去”。[①]

（五）在制定国家法律法规中渗透平等公正法制的价值理念

新中国成立后，中国共产党领导带领全国人民对建设社会主义进行了有益探索，形成了社会主义的富强、民主、文明的价值目标和理想。一是明确树立建设繁荣富强国家的价值理想。毛泽东多次强调在农业国的基础上，是谈不上强和富的，国家要富强必须走工业化道路。1952 年，党在过渡时期总路线明确提出要在一个相当长的时期内，逐步实现国家的社会主义工业化。1954 年，第一届全国人民代表大会的报告中，明确提出了“四个现代化”的宏伟目标。二是形成了建设民主国家的价值理想。在国家政

① 中共中央文献研究室．中共中央文件选集（1949 年 10 月至 1966 年 5 月）（第 4 册）［M］．北京：人民出版社，2013：361-364.

权中实行人民民主专政，对敌人采取专政手段，通过劳动改造等方式促使其转化为社会主义新人；对广大人民群众，则采用民主的方法，鼓励他们参与政治活动，用民主的方法进行教育和说服工作。1954 年通过的《中华人民共和国宪法》（即“五四”宪法），规定了公民享有广泛的民主权利和自由。

1. 积极推进法制的价值理念

以毛泽东为核心的党的第一代中央领导集体十分重视法制建设，制定颁布了大量法律法规。尤其以《共同纲领》和《中华人民共和国宪法》的颁布最具影响力。《共同纲领》是一部真正立足于中国实际、契合人民需要的行动纲领，在整个新民主主义建设时期，成为规范和衡量全国一切党派、团体、个人行为活动的共同准则。1952 年 9 月至 1954 年 9 月，中共中央领导和组织起草了《中华人民共和国宪法（草案）》，并广泛征询人们对宪法草案的意见，通过这一活动使得广大人民群众清楚《宪法》的主要内容及其与自己的切身关系，同时在征集意见的过程中从民间获得智慧。这种全面讨论实质上也是一种法制的宣传教育。1954 年 9 月 20~21 日，《中华人民共和国宪法》等 7 项法律法规先后获得通过，对国家政权和制度建设具有开创性的意义。初步奠定了新中国法制建设的基础，在当时的年代中基本做到了有法可依、有法必依。

在高等教育方面，1950 年专门颁布了《高等学校暂行规程》，包括总纲、入学、课程、考试、毕业、教学组织、行政组织、社团、附则等内容，规定除有特殊实际困难外所有高校都应执行。随后，《中华全国学生联合会章程》《关于改革学制的决定》《关于高等师范学校的规定》《师范学校暂行规程》等与高校相关的规章制度相继印发。针对大学生法制观念淡薄、学习生活中不遵守法律规章制度的现象，高校深入开展了法制教育，运用多种宣传手段，采用大学生喜闻乐见的形式向大学生普及法律常识，从根本上提高大学生遵纪守法的自觉性。特别是在《婚姻法》《中华人民共和国宪法》颁布后，在毛泽东的倡导下，全国普遍开展了轰轰烈烈的法制宣传活动。

2. 努力倡导平等、公正的价值理念

第一，实现受教育的平等。新中国成立头七年，通过逐步接管、恢复、整顿高等教育，对国民党政府遗留下来的高等教育进行了初步改革，改革确定了向工农开门办学的方针，中国人民大学和一批工农速成中学成立。建立统一招生制度，考生只要在本县（区）参加考试，就可以选报全国范围内的学校和专业志愿，录取机会逐年增多，尤其是工农子女上大学的人数稳步增长。大学生伙食由国家统一供给，并有不同等次的助学金，毕业后由国家统一分配工作。社会劳动阶层子女受教育的权利得到了保障。

第二，倡导男女平等。新中国成立后，《土地法》和《婚姻法》对妇女解放、男女同工同酬等进行了明确规定。1951 年《中共中央关于贯彻婚姻法的指示》指出，《婚姻法》的基本精神和目的是“实行男女婚姻自由、一夫一妻、男女权利平等、保护妇女和子女合法利益的新民主主义婚姻制度”。① 同日，《中共中央关于妇女参加生产劳动问题的指示》，强调除极少数社会职业外，妇女可以而且应当跟男子一样参加各种社会职业和各种生产劳动，参加伟大的国家建设。鼓励男女合作，鼓励妇女和男子一块工作。“五四”宪法的颁布，再次明确了我国公民在法律上一律平等，妇女享有同男子同等的权利。

第三，倡导民族平等。1953 年 8 月 23 日，中共中央转发政务院《关于学习民族政策的通知》，要求各地各部门要认真学习《共同纲领》《中华人民共和国民族区域自治实施纲要》《关于地方民族民主联合政府实施办法的决定》《关于保障一切散居的少数民族成分享有民族平等权利的决定》等文件，民族平等的理念在全社会得到了良好的倡导和落实。

第四，倡导权利公正。“五四”宪法对公民的选举权和被选举权，劳动、休息、受教育的权利等基本权利进行了明确规定。推行“三反”“五反”运动，反对特权和特权思想，确保了基本权利的公正。

新中国成立初期，我国初步建立起了大学生价值教育的工作体系，在党和国家的政策指引下，结合大学生的价值观念的实际，开展了卓有成效的大学生价值教育工作。大学生通过系统的马克思主义理论学习，积极参加各类政治运动和社会生产实践，在思想觉悟上有了很大提高，政治方向进一步坚定，道德水平显著提升，爱国主义、国际主义精神得到了培养。当然，出于各种原因，新中国成立头七年大学生价值教育也存在着一些问题，如盲目照搬苏联模式、只奉行大一统的价值观、教育内容单一、工作方法相对简单化。

① 中央档案馆，中共中央文献研究室．中共中央文件选集（1949 年 10 月至 1966 年 5 月）（第 6 册）［M］．北京：人民出版社，2013：369-371.

二、开始全面建设社会主义阶段大学生价值教育的曲折发展（1956~1966 年）

开始全面建设社会主义阶段是指 1956 年社会主义改造基本完成到 1966 年“文化大革命”前夕。这一阶段，我国高等教育迅速发展，大学生价值教育在曲折中发展。党的八大的顺利召开，为大学生价值教育的发展指明了方向。毛泽东发表了《关于正确处理人民内部矛盾的问题》，成为大学生价值教育的纲领性文件。高校在毛泽东教育思想的指导下，贯彻德智体全面发展的方针，注重培养又红又专的革命事业接班人，坚持用阶级观点、群众观点、劳动观点和集体观点教育大学生，有效地帮助大学生树立起共产主义世界观和人生观。通过贯彻执行高教六十条，制定思想政治工作条例，加强政治理论课建设，配备和充实政工干部，加强大学生的价值规范教育，在大学生价值教育方面进行了一些新的探索，积累了不少好的经验。但是，这一阶段，大学生价值教育受到了“左”倾思想的干扰，混淆了两类不同性质的矛盾，出现了一些价值歪曲的批判，因而发展是曲折的。

（一）开始全面建设社会主义阶段大学生价值教育的形势分析

这一阶段，党和国家面临的突出任务是加强推进思想建设和经济建设。第一个五年计划和社会主义改造的顺利完成，社会主义建设取得了巨大成就，极大地增强了青年大学生对社会主义的信心。社会主义改造完成后，党和国家开始了社会主义道路和建设的艰难探索。新的社会生产关系还不完善，人民内部矛盾凸显，需要大力发展生产力来稳定和巩固新的生产关系。党的八大的召开，确定了尽快地转变为先进的工业国家和准备开展整风运动的任务。整风运动的迅速发展，出现了复杂情况，导致了反右派斗争的扩大化，一批知识分子和爱国人士被错误地划为右派分子。随着“三面红旗”（社会主义建设总路线、“大跃进”和人民公社化）的提出实施，虽然激发了广大人民群众建设社会主义的积极性，但违背了客观发展规律，属于冒进行为，给国家各项经济生产建设带来了损失。尽管中共中央后来意识到并试图纠正“左”的错误，提出了“调整、巩固、充实、提高”的方针，制定了系列正确的决策，使形势有所好转。但是，在继续推进经济上恢复和调整任务的同时，中苏争论激化，政治上阶级斗争扩大化也开始严重发展。而国际上反共反社会主义的浪潮不断，加上苏联对斯大林的全盘否定，对我国人民群众造成了不同程度的思想混乱。

各高等学校认真组织学习和贯彻党的八大精神，探索中国社会主义高等教育发展道路。高等教育的规模逐年提升，普通高校在校生从 1957 年的 44.12 万人上升至 1960 年的 96.16 万人，随后几年规模有所下降，如表 2-2 所示。在大学生价值教育方面，各高校认真按照中央和国家的要求，开设社会主义课程，成立政治部，加强政工队伍建设。同时重视大学生辩证唯物主义和历史唯物主义的世界观以及共产主义远大理想的培养。但是，接连不断的政治运动和思想批判运动，不仅伤害了许多大学生的社会主义积极性，而且混淆了是非界限，造成了价值混乱；在教育改革中，以体力劳动代替全面的思想品德教育，影响了大学生的全面发展；忽视高校学生的特点，生搬硬套解放军思想政治工作的经验，滋长了思想政治教育中形式主义的倾向；一哄而起的“活学活用”毛泽东著作的活动，破坏了马克思主义科学体系的教育，助长了空喊政治口号、乱贴政治（语录）标签的实用主义的恶劣风气，影响了大学生思想上、政治上、品德上的健康成长。

表 2-2　开始全面建设社会主义阶段全国普通高校本、专科在校生人数统计

单位：万人

年份	合计	本科	本科占比（%）	专科	专科占比（%）
1957	44.12	39.33	89.2	4.79	10.8
1958	65.96	51.88	78.6	14.08	21.4
1959	81.19	66.04	81.3	15.15	18.7
1960	96.16	77.45	80.5	18.71	19.5
1961	94.72	80.79	85.3	13.93	14.7
1962	82.97	76.55	92.3	6.42	7.7
1963	75.01	71.77	95.7	3.24	4.3
1964	68.53	66.19	96.6	2.34	3.4
1965	67.44	64.40	95.5	3.04	4.5
1966	53.38	50.94	95.4	2.44	4.6

资料来源：历年《中国教育年鉴》。

大学生的主流是按照毛泽东提出的“在思想上要有所进步，政治上也要有所进步”的要求，积极参加各种社会政治运动。通过下基层搞调查，与群

众打成一片，切实感受群众疾苦；通过参加农村集体劳动，把专业学习与体力劳动相结合，同时与农民同吃同住同劳动，密切了与人民群众的感情联系。此外，通过写村史，厂史，读书，看电影，走访革命前辈等活动了解农村、了解社会，以雷锋等先进典型为榜样，积极塑造共产主义道德品质，以实际行动践行和弘扬社会主义的道德要求。然而，也有少数大学生思想激进，脱离实际，盲目跟风，把错误的东西当成正确的去捍卫和实践。

（二）毛泽东思想和社会主义教育

1957 年 2 月 27 日，毛泽东作了题为《关于正确处理人民内部矛盾的问题》的重要讲话，对社会主义社会的基本矛盾及其特点进行了全面分析，并提出对两类社会矛盾问题要严格区分和正确处理，给出了具体方针。为正确解决中国社会主义革命和建设的一系列基本理论和实际问题提供了理论根据，具有深远的影响。《关于正确处理人民内部矛盾的问题》从基本理论教育，理想教育，正确处理国家、集体、个人三者利益关系的教育，正确处理民主与集中、自由与纪律关系的教育等方面，对社会主义时期大学生价值教育的基本内容和要求进行了系统论述。首次明确提出了党的教育方针，提出对解决人民内部的问题应该采取“团结—批评—团结”的方针，采用讨论、批评、说服教育、积极引导和比较鉴别的方法，要求人们自觉地去追求真、善、美，反对假、恶、丑。

1. 组织学习毛泽东著作开展毛泽东思想教育

1953 年 4 月，出版发行了《毛泽东选集》（第三卷），全国范围内开始学习和宣传毛泽东思想。社会主义改造完成后，随着《关于正确处理人民内部矛盾的问题》一文的发表，全国掀起了学习毛泽东思想的高潮。1958 年 6 月，各地学校先后出现学习毛主席著作的读书运动。北京高等学校和中等专业学校成立了以学习毛主席著作为中心的 2100 多个政治理论学习小组。以党在民主革命时期、社会主义革命和建设时期三条总路线为纲来学习毛主席著作，结合当前中心任务搞专题学习，结合学校中四门政治课学习毛主席著作。1964 年 1 月、5 月、7 月，《毛主席诗词》《毛主席语录》《毛泽东著作选读》相继发行，全国掀起了学习毛主席著作的高潮。党中央要求全国人民学习毛主席的立场、观点和方法，深刻领会党的总路线的思想，认识阶级斗争的规律，朝气蓬勃，学习先进，永远鼓足革命干劲，彻底克服资产阶级个人主义思想和骄傲自满情绪，摆脱故步自封的形而上学观点的束缚，树立一分为二的辩证唯物主义观点。

2. 开设社会主义课程开展社会主义教育

1957 年 11 月 1 日印发的《中央宣传部关于设立社会主义教育课程的报告》指出：在高等学校和中级以上的党校设立社会主义教育课程，以便改造知识分子的旧思想，提高学员的社会主义觉悟。《关于正确处理人民内部矛盾的问题》是社会主义教育课程的中心教材，此外还包括马克思主义经典著作、中共中央文件和其他部门文件。学习的方法是精读文件，进行自由和充分的讨论。1957 年 12 月 10 日，教育部向各高教局、高等学校、中等专业学校发出指示：在全国高等学校开设社会主义教育课程。原应开的四门政治课一律停开。社会主义教育课程既是社会主义革命和社会主义建设的基础课，又是兴无产阶级思想、灭资产阶级思想的价值教育课。社会主义课程教育在教育引导大学生树立马克思主义辩证唯物主义观点和历史唯物主义观点等方面起了很大的作用。引导大学生用工人阶级思想批判资产阶级思想、小资产阶级思想，用马列主义的立场、观点、方法克服非马列主义的立场、观点、方法。

3. 在整风运动中推进社会主义的价值观念

1956 年，在党的八大上，实际上就提出了全党整风。毛泽东在开幕词中指出，违反马克思列宁主义的观点和作风，诸如主观主义、官僚主义、宗派主义，在我们不少同志中还存在，要克服这些缺点必须加强党内的思想教育。1957 年 4 月 27 日，中共中央下发《关于整风运动的指示》，要求："在全党重新进行一次普遍的、深入的反官僚主义、反宗派主义、反主观主义的整风运动，以提高全党的马克思主义的思想水平，改进作风，以适应社会主义改造和社会主义建设的需要。"[①] 在整风运动中，针对不同对象提出了不同的要求。对知识分子党员的要求是：恪守为人民服务的宗旨，紧密联系工农群众，坚定正确的阶级立场，克服个人主义和自由主义，加强党性锻炼。1957 年 6 月 6 日，中共中央发出《关于抓紧时间继续开展整风运动

① 中央档案馆，中共中央文献研究室 . 中共中央文件选集（1949 年 10 月至 1966 年 5 月）（第 25 册）［M］. 北京：人民出版社，2013：292.

的指示》，要求高校加紧用大鸣大放的方法整风。之后，党中央先后发出指示，在全体农村人口中、在企业中、在少数民族中、在中等学校和小学教员中开展整风和社会主义教育运动。1957 年 10 月 30 日，中共中央指出在高等学校中反右派斗争应转入“整改”阶段，认真改进工作。1958 年 4 月 2 日，中共中央发布《关于整风问题的指示》，要求把整风坚持到底，重点揭发和批判官僚主义、主观主义、宗派主义，以便提高全党的共产主义思想水平。1958 年 6 月 18 日，中共中央再次发出《关于整风第四阶段的通知》，对党员干部应该学习文件做了进一步规定。应该说这场整风运动，是发扬党的群众路线，发扬党的艰苦奋斗的优良传统，实行社会主义民主集中制的教育过程。

（三）党的教育方针的提出和培养又红又专的人才

1. 党的教育方针中蕴含的价值教育理念

《关于正确处理人民内部矛盾的问题》中对我国教育方针进行了阐述，“应该使受教育者在德育、智育、体育几方面都得到充分的发展，成为有社会主义觉悟的、有文化的劳动者”。①1958 年 9 月 19 日，中共中央、国务院发布《关于教育工作的指示》，再次强调了党的教育方针，即“教育为无产阶级政治服务，教育与生产劳动相结合”。② 同时明确了人才培养目标，“就是既有政治觉悟又有文化的，既能从事脑力劳动又能从事体力劳动的人……党所提出的培养有社会主义觉悟的有文化的劳动者的口号，正确地解释了全面发展的涵义。”③ 第一，党的教育方针蕴含人的全面发展理念，在个体素质结构问题上，强调了素质结构的全面性，既注意到了思想品德方面的发展，又注意到了智力和体质方面的发展。第二，在人才观上，强调“有社会主义觉悟”和“有文化”的统一，即政治与业务、红与专的统一。第三，在教育的方法上，强调理论与实际相结合，教育与生产劳动相结合。引导学生参加生产劳动，从中接受劳动教育，培养劳动观点，学习劳动技术，培养热爱劳动和劳动人民的思想感情，培育劳动观念，切实做到教育与生产劳动相结合。

---

① 毛泽东文集（第七卷）［M］. 北京：人民出版社，1999：226.

②③ 中央档案馆，中共中央文献研究室 . 中共中央文件选集（1949 年 10 月至 1966 年 5 月）（第 29 册）［M］. 北京：人民出版社，2013：34-35.

2. 又红又专的人才培养目标

《关于处理人民内部矛盾的问题》中指出："没有正确的政治观点，就等于没有灵魂。"[①] 随后在高等学校中就"红与专"问题开展了大讨论，辩论中有三种主张，即"先专后红""边专边红""先红后专"。1957 年 10 月 13 日，《光明日报》邀请北京市高等院校和科研机构的负责人、教授、专家座谈"红"与"专"的关系问题，并对座谈会的发言予以了连续发表。专家们联系自己的亲身经历，认为"先专后红"的思想是错误的，应该又专又红。与此同时，一些高等学校还围绕办学的方向、道路，培养目标，参加体力劳动等问题展开了辩论。1958 年 1 月 31 日，毛泽东同志在《工作方法（草案）》中提出："红与专、政治与业务的关系是两个对立物的统一。""政治和经济的统一，政治和技术的统一，这是毫无疑义的，年年如此，永远如此。这就是又红又专。"[②] 中国青年出版社积极配合红专大辩论，出版了《论又红又专》《怎样又红又专》等书籍，其中认为"教育为政治服务、教育与生产劳动相结合"的方针始终是贯穿共产主义运动的一根红线。《怎样又红又专》还向所有读者提出了希望：青年师生要尽快地把自己培养成为"既有社会主义觉悟又有文化基础和专业修养的，既能够胜任脑力劳动又能胜任体力劳动的，既是精神财富的创造者又是物质财物的创造者"的普通劳动者和多面手。《关于教育工作的指示》指出：党和全国人民的巨大的历史任务之一是培养一支数以万计的又红又专的工人阶级知识分子队伍。中华全国学生联合会号召"全国学生要树立共产主义大志，攀登科学文化高峰，在又红又专的道路上前进。"[③] 当时对于红、专的基本要求为："最基本的政治立场是学生具有爱国主义和国际主义精神，愿为社会主义、共产主义事业奋斗。同时在专业方面，要求学生具有理论知识、基本历史知识、基本社会知识并受过基本技能的训练（特别是写作能力的训练）；要明确认识只专不红固然不对，只红不专也是无用的。"[④] "又红又专"是一种意识形态的形象外化，

① 毛泽东文集（第七卷）［M］. 北京：人民出版社，1999：226.

② 中央教育科学研究所 . 中华人民共和国教育大事记（1949–1982）［M］. 北京：教育科学出版社，1984：213.

③ 中央教育科学研究所 . 中华人民共和国教育大事记（1949–1982）［M］. 北京：教育科学出版社，1984：266.

④ 中央档案馆，中共中央文献研究室 . 中共中央文件选集（1949 年 10 月至 1966 年 5 月）（第 37 册）［M］. 北京：人民出版社，2013：81–82.

它所表征出来的价值追求，体现了领导阶层、知识分子乃至普通大众共同的文化想象和价值理想。[①]

3. 为无产阶级政治服务，强调树立阶级观念

1957 年，整风“反右”开始后，党和国家更加重视思想战线的工作，强调教育要为无产阶级政治服务。大学生价值教育突出政治教育，主要表现在：一是把阶级“五四”“国庆”“一二・九”等和阶级斗争作为价值教育的重要内容，大力强化大学生的阶级斗争意识。结合节日、纪念日开展革命传统教育。二是用政治统帅教育一切工作。在生产劳动、团体活动等各个环节都强调要突出政治，教学活动中更是重视联系当前的政治形势，结合现实生活中的阶级斗争事例、祖国生产建设的成就对学生进行忠于党和热爱社会主义的教育。三是经常组织师生参加社会活动和社会政治运动。1964 年 9 月 11 日，中共中央、国务院发出通知，要求抓紧组织高等学校文科师生参加社会主义教育运动，使他们在实际斗争中接受教育和锻炼，提高社会主义觉悟，改造世界观。1964 年 10 月 28 日至 11 月 21 日，高等教育部召开直属高等学校理工科教学工作会议。会议提出：把阶级斗争锻炼作为一门主课，将参加“四清”和军训正式列入教学计划。[②]1965 年 2 月 2 日，中共中央、国务院发出《关于组织高等学校理、工科师生参加社会主义教育运动的通知》，规定从 1965 年暑假起，分期分批组织理工科高年级师生参加一期“四清”的全部或主要过程。据不完全统计，1965 年底，全国有 395 所高等学校师生共计 22 万余人参加了社会主义教育运动。[③]社会主义教育运动是一次深刻的社会主义革命运动。经过教育，青年大学生的阶级觉悟普遍有了提高，进一步坚定了走社会主义道路的决心。

4. 与生产劳动结合，强化劳动观念教育

为贯彻教育与生产劳动相结合的方针，半工半读、勤工俭学等方式在学校盛行。1958 年 1 月 27 日，共青团中央发布《关于在学生中提倡勤工俭

① 陈伟军 . 社会思潮的传播与核心价值引领［M］. 北京：人民出版社，2015：38.

② 中央教育科学研究所 . 中华人民共和国教育大事记（1949–1982）［M］. 北京：教育科学出版社，1984：369.

③ 中央教育科学研究所 . 中华人民共和国教育大事记（1949–1982）［M］. 北京：教育科学出版社，1984：378.

学的决定》，指出：勤工俭学是具体实现知识分子和工农相结合、脑力劳动和体力劳动相结合的一个重要途径。中共中央要求一切农、林大专院校的师生赴农村参加农林生产劳动一到两年，大中城市开办的农林大专院校迁往农村或林区，使教育与生产劳动相结合。《关于教育工作的指示》要求所有学校都应该开设生产劳动课程。1964 年 7 月，中共中央、国务院提出要安排毕业生到基层参加劳动实习，有计划地组织他们参加社会主义教育和“四清”运动。为培养劳动习惯和艰苦朴素的作风，掀起了大规模的下厂下乡运动，通过结合劳动实践的“鸣”“讲”“辩”“看”“干”[①] 树立劳动观点和群众观点。1964 年 8 月 19 日，中共中央、国务院转发《高等学校毕业生劳动实习试行条例》，对高等学校毕业生劳动实习进行了制度安排。毕业劳动实习的时间为一年，以促使青年知识分子劳动化、革命化。[②] 通过参加勤工俭学和生产劳动，密切了大学生与社会的联系，增进了学生与劳动人民的思想感情。同时有助于学生掌握实际的生产技能和知识，增强学生的动手能力和实践能力，锻炼了学生吃苦耐劳的意志。应该说，通过加强生产劳动教育，较好地贯彻了教育与生产劳动相结合的方针，是培养无产阶级接班人的重要举措。

（四）共产主义精神教育和学习雷锋精神

开始全面建设社会主义阶段，各条战线涌现出了很多先进的典型和模范人物，雷锋、焦裕禄、王进喜和大庆油田、南京路上好八连是最突出的代表。他们的先进事迹是大学生价值教育的生动内容，树榜样、学榜样是大学生价值教育的重要途径，各高校用先进典型来教育和引导大学生“学英雄，见行动”，开展共产主义和集体主义、自力更生和艰苦奋斗精神教育，取得了显著的成效。

1. 中共中央提出用共产主义精神教育青年一代

1957 年 5 月，中国新民主主义青年团（中国共产主义青年团前身）召

① 鸣，即讲认识、谈看法、摆观点；讲，即上政治课、作大报告、讲当时的方针政策和共产主义理想；辩，即沟通思想、统一认识、坚持真理、修正错误；看，即参观访问、学习文件、丰富感性认识、提高理性认识；干，即在接受教育的同时，组织实际行动，发扬共产主义理想。

② 中央档案馆，中共中央文献研究室．中共中央文件选集（1949 年 10 月至 1966 年 5 月）（第 46 册）［M］．北京：人民出版社，2013：371–380.

开第三次全国代表大会，毛泽东接见了大会代表并发表重要讲话。他勉励团员青年们团结起来，坚决勇敢地为社会主义的伟大事业而奋斗。邓小平在大会致辞中指出，“中国共产主义青年团的任务，就是在党的领导下，用共产主义的精神教育青年一代……我们的共产主义青年团员，一定要对祖国、对人民无限忠诚，同党站在这个伟大斗争的最前列，密切联系全体人民群众和青年群众，在不同的岗位上进行长时期的艰苦的奋斗”。[①]邓小平要求团员青年首先要听从党的领导，同时努力学习本领，掌握马列主义精髓，不断提高思想觉悟，为社会主义现代化事业做出贡献。1962 年 5 月 3 日，中共中央批转共青团中央书记处《关于加强城市青少年共产主义道德教育的报告》，强调加强对青年进行共产主义道德教育，树立良好的社会风气，是思想工作中一项重要的任务。内容上主要侧重三个方面：“倡导维护社会公德、自觉遵守法纪的道德风气；倡导关心集体利益和群众利益、爱护公共财产的道德风气；继承党和人民的革命传统，发扬艰苦奋斗的优良作风，培养勤劳俭朴的生活习惯。”[②]

共青团在以后的工作中，都特别注重把思想工作作为共青团一切工作的纲，持续深入地开展社会主义和共产主义教育，坚持用马克思列宁主义、毛泽东思想教育引导全体团员青年，坚持理论联系实际，积极引导广大团员青年树立共产主义远大理想，在日常学习生活中发扬艰苦奋斗、勤俭节约的精神，使团员青年在学习工作中始终坚持正确的价值方向。

2. 学习雷锋精神

1963 年 2 月 15 日，共青团中央发出《关于在全国青少年中广泛开展“学习雷锋”教育活动的通知》。毛泽东等国家领导人分别题词，号召向雷锋同志学习。全国上下动员了各种宣传工具和宣传力量。通过广泛深入的宣传，使雷锋这个光辉形象家喻户晓，深入人心。全国高等学校及其共青团组织，积极响应党的号召，大力开展了学雷锋、树新风活动。“向雷锋同志那样生活、学习和战斗”，不追求物质享受，乐于助人，严格律己，公而忘私，以一颗螺丝钉的心态对待工作，在平凡的工作中展现出伟大的共产主义品德，

① 邓小平文选（第一卷）［M］. 北京：人民出版社，1994：276.

② 中央档案馆，中共中央文献研究室 . 中共中央文件选集（1949 年 10 月至 1966 年 5 月）（第 40 册）［M］. 北京：人民出版社，2013：4-5.

让自己短暂有限的生命迸发出最大的光芒，服务于人民和国家，逐渐成为广大大学生的追求。

在教育活动中，通过联系学生思想实际，实现学雷锋与其他教育活动的有机结合：一是与阶级教育结合起来，“对同志像春天般的温暖，对敌人像严冬一样冷酷无情”，教育学生具有坚定的无产阶级立场和爱憎分明的阶级感情，使学雷锋成为阶级教育活动。二是与学习毛主席著作结合起来，引导学生像雷锋那样努力学习毛主席著作，发扬“螺丝钉”精神，学理论，见行动，刻苦钻研，做到学以致用。三是与身边先进典型结合起来，针对有人认为“雷锋高不可攀”，难以学好的思想，开展学先进、树标兵活动，做到远有雷锋，近有标兵，激发学生向周围的标兵学习，不断促进学生学先进、赶先进的热潮。四是与“树新风、创三好”活动结合起来，用雷锋精神来指导自己的行动，像雷锋那样生活、学习和战斗，努力做到身体好、学习好、工作好，在实践中不断巩固和提高学习效果。

许多大学生在学习生活中时刻以雷锋精神对照检查自己，作为剖析思想、指导行动的武器。雷锋“做一颗永不生锈的螺丝钉”的人生观、在学习上善于“挤”和“钻”的“钉子精神”不仅让当时的学生受益，也跨越时空给当下学生以深刻的启发和教育。20 世纪 60 年代在高校开展学雷锋的意义在于它丰富了当时价值教育的内容，对塑造学生理想人格也起到了很大的促进作用。因为在雷锋身上，不仅带着时代的烙印，凝聚着特定时期社会需要的政治品质，如对党忠诚、阶级立场鲜明、“甘当革命的螺丝钉”等，还反映了全人类共有的精神文明和我国人民的传统美德，如“助人为乐”“重义轻利”“乐于奉献”“勤俭节约”以及“干一行爱一行”的敬业精神等，这些精神品质是跨越时代和地域的。

3. 艰苦奋斗和革命传统教育

1959~1961 年，我国国民经济发生了严重困难，人民生活水平急剧下降。为此党和国家号召全国人民自力更生，艰苦奋斗，共渡难关。各高等学校迅速专门成立了“抓生活、保健康”的班子，对广大师生集中进行艰苦奋斗和革命传统教育。

当时，普遍采用的教育方法就是回忆对比、忆苦思甜。因为 20 世纪 50 年代的大学生大多数是劳动人民子弟，他们的家庭都有一本血泪账，忆苦思甜能激起他们的情感共鸣，产生显著的教育效果。许多大学生怀着深厚的阶级感情，忆旧社会劳动人民受压迫受剥削之苦，思新社会人民当家作主之甜，想想祖辈的艰苦，比比农民的困难，深感大学生必须为国分忧，为民解难。他们主动节衣缩食，省吃俭用，艰苦奋斗，发奋学习，表现出了与党同心同德、患难与共的崇高革命精神。

在革命传统教育中，不少学生利用课余时间走访革命前辈，瞻仰革命遗址，阅读革命书籍，学习“延安精神”，极大地激发了自己的革命斗志，不仅学习更加刻苦，而且在毕业分配时还能服从党和人民的需要。1962 届、1963 届的大学毕业生正是“大跃进”时期入校的，人数很多，而且毕业时恰逢调整时期，不少单位紧缩编制，大量毕业生要下基层或支援边疆建设，要到艰苦的地方去工作。由于普遍开展了艰苦奋斗和革命传统教育，绝大多数学生都能愉快地服从祖国的分配。

此外，在这期间还开展了学习“铁人”、大庆油田、南京路上好八连、党的好干部焦裕禄等活动。1965 年 11 月，《人民教育》发表大庆教育专辑，号召学习大庆油田“突出政治、为革命办学，办革命的学校”的革命精神，开展教育学大庆活动。应该说这一时期大力开展的榜样教育，有助于大学生良好价值理性的形成，校园里学生们认真学习、忘我劳动、助人为乐的场景比比皆是；有理想追求和人格完善等高贵的品格为大学生所推崇。直至当下，雷锋精神、焦裕禄精神、“铁人”精神依然焕发着光芒，教育影响着一代又一代的大学生。

（五）“左”倾错误对大学生价值教育的影响及调整

开始全面建设社会主义阶段，改变我国经济文化落后面貌的急切心态在政治上占据主导地位，1958 年 5 月，党的八大二次会议上通过了“鼓足干劲，力争上游，多快好省地建设社会主义”的社会主义建设总路线。而在宣传和执行的过程中，过于强调“速度”，违背了马克思主义的观点，使价值教育脱离实际，给大学生的思想造成了混乱。在“大跃进”和“人民公社”运动中，鼓吹“人有多大胆、地有多大产”“不怕做不到、就怕想不到”等唯心主义观点；宣扬“人民公社”是社会主义过渡到共产主义的最好形式，片面夸大“一大二公”的优越性，甚至提出“越大越优越，越公越先进”等错误口号，这种“左”的宣扬鼓动，让大学生对社会主义制度的认识发生了偏差。在高等学校中先后开展反右派运动、“双反”（反保守、反浪费）、“拔白旗、插红旗”运动、“反修”学习和社会主义教育运动。接连不断的政治运动和思想批判运动，不仅伤害了许多学生参加社会主义建设的积极性，而且混淆了是非界限，造成了价值混乱。在教育改革中，以体力劳动代替全面的思想品德教育，影响了学生的全面发展。不顾高校学生特点，生搬硬套解放军思想政治工作的经验，滋长了思想政治教育中形式主义的倾向；一哄而起的“活学活用”毛主席著作的活动，破坏了马克思主义科学体系的教育，助长了空喊政治口号、乱贴政治（语录）标签的恶劣风气，给大学生的价值导向带来了消极影响。

1. 反右派斗争对大学生价值教育的影响

1957 年 5 月，受全国范围的反击资产阶级右派分子的影响，高等学校也迅速开展了反击资产阶级右派分子的政治运动。6 月 16 日，时任清华大学校长蒋南翔在全校师生员工大会上作动员报告，号召全校师生积极参加反击右派的斗争，要求大家对一些重大问题一定要澄清是非，如社会主义方向和道路问题、党的领导问题、成绩与缺点的关系问题等，要开展大辩论、大批判，以此明辨是非，提高认识。随后，北京大学、清华大学、中国人民大学等首都高校全面开展了反右派斗争，到 6 月底 7 月初，反右派斗争在全国各高校迅速掀起了高潮。据不完全统计，205 所高校共划出右派分子 17769 人，占总数的 3.6%。其中在学生中划出右派分子 12146 人，占学生总数的 3.25%。一大批有为的青年学生被错划为右派分子，致使他们学业中断，有的被开除学籍，有的被送往劳动教养。① 反右运动改变了学校价值教育的性质，充满了浓烈的阶级斗争的火药味，动辄上纲上线的做法，使师生人人自危，采用“大鸣、大放、大字报、大辩论”的极端方式，背离了社会主义的民主和法制。同时对错划为右派分子的青年学生造成了严重伤害。

2. “三面红旗”对大学生价值教育的干扰

1958 年，学校根据党的八届三中全会精神，在教育上掀起“大跃进”的热潮，大肆扩大办学规模，并开展了反右倾机会主义和反对资产阶级思想的“教育革命”。同年 3 月，《关于开展反浪费反保守运动的指示》发布，全国各级各类学校相继开展“双反”运动。运动的主要目的是对学校工作

① 郝维谦 . 中华人民共和国高等教育史［M］. 北京：新世界出版社，2011：143-144.

中的“三风”和“五气”[①] 以及浪费保守现象进行批判，采取的方式主要是“大鸣大放”、大字报、大辩论，开现场会、展览会等。在运动过程中，逐渐偏离了原来的目标，开始向“红透专深”前进为中心的思想批判运动，开展向党交心，“拔白旗、插红旗”，批判资产阶级教育思想、学术思想等一系列“兴无灭资”的思想斗争。“教育革命”中对当时中国社会的政治形势进行了错误的判断，在此基础上制定了许多目标和改革措施，过分强调阶级斗争，片面地理解教育与劳动相结合的原意，忽视了教育发展的规律，带有明显的“左”倾色彩。例如，用批判斗争的方式进行思想政治教育；强调学生参加生产劳动，用体力劳动取代思想教育，学生参加劳动时间过多，不但挤占了正常的教学时间，而且使正常的价值教育活动也无法开展；在价值教育的方式上采用“大鸣大放”、大字报、大辩论等群众运动的斗争方式，混淆了两类不同性质的矛盾，对解决思想认识问题并不能起到应有的作用，而且也违反了教育原则和规律。

3. 阶级斗争扩大化对大学生价值教育的冲击

反右派斗争严重扩大化后，党内生活开始不正常。尤其是 1959 年庐山会议后，党内正常的民主生活遭受破坏，开始出现个人专断、个人崇拜倾向。党的八届十中全会以后，以“阶级斗争为纲”的思想开始在国家各个领域占据主导地位。教育战线对阶级斗争形势的估计急剧偏“左”，认为在学校特别是高等学校，资产阶级和修正主义的思想影响相当普遍，与资产阶级斗争，已从公开争夺领导权的斗争转为教学、科研领域的斗争，不少资产阶级知识分子正在同我们争夺青年学生。1964 年 7 月 5 日，毛泽东与其侄子毛远新谈话时明确提出：“阶级斗争是你们的一门主课”“你们学生应该去农村搞‘四清’，去工厂搞‘五反’”“阶级斗争都不知道，怎么能算大学毕业？”同年，高教部直属高等学校理工科教学工作会议正式确定：“把阶级斗争锻炼作为一门主课，将参加‘四清’和军训正式列入教育计划。”这一时期学校思想政治教育的中心任务转变为阶级斗争教育。同时在宣传教育中，过于强调以阶级斗争为纲，认为阶级斗争非抓不可，否则就会出现全国性的反革命复辟，马克思列宁主义的党就有可能改变颜色。甚至有人断言以阶级

① “三风”指主观主义、官僚主义、宗派主义的思想作风；“五气”指官气、暮气、阔气、傲气、娇气。

斗争为主要矛盾的时期可能会是一百年或几百年。在实践中形成了对阶级斗争形势扩大化、绝对化的错误估计，并在现实中进行了错误的宣传和实践，进一步导致了阶级斗争的扩大化，给大学生价值观造成了混乱。甚至曾一度用“革命事业接班人的五项条件”[①]来要求大学生，显然是不符合实际的，使大学生价值教育的目标越来越背离教育的客观规律。

4. 调整时期大学生价值教育的艰难推进

第一，针对具体问题进行调整。在这一阶段，总路线中突出“速度”，反右派斗争扩大化，阶级斗争扩大化，“大跃进”“人民公社”运动对大学生价值教育都产生了消极的影响。党中央从 1958 年开始做出了调整和纠正，如针对学生中思想政治工作的问题，1959 年，中共中央先后批转下发《关于印发教育工作的十个文件的通知》《关于对学生进行思想政治教育中几个问题的报告》《关于学校进行评比竞赛和建立教学秩序的报告》《关于反对右倾思想的指示》。针对学生劳动负担过重的问题，中共中央于 1959 年和 1961 年两次下发文件，规范高等学校学生劳动安排，强调要合理安排劳动时间，保证高等教育的质量。1962 年 7 月 10 日，中共中央批转教育部党组、共青团中央书记处《关于高等学校学生甄别工作的报告》，要求实事求是地做好对学生的甄别平反工作。

第二，颁布《高教六十条》，推进大学生价值教育规范化、制度化。1961 年 9 月 15 日，中共中央批准试行《教育部直属高等学校暂行工作条例（草案）》（以下简称“高教六十条”），对高校的培养目标做了规定。[②]在一定程度上纠正了 1958 年以来在政治与业务、红与专方面出现的偏差。此外，高校加强了政治理论课建设，建立了“形势与任务”课教育制度、师生参加社会主义教育运动和生产劳动的制度，这些制度的建立健全，对于加强大学生的思想锻炼，引导大学生走与工农相结合的道路起了积极的作用。

第三，加强大学生政治辅导员队伍和政治工作建设。为了加强高校的

---

① 1964 年，毛泽东提出关于无产阶级革命事业接班人的基本条件有：必须是真正的马克思列宁主义者；必须是全心全意为中国和世界的绝大多数人服务的革命者；必须是能够团结绝大多数人一道工作的无产阶级政治家；必须是党的民主集中制的模范执行者；必须谦虚谨慎、戒骄戒躁，富于自我批评精神，勇于改正自己工作中的缺点和错误。

② 中央档案馆，中共中央文献研究室 . 中共中央文件选集（1949 年 10 月至 1966 年 5 月）（第 38 册）［M］. 北京：人民出版社，2013：42–43.

思想政治工作，这一时期，各高校在党和国家的号召和要求下，成立政治部，加强配备政治辅导员，建立和完善了一些相应大学生组织管理制度。1965 年 3 月 1 日，高教政治部发出通知要求各直属高等学校迅速建立政治部，并大力充实政治部工作干部队伍。重视发挥共青团工作的作用，高校的共青团组织有了很大发展，据不完全统计，高等学校的共青团基层组织从 1952 年的 200 个左右到 1965 年就发展到 400 多个。团员人数也迅速发展，其中 1965 年，全国共青团员人数达 39 万多，占 67 万大学生的 58%，这些团员和团的基层组织为培养学生发挥了积极作用。①

全面建设社会主义时期，大学生价值教育总的来说是在曲折中发展。党和国家确立了“教育为无产阶级政治服务，与生产劳动相结合”，“使受教育者在德育、智育、体育几方面都得到发展，成为有社会主义觉悟的有文化的劳动者”的社会主义教育方针。在教育事业发展上，贯彻“两条腿走路”的办学方针，进行了“两种教育制度、两种劳动制度”的试验和有关学制、课程、教材和教学方法的改革试验，取得了很大成绩。但是由于党的指导思想出现了“左”倾错误，使教育工作走了一段曲折的道路。党和国家及时总结了经验教训，通过贯彻“调整、巩固、充实、提高”的方针，调整了各级各类教育的规模，充实了教育战线的力量，制定了一系列教育规章和学校管理办法，使我国的教育事业又得到了较好的发展。这个阶段教育工作正反两个方面的经验教训都是我们建设适合中国国情的社会主义教育的宝贵财富。

三、“文化大革命”期间大学生价值教育的严重挫折（1966~1976 年）

1966 年 5 月开始的“文化大革命”，是大学生价值教育遭到严重破坏的时期。尽管周恩来、邓小平等老一辈无产阶级革命家为坚持正确主张进行了艰苦卓绝的斗争，广大人民群众同林彪、江青反革命集团开展了不同形式的斗争。但是，这十年大学生价值教育的主导方面是错误的，作用是消极的。长达十年之久的动乱，高等学校在校生规模经历了急剧减少再到稳步上升的过程，本、专科合并招生，如表 2-3 所示。高等学校正常的教育

① 龚海泉．高等学校思想教育史［M］．武汉：武汉出版社，1992：159.

教学工作基本瘫痪，许多行之有效的管理制度被废止，系统的马列主义理论课被取消，价值教育被“斗批改”所代替。学生中搞派别斗争，毒害学生。在“教育革命”的幌子下，实行所谓的“开门办学”，实质是“大批判开路”，破坏了正常教学秩序，搞乱了人们的思想。在招生工作上，废除了高考制度，用推荐方法招收工农兵学员，要求工农兵学员“上大学、管大学、用毛泽东思想改造大学”，助长了极端民主化和无政府主义思潮；在 1971 年的《全国教育工作会议纪要》中抛出了“两个估计”[①]，颠倒了是非界限，影响学生德智体全面发展；在限制资产阶级法权的名义下，歪曲培养目标，要求学生同工农画等号，大肆鼓吹“反潮流”精神，要求学生成为“斗走资派的战士”，学校无法开展正常的教学，学生无法接受正常的教育，耽误了一代人的青春。

表 2–3 “文化大革命”阶段全国普通高校本、专科在校生人数统计

单位：万人

年份	合计	本科	本科占比（%）	专科	专科占比（%）
1967	40.89	39.57	96.8	1.32	3.2
1968	25.87	25.87	100	—	—
1969	10.86	10.86	100	—	—
1970	4.78	4.78	100	—	—
1971	8.34	8.34	100	—	—
1972	19.37	19.37	100	—	—
1973	31.36	31.36	100	—	—
1974	43.00	43.00	100	—	—
1975	50.10	50.10	100	—	—
1976	56.47	56.47	100	—	—

资料来源：历年《中国教育年鉴》。

① 两个估计，即十七年教育战线是资产阶级专了无产阶级的政，知识分子的大多数是资产阶级知识分子。

（一）“怀疑一切”“打倒一切”和大学生价值教育正确方针的歪曲

1966 年 7 月，江青一伙到北京一些高等学校活动，煽动学生闹事驱赶工作组，煽动“打倒一切”，挑动师生中的对立情绪，制造分裂。[①]在“文化大革命”中，林彪、江青一伙极力煽动“怀疑一切”“打倒一切”，鼓吹“斗争哲学”，声称“斗则进，不斗则退，不斗则修”。1969 年 3 月 29 日，《人民日报》发表驻复旦大学工人、解放军宣传队的文章：《我们主张彻底革命》。文章把“文化大革命”前的高等学校称为“旧大学”，提出“彻底批判旧综合性大学那一套学制、体制、课程、教材、教学方针和方法”，培养“普通劳动者”；废除“高考和统一分配制度”；等等。[②]高等学校的“革命大批判”，煽动人们用阶级斗争的方式处理人民内部的问题，要求“上挂下联”，矛头直接指向广大干部教师和学生。要求师生在批判“修正主义教育路线”的同时，还要进行自我批判，即所谓“斗私批修”，进行世界观的改造。这对大学生价值教育造成了一个严重后果，就是搞乱了大学生的“正当性”原则。一方面，“怀疑一切”“打倒一切”，把党和人民群众内部属于认识上的不同观点无限上纲上线，稍有不同意见就被定性为“反革命”，把阶级斗争扩大化推向极端。另一方面，在“怀疑一切”“打倒一切”的口号下，正常的价值教育遭到破坏，大量学生的价值判断、价值选择、价值取向等问题得不到有效的解决，各种“非正当性”原则在大学生中大肆泛滥而得不到有力的制止。

价值教育原则是价值教育工作规律的具体体现，是价值教育过程必须遵循的准则。在新中国成立十七年的价值教育实践中，形成和发展了许多行之有效的价值教育原则，如方向性原则、理论联系实际的原则、教育与自我教育相结合的原则、言传与身教相结合原则、正面教育原则等。可是，这些原则在“文化大革命”中却遭到了恣意践踏。例如，“文化大革命”时期，许多文章、报告、讲演都是千篇一律，大量引用语录，形成了新的“党八股”，空话连篇，大话不断，假话一串，完全违背了理论联系实际的原则。

---

① 中央教育科学研究所 . 中华人民共和国教育大事记（1949–1982）［M］. 北京：教育科学出版社，1984：404.

② 中央教育科学研究所 . 中华人民共和国教育大事记（1949–1982）［M］. 北京：教育科学出版社，1984：426.

林彪、“四人帮”所倡导的实际就是“开门办学”，要求文科以社会为工厂，理工科实行厂校挂钩。

（二）以阶级斗争为纲和大学生价值教育内容的扭曲

十年动乱期间，价值教育不是“正当性”原则的教育，而是突出政治，反修防修，全心全意为政治斗争服务的工具。在“文化大革命”全面发动时期，毛泽东提出的“教育要革命”“学制要缩短”“无产阶级政治挂帅”等观点被林彪、江青一伙别有用心地加以宣传利用，在各高校煽动学生组建“红卫兵”“战斗队”，通过“踢开党委”“踢开工作组”和“停课”的方式“闹革命”，为“实现全国山河一片红”努力。1970 年 7 月 21 日，张春桥、姚文元在《红旗》发表《为创办社会主义理工科大学而奋斗》，提出“坚持把政治教育作为一切教育的中心”“坚持以阶级斗争为主课”。

“文化大革命”期间，大学生价值教育的主要内容：一是大学特学毛主席著作，用毛泽东思想武装学生的头脑，并通过定期召开会议交流等方式进行检查督促。1966 年 9 月 30 日，教育部发出通知：教育战线全体人员要把读毛主席的书当作生活的第一需要，活学活用，在用字上狠下功夫，真正做到“毛主席的指示印在脑子里，溶化在血液中，落实在行动上”。[①] 二是引导学生参加各种政治活动，包括组织学生参加扫“四旧”以及各种批斗大会，对“黑五类”（地主、富农、反革命分子、坏分子、右派分子的子女）“走资派”和出身不好的教师和学生进行残酷斗争、无情打击。

（三）形式主义盛行和大学生价值教育方法的败坏

“灌、批、查”是当时大学生价值教育的主要途径和方法。“灌”即灌输，把毛泽东思想中关于突出政治的思想和阶级斗争学说灌输给学生，并通过“天天读”“早请示、晚汇报”“活学活用”等形式加以强化。“批”即批判，参加批斗“走资派”“反动学术权威”的大会，批判封资修思想以及批判自身的小资产阶级思想等，以确保学生成为无产阶级的接班人。“查”即审查家庭出身，查哪一个阶级的世界观，坚持对一切事物都进行严格的阶级分析和政治分析，通过对阶级和政治的分析，保证“灌”和“批”的效果。

① 中央教育科学研究所. 中华人民共和国教育大事记（1949-1982）［M］. 北京：教育科学出版社，1984：406.

这种方式盲目照搬领袖的教导，把毛主席语录视为绝对真理，要求学生“理解的要执行，不理解的也要执行”。而随着高校党委工作被所谓的“军宣队”“工宣队”接管后，工农兵学员开始“上大学、管大学、改大学”，大学生价值教育逐步异化为阶级斗争扩大化的工具。总之，“革命式”的生硬、简单粗暴的方法并非正常的价值引导，严重败坏了大学生价值教育的途径和方法。

（四）“文化大革命”时期大学生价值教育的短暂转机

1. 继续提倡“又红又专”教育

周恩来主持中央工作期间，中央报刊发表了一系列关于正确处理政治与业务的关系，培养又红又专的建设人才的文章。1972 年 3 月 21 日，《光明日报》发表了《加强领导，认真上好社会主义文化课》，强调上好社会主义文化课的重要性。同年 4 月 1 日，《红旗》发表了《正确理解和处理政治和业务的关系》，提出“政治和业务是对立物的统一，要促进这种统一，就必须反对‘不问政治’和‘脱离业务’的两种倾向”。这些文章冲击了当时教育领域严重存在“红就是专”“只要政治，不要业务”“政治可以冲击一切”等极“左”思潮的影响，受到广大大学生的热烈欢迎和拥护。继续提倡“又红又专”，帮助青年大学生坚定了共产主义信仰，激发了他们投身社会主义建设的热情，提高了他们的政治素质，同时也挽救了一批由于在“文化大革命”期间受到“斗、批、改”，思想上产生严重波动，甚至出现政治错误的大学生，让他们重拾信心和热情投入社会主义建设中。但是，在“文化大革命”中这样的转机也只是短暂的。

2. 知识青年上山下乡，秉承艰苦奋斗的精神

上山下乡运动对大学生的价值教育有重要影响，上山下乡运动使青年大学生走与工农相结合的道路，使他们通过上山下乡，体察了国情民情，了解工农生活，与广大工农群众建立了深厚的感情，提升了大学生的社会主义认识和觉悟，培养了大学生的劳动观念，磨炼了大学生艰苦奋斗、自力更生的优良品质，同时也锻炼了大学生的体魄。但由于政策措施不得当，上山下乡也给部分大学生的身心情感造成了伤害。

3. “四五”运动[①]，大学生价值理性的回归

各地高校学生积极投身“四五”运动，并始终站在运动发展的前列，同“四人帮”一伙进行了不屈不挠的斗争，成为了运动的主力军。“四五”运动唤醒了当时大学生群体对“文化大革命”的反思和觉悟。在国家面临危机之际，广大大学生能够冷静地分析政治形势，将民族与国家利益置于首位，敢于为民族、国家和真理自我牺牲，同时也让大学生深刻地认识到“四人帮”的危害，激发了他们振兴中华的爱国热情。

“四五”运动把青年大学生推向了历史舞台的前沿，标志着一代青年大学生的觉醒，大学生的价值理性开始回归。“四五”运动也宣告了“以阶级斗争为纲”“突出政治”“斗争哲学”的大学生价值教育工作历史的结束，一个崭新的、科学化的价值教育时代即将开启。

① “四五”运动也称天安门事件，是以 1976 年 4 月 5 日发生的天安门事件为代表的反对“四人帮”的全国性群众抗议运动。

第三章

改革开放和社会主义现代化建设新时期大学生价值教育的科学发展（1976~2012年）

恩格斯说："没有哪一次巨大的历史灾难不是以历史的进步为补偿的。"[①] 当代中国的发展无疑再一次印证了这一论断。中国共产党领导的中国人民深刻地总结了"文化大革命"十年灾难的教训。党的十一届三中全会对党的工作重心进行了科学判断，并做出了改革开放的重大决策。从改革开放到党的十八大召开前的三十多年间，中国社会发生了重大的变化，大学生价值教育伴随着经济社会发展的要求，不断完善目标，充实内容，改进方法途径，逐渐规范化、科学化和制度化。这一历史时期根据党的理论创新、思想政治教育的内在发展、大学生价值观念的变化发展又可以分为三个历史阶段。第一阶段，1976~1992年党的十四大召开前，大学生价值教育进行了拨乱反正、恢复重建和探索发展，开始步入健康、规范发展轨道。第二阶段，1992~2002年党的十六大召开前，社会主义现代化建设和改革开放稳步推进，大学生价值教育与时俱进，《中国普通高等学校德育大纲》《公民道德实施纲要》《爱国主义实施纲要》等文件的发布，推动了大学生价值教育健康科学发展。第三阶段，2002~2012年党的十八大召开前，社会主义建设和发展取得了巨大成就，提出了构建社会主义和谐社会，认真学习落实科学发展观，积极推进社会主义核心价值体系建设，促进了社会主义文化事业大发展。《关于进一步加强和改进大学生思想政治教育的意见》的印发实施以及全国大学生思想政治工作会议的召开，进一步推动大学生价值教育的制度化、科学化发展。

① 马克思恩格斯文集（第十卷）[M].北京：人民出版社，2009：665.

一、开创中国特色社会主义事业新阶段大学生价值教育的恢复和发展（1976~1992 年）

开创中国特色社会主义事业新阶段，国际国内形势发生了很大变化，大学生价值观念也呈现出了新的特点。坚持解放思想与坚持四项基本原则相统一的价值导向；恢复开展民主、法制、纪律教育；社会主义精神文明理论的提出和利用中国特色社会主义共同理想凝聚力量；高扬爱国主义伟大旗帜；培育“四有”新人是这一阶段大学生价值教育的主要内容。

（一）开创中国特色社会主义事业新阶段大学生价值教育的形势分析

1976 年 10 月，中共中央一举粉碎“四人帮”，结束了“文化大革命”这场灾难，中国发展进入了新的历史时期。1978 年 12 月，党的十一届三中全会召开，作出了把全党的工作重心由“阶级斗争为纲”转为“经济建设为中心”的决定。1982 年 9 月，党的十二大召开，明确了建设有中国特色的社会主义，提出了建设社会主义精神文明的指导方针，指出了高校在社会主义精神文明建设中担负着重要责任，这些对大学生价值教育提出了新的、更高的要求。1986 年 9 月，《中共中央关于社会主义精神文明建设指导方针的决议》通过，首次在中央文件中提到价值观念，并认为价值观念在建设社会主义精神文明及抵制资本主义腐朽思想中具有重要作用。1987 年 10 月，党的十三大召开，明确了“一个中心，两个基本点”的基本路线，对开创社会主义现代化建设新进程中大学生价值教育的开展提出了要求，指明了方向。但是，在这一历史阶段，特别是 20 世纪 80 年代中后期，受西方自由主义思潮的影响，我国发生了多次学潮运动，尤其以 1989 年的政治风波影响较大，学潮的发生让我们看到改革开放初期自由化思潮在社会中的蔓延，对大学生的价值观念产生了冲击和碰撞，这些也成为这一时期开展大学生价值教育所面临的巨大挑战。

恢复高考制度，标志着高等教育拨乱反正的开始。1983 年 3 月，邓小平视察江苏、浙江、上海后提出要大力发展高等教育。高等教育的规模增长较快，从 1977 年的 62.53 万人上升至 1992 年的 218.44 万人，如表 3-1 所示。1983 年 4 月，国务院批转教育部、国家教委《关于加速发展高等教育的报告》，要求教育必须先行，加快发展高等教育。1985 年 5 月，全国教育工作会议召开，邓小平发表了题为《要把教育工作认真抓起来》的重要讲话。同年5月，中共中央颁布《关于教育体制改革的决定》，高等教育规模迅速发展。20世纪80年代中后期，高等教育发展的重心转向改革管理体制和优化结构。高等教育的改革和发展为大学生价值教育的开展提供了新的契机。

表3-1 开创中国特色社会主义事业新阶段全国普通高校本、专科在校生人数

单位：万人

年份	合计	本科	本科占比（%）	专科	专科占比（%）
1977	62.53	60.84	97.29	1.69	2.70
1978	83.71	69.28	82.76	14.45	17.26
1979	102.00	67.15	65.83	34.85	34.17
1980	114.37	86.19	75.36	28.18	24.64
1981	127.95	106.06	82.90	21.88	17.10
1982	115.40	92.89	80.50	22.51	19.51
1983	120.68	92.93	77.00	27.75	22.99
1984	139.57	100.77	72.20	38.79	27.79
1985	170.31	112.26	65.91	58.05	34.08
1986	188.00	120.38	64.03	67.45	35.88
1987	195.87	127.78	65.24	68.09	34.76
1988	206.59	133.52	64.63	73.07	35.37
1989	208.21	132.12	63.45	76.09	36.55
1990	206.27	132.01	64.00	74.26	36.00
1991	204.37	132.00	64.59	72.37	35.41
1992	218.44	132.94	60.86	85.49	39.14

资料来源：历年《中国教育年鉴》。

这一时期，大学生的价值观开始呈现出更加复杂多样的特点，有的大学生热心四化、立志成才；有的大学生道德相对低下、崇拜西方。大学生价值教育面临的主要问题是随着改革开放的深入，大学生的择业观、消费观、伦理观、审美观等发生改变，开始追求多样化的物质文化生活。同时，社会的转型造成了大学生心理的动荡，也增加了新时期大学生价值教育的难度。尤其是国家工作重心从“以阶级斗争为纲”转到以经济建设为中心，社会

从封闭走向开放，这些落差使许多大学生倍感迷茫和失落。而当时的大学生刚刚经历过“文化大革命”，对期间频繁的政治斗争感到厌倦，部分大学生表现出对国家世事漠不关心，漠视祖国的前途、人类的理想；部分大学生认为以经济建设为中心，就是“一切向钱看”，热衷于追求物质享受；还有部分大学生向往西方的民主、自由，等等。所有这些，使大学生价值教育面临着新的考验和挑战。

（二）解放思想与坚持四项基本原则相统一的价值导向

1. 真理标准问题的讨论和思想解放大潮的兴起

1978 年 5 月 10 日，《实践是检验真理的唯一标准》一文发表。随后，《光明日报》、新华社、《人民日报》、《解放日报》等媒体相继全文转载，在全社会引发了一场关于真理标准问题的大讨论。大学生价值教育在讨论中主要做了以下工作：一是组织大学生学习、讨论，通过实践来教育引导他们提高认识；二是注重理论联系实际，把讨论与教育的调整、改革、整顿和提高结合起来；三是老师在教学科研中带头做到解放思想、实事求是。

中共十一届三中全会是拨乱反正的会议，再次明确肯定了“实践是检验真理的唯一标准”，提出了“解放思想，开动脑筋，实事求是，团结一致向前看”的方针。进一步肃清了林彪、“四人帮”的形而上学和唯心主义影响，重新恢复了辩证唯物主义的思想路线，作出了把党的工作重心转移到社会主义现代化建设上来，实行改革开放的伟大决策。

1981 年 6 月 27 日，党的十一届六中全会通过了《关于建国以来党的若干历史问题的决议》。客观地分析了新中国成立三十年以来发生的大事件，对毛泽东同志的历史地位及中央一些负责同志的功过是非作出了公正的评价；对建国以前二十八年历史的回顾、建国三十二年历史进行回顾和总结，指明了社会主义事业和党的工作继续前进的方向，统一团结了全党和全国人民。

真理标准问题的大讨论，从 1978 年 5 月一直持续到 1981 年 11 月，形成了一场广泛而深刻的思想解放运动。对大学生进行了一次比较普遍的马克思主义教育，打破了“文化大革命”阶段的个人迷信和教条主义，批判和否定了“两个凡是”，重新确立了马克思主义的思想路线。真理标准讨论引发的思想解放，直接推进了改革开放大潮的兴起，为开辟中国特色社会主义道路提供了理论基础和思想动力。

2. 坚持四项基本原则和反对资产阶级自由化

1979年3月30日，在中央理论工作务虚会上，邓小平明确指出必须坚持四项基本原则，即“必须坚持社会主义道路；必须坚持无产阶级专政；必须坚持中国共产党的领导；必须坚持马列主义、毛泽东思想”。[①]这为新时期党的理论工作、宣传思想工作和教育工作指明了正确方向，也为广大群众确立了正确的价值观导向。1980年4月，教育部、团中央联合印发《关于加强高等学校学生思想政治工作的意见》，强调：“在进行马列主义基本理论教育中，要着重进行坚持四项基本原则的教育。要教育学生正确理解解放思想和坚持四项基本原则、民主和集中、民主和法制、自由和纪律的关系。”[②]之后一段时间，高校把坚持四项基本原则和反对资产阶级自由化的教育作为思想政治教育的主要内容。组织有关专家、学者，尤其是一些老知识分子和一些到过外国的教师，分享自己的亲身经历和体会，通过专题讲座、讨论等形式，引导青年学生运用辩证唯物主义观点看待历史发展。针对学生中暴露出来的在四项基本原则方面的认识问题，进行分析和阐述，从理论与实际相结合的高度，帮助学生澄清一些是非观念和模糊认识。

在改革开放的最初十年时间里，资产阶级自由化思想深刻地影响着青年大学生，为此，党和国家高度重视，果断采取措施。1986年12月30日，邓小平发表了题为《旗帜鲜明地反对资产阶级自由化》的重要讲话。1987年1月28日，中共中央发布《关于当前反对资产阶级自由化若干问题的通知》（以下简称《通知》），对加强和改进思想政治工作提出明确要求，采取正确的方法，不搞政治运动，重点是坚持四项基本原则、反对资产阶级自由化。按照《通知》要求，各高校积极开展相应的教育活动。1987年5月，全国高等学校思想政治工作会议在北京召开。同年5月29日，《关于改进和加强高等学校思想政治工作的决定》正式颁布，要求高校坚持四项基本原则不放松，旗帜鲜明地反对资产阶级自由化，为青年学生的健康成长创造良好的社会环境。1989年的政治风波后，高校对大学生价值教育的内容进行了调整和改革，确定了“三信”的教育内容，解决大学生的信仰、信心和信任问题。在具体的教育实践中，从中国国情出发，结合大学生价值观

① 邓小平文选（第二卷）［M］. 北京：人民出版社，1994：164-165.

② 教育部思想政治工作司. 加强和改进大学生思想政治教育重要文献选编（1978-2014）［M］. 北京：知识产权出版社，2015：5.

念的特点，教育引导大学生爱党爱国，正确看待改革开放进程中的成就和挫折，正确对待其中的困难和矛盾。教育大学生在政治上要分清是非，引导大学生正确理解坚持四项基本原则和解放思想是相互促进的，正确认识民主和法制、自由和纪律的关系，自觉维护和平稳定的社会环境。

3. 社会主义初级阶段价值原则和“共同理想”的确立

在大学生中提倡什么、反对什么、普遍推崇什么价值规范是大学生价值教育需要解决的基本问题。能否解决好这个问题，涉及新时期价值教育的成效，也涉及大学生价值教育目标、内容的科学性。新中国成立后，我们曾在大学生中倡导“全心全意为人民服务”“公而忘私、舍己为公”的高层次价值要求，也包括“五爱”这种基础性价值要求。但这种价值规范要求没有弄清在价值教育中的“应然”和“实然”，也没有区分应当提倡什么价值规范，普遍实行什么价值规范。《中共中央关于社会主义精神文明建设指导方针的决议》（以下简称《决议》）首次提出全国各族人民的共同理想是“建设有中国特色的社会主义，把我国建设成为高度文明、高度民主的社会主义现代化国家”。[①] 并要求，要善于利用改革开放的现实成就，采取多种形式开展理想信念教育，把理想建立在科学基础之上。

《决议》首次划分出价值规范中的四个层次，分别是鼓励的、提倡的、允许的和反对的。鼓励人们发扬国家利益、集体利益、个人利益相结合的社会主义集体主义精神，发扬顾全大局、诚实守信、互助友爱和扶贫济困的精神。提倡“公而忘私，勇于献身，必要时牺牲自己的生命”的“为了社会利益而牺牲个人利益”的价值原则。允许“一切用诚实劳动争取美好生活的积极思想和精神，都应当加以尊重、保护和发扬”的“利己与利人”相统一的价值原则。明确反对“一切损人利己、损公肥私、以权谋私”的“利己主义”价值原则。《决议》对过去认为“满足个人的正当利益与要求视为自私自利”“物质利益和道德是对立的”等错误观念和做法进行澄清，纠偏了“不是大公就是自私”“不是高尚就是卑鄙”的简单二分法的判断。

（三）恢复开展民主、法制、纪律教育

“文化大革命”阶段使社会主义民主、法制受到了极大的破坏。党的

① 教育改革重要文献选编［M］. 北京：人民出版社，1986：5.

十一届三中全会对民主和法制问题进行了认真的讨论，确定了发展社会主义民主法制的新战略。在高校，遵纪守法是对大学生的基本要求。邓小平要求在全体人民中都必须加强纪律教育和法制教育。胡耀邦强调要反复地对人民进行法制宣传教育，要求各级学校都要设置法制课程。

1. 开设法律基础课开展法制、纪律教育

1986年9月1日，国家教委发出《关于在高等学校开设“法律基础课”的通知》，在课程设置和内容安排方面，要求应针对大学生思想实际，讲授有关的法律知识，使大学生懂得法的本质和作用，懂得公民的基本权利和义务，知法守法，增强法制观念。并规定了法制教育的三个渠道包括公共政治理论课，法律基础知识专题讲座和专门法的选修课，同时对高校法律师资提出了意见和安排。1987年10月20日，国家教委再次发出《关于高等学校思想教育课程建设的意见》，将《法律基础》设为必修课，30学时。从1987年开始，“法律基础课”在各高校中普遍开设，是非法律专业学生的必修课之一。在普法的基础上，高校进一步建立健全学校的法制制度，逐步实现法制教育制度化，并根据实际情况建立民主沟通渠道，在治理框架和实践中充分考虑学生参与管理。加强共青团和学生会的工作，使学生会成为学校联系学生的桥梁。此外，通过积极加强校规校纪建设，严肃学校纪律，制定和健全必要的校规并在学生日常管理中予以实施，在保证正常的教学生活秩序的同时，对大学生的法制观念和意识起到了很好的教育引导作用。

2. 开展普法宣传活动宣传民主、法制价值理念

1985年10月4日，中共中央下发了《关于进一步加强青少年教育预防青少年违法犯罪的通知》，要求加强对青少年的理想、道德、纪律和法制教育，大力普及法律常识，使青少年养成遵纪守法的好习惯；要结合青少年的特点，积极开展普法宣传活动。1985年11月5日，中共中央、国务院转发《关于向全体公民基本普及法律常识的五年规划》，指出全面普法是我国人民政治生活中的大事，是精神文明建设的重要组成部分，重点对象是各级干部和青少年，基本目标是通过普及法律常识教育，增强法制观念，养成知法守法的习惯，主要内容是“十法一条例”及相关法律常识。1986年7月10日，中共中央发出《关于全党必须坚决维护社会主义法制的通知》，要求贯彻落实“一手抓建设，一手抓法制”的思想，高度重视法制建设，在全社会形成依法办事的好风气。在中央的号召下，全国各地开始开展普法宣传活动，从 1985 年开始，以五年一个周期进行普法规划，开展大型普法宣传活动。1991 年 12 月 30 日，中共中央、国务院批转《关于在公民中开展法制宣传教育的第二个五年规划》，要求针对高校在校生开展普法宣传活动，以宪法为核心、以专门法为重点，进一步提高法律意识和民主意识。

3. 制定和完善《高等学校学生守则》规范大学生的行为

1982 年 2 月 27 日，教育部颁发了《高等学校学生守则》（试行草案）（以下简称《守则》）。1989 年，对《守则》进行了修订和补充，共包含十五条内容。《守则》是每个大学生都必须遵循的价值规范。各高校每年在新生的入学教育中，都要开展一次遵守《守则》和学校规章制度的教育，引导他们从入学起就明白在政治、思想、品德上的基本要求。1989 年版的《高等学校学生行为准则》规定："大学生应当坚持正确的政治方向，热爱社会主义祖国，拥护共产党领导，拥护社会主义制度，努力学习马克思主义；应当热心于改革和开放，有艰苦奋斗的精神，走与工农群众相结合的道路，努力为人民服务，为实现具有中国特色的社会主义现代化而献身；应当自觉地遵守宪法和法律；严格遵守校纪校规，增强法制观念，有良好的品德；应当勤奋学习，努力掌握现代科学文化知识。立志成为有理想、有道德、有文化、有纪律的社会主义现代化建设事业的合格人才，做无产阶级革命事业的接班人。"①

（四）社会主义精神文明建设和共同理想教育

1. 文明价值目标的确立

党的十一届三中全会后，我们党经过实践和总结，逐步认识到现代化建设应包括政治、经济、文化等多个方面的协调发展。1979 年 9 月 29 日，在庆祝中华人民共和国成立三十周年大会上，叶剑英第一次明确提出建设高度的社会主义精神文明是社会主义社会的重要目标。1981 年 6 月 27 日，党的十一届六中全会通过的《关于建国以来党的若干历史问题的决议》中，再次强调建设具有高度民主和高度文明的社会主义强国是党在新的历史时

① 教育部思想政治工作司．加强和改进大学生思想政治教育重要文献选编（1978–2014）[M]．北京：知识产权出版社，2015：93.

期的奋斗目标。1982年9月，党的十二大把建设社会主义精神文明提高到战略层面，指出社会主义精神文明是社会主义社会的重要特征，是社会主义制度优越性的重要表现。1982年12月4日，新通过的《中华人民共和国宪法》把建设成为高度文明、高度民主的社会主义国家列为国家的根本任务。1986年9月28日，党的十二届六中全会审议通过了《关于社会主义精神文明建设指导方针的决议》，规定了社会主义精神文明建设的战略地位和根本任务；对如何开展和加强精神文明建设进行了部署。

2. 以有中国特色的共同理想凝聚大学生

有中国特色的共同理想，是马克思主义同中国实际相结合的产物。理想决定行动，这一阶段，用共同理想凝聚大学生主要做了以下工作：一是通过开展历史国情教育，引导大学生用唯物主义的历史观来正确认识社会主义社会发展的规律，帮助他们确立对中国特色社会主义的坚定信念。二是把理论灌输和对现实问题的解答相结合，引导大学生正确看待理想和现实的矛盾，在共同理想的指引下，坚定信心，锲而不舍，迎难而上。三是开展坚持四项基本原则和反对资产阶级自由化的教育，培养大学生的价值判断和选择能力，结合大学生思想实际进行答疑解惑，提高大学生的辨别能力和抗干扰能力，真正从理性上增强对社会发展规律的认识，正确认识各种社会思潮，树立正确的价值观。

3. 在文明礼貌活动中传递文明价值理念

为响应建设社会主义精神文明的号召，在这一历史阶段开展了形式多样的文明礼貌主题活动：一是积极开展“五讲四美”文明礼貌活动。把“五讲四美”文明礼貌活动作为精神文明建设的重要工作和具体形式，做好舆论宣传，在全社会营造讲文明讲礼貌的风气，各部门紧密配合，统筹安排。二是启动文明礼貌月活动。从1981年开始把每年的3月作为“全民文明礼貌月”。“五讲四美”活动、学雷锋、义务劳动、卫生运动、青年服务队等都是具体活动和形式。三是“五讲四美”活动与“三热爱”活动有机结合，融合成一个“五讲四美三热爱”活动，在“全民文明礼貌月”活动中，通过治理脏、乱、差，搞好服务、秩序、环境，进一步开展学习雷锋、学习先进的系列活动，组织“五讲四美三热爱”竞赛。各高校陆续开展了“雷锋就在我身边”“争做80年代的雷锋”系列活动，组织开展“五讲四美三热爱”活动先进集体、先进个人的评选及表彰活动。在这些活动中传递文明价值理念。

4. 引导大学生树立共产主义道德风尚

第一，开设共产主义思想品德课。1982 年 10 月 8 日，教育部发布《关于在高等学校逐步开设共产主义思想品德课程的通知》（以下简称《通知》），要求把共产主义思想品德课列为高校的一门必修课，纳入培养方案。各高校认真落实贯彻《通知》精神，迅速开展共产主义思想品德课教学，系统地对学生进行人生观、道德观等方面的教育。为了更好地开展思想品德课程的建设，1984 年 9 月 12 日，教育部再次发布《关于高等学校开设共产主义思想品德课的若干规定》，对课程的教学原则、教师队伍、教学机构设置等提出了要求，指出思想品德课应该坚持理论联系实际的原则，在具体的教学中要坚持把课程讲授和生动活泼的教学活动结合起来，同时引导学生开展自我教育。

第二，继续开展“学雷锋，树新风”的活动。在庆祝向雷锋同志学习二十周年的纪念大会上，党中央向青少年发出号召：“做八十年代的新雷锋。”广大大学生响应党的号召，走向社会，开展“党的温暖送千家”“我把知识献人民”系列活动，进行科学、文化、卫生等知识的咨询和劳务服务。针对困难户、五保户、烈军属、残疾人等开展形式多样的包户、助耕活动，体现了共产主义理想教育和实践活动的统一，使大学生在为人民服务的实践中，进一步受到共产主义理想、道德、情操等教育，从而更加理解社会主义制度的优越性，祖国的温暖，党和人民的血肉联系，人与人之间的新型关系。

（五）高扬爱国主义伟大旗帜

爱国主义是中华民族的传统美德和宝贵财富。党的十一届三中全会召开时的大学生大多是在“文化大革命”中成长的青年，没有受到应有的系统的正面教育，对马克思主义基本原理知之甚少，对历史和现实没有对比的感性认识，对中华民族的优良传统认识不够。特别是受“文化大革命”严重错误的影响，少数人对社会主义祖国的前途信心不足，对未来的发展感到迷茫。因此，高扬爱国主义伟大旗帜，加强大学生的爱国主义教育和共产主义思想教育，提升对社会主义祖国的信心，特别是在改革开放的背景下，增强大学生的民族自信心和自豪感、自觉为建设社会主义祖国而努力奋斗就成为迫切和重要的事情。

自 20 世纪 80 年代开始，“发奋读书，振兴中华”“为中华崛起而读书”

的口号在大学校园里广为流传，成为激励青年学生积极向上的强大动力。爱国主义教育作为这一阶段价值教育的主要内容，对激发青年学生热爱祖国、用为国家的繁荣昌盛而努力学习的爱国主义精神来自觉抵制西方资产阶级腐朽思想发挥了积极作用。1983年7月2日，《关于加强爱国主义宣传教育的意见》（以下简称《意见》）指出："在我国社会主义现代化建设进程中，经常地进行和加强爱国主义的宣传教育，培养全体人民特别是青年的爱国主义精神，提高他们的爱国主义觉悟，是建设以共产主义思想为核心的社会主义精神文明的一项重要任务，是宣传教育和思想政治工作的一项基本内容。"① 根据《意见》的精神和要求，1983年8月24日，教育部发布学习贯彻《关于加强爱国主义宣传教育的意见》的通知，要求各级各类学校提高对加强爱国主义教育重要意义的认识，根据学校实际，采取多样化方式方法，开展广泛、深入、持久的爱国主义教育；要求在教育中要把热爱祖国、热爱党、热爱社会主义三者结合起来，切实发挥校园环境在爱国主义教育中的作用；同时，要求各门课程以及课外活动都应积极融合爱国主义教育。

党的十三届四中全会后，以江泽民为核心的党中央对1989年的政治风波进行了科学研判，强调要进一步加强对学生进行爱国主义教育。1990年5月3日，在首都青年纪念五四报告会上，江泽民发表了题为《爱国主义和我国知识分子的使命》的重要讲话，重点阐述了爱国主义教育的问题，要求在新的历史条件下继承和发扬爱国主义传统，指出："爱国主义在不同的历史阶段有不同的具体内容，而在当下的阶段，爱国主义主要表现为献身于建设和保卫社会主义现代化建设的事业，献身于促进祖国统一的事业。"② 江泽民的重要讲话精神，科学指导了这一时期大学生爱国主义教育实践和发展方向。

这一阶段大学生爱国主义教育的目标包括培养大学生的爱国主义观念、坚定大学生对共产主义的信仰、引导大学生将爱国情感理性地付诸行动。通过学习历史，包括中华民族在历史上创造的光辉灿烂的文化以及为创造和保卫中华文明做出贡献的著名爱国人物，进行爱国主义教育，增强民族

① 教育部思想政治工作司.加强和改进大学生思想政治教育重要文献选编（1978–2014）[M].北京：知识产权出版社，2015：17.

② 中共中央文献研究室.十三大以来重要文献选编（中）[M].北京：人民出版社，1991：1048.

自豪感。通过了解祖国新貌（包括建设成就和英雄事迹）进行爱国主义教育，有助于民族自豪感和自信心的建立。通过了解中国近代遭受列强凌辱的历史，理解“国弱”与“民困”的关系，建立对祖国的责任感。不少高校通过举办“我和祖国”“祖国在我心中”演讲比赛活动，引导学生“学英雄，胸怀祖国勤读书；树理想，不忘振兴我中华”。有些高校还通过组织学生参加社会实践与调查活动，引导青年到祖国最需要的地方去，做 20 世纪 80 年代的开拓者。

（六）培育“四有”新人

党的十二大提出思想建设的任务就是要使“社会成员成为有理想、有道德、有文化、有纪律的劳动者”。《关于社会主义精神文明建设指导方针的决议》指出：“社会主义精神文明建设的根本任务，是适应社会主义现代化建设的需要，培育有理想、有道德、有文化、有纪律的社会主义公民，提高整个中华民族的思想道德素质和科学文化素质。”[①] 高校按照“四有”新人的要求，在改革思想政治理论课教学、加强大学生的日常价值教育和管理、开展社会实践等方面进行了广泛的探索和实践。

有理想是大学生成长成才的精神支柱和前进动力。大学生身心发展特点以及他们所处的社会环境决定了要以理想信念教育为核心加强和改进大学生价值教育。就个人而言，坚定的理想信念是大学生全面健康发展的精神支柱和不竭动力。就国家而言，加强理想信念教育是确保国家稳定的重要思想保证和思想动力。对于大学生来说，如果没有坚定的理想信念，其成长的正确方向就无法保证，也更无从谈起将来肩负党和人民赋予的历史使命。理想信念是价值观的核心内容。在社会主义初级阶段，全国人民的共同理想就是为建设富强、民主、文明的社会主义现代化国家而努力奋斗。

有道德是大学生立足社会的通行证。良好的道德规范，是做好一切事物的前提。大学生在社会交往和社会生活中应该自觉遵守全体公民约定俗成的最起码的道德准则，如使用文明语言、遵守公共秩序、爱护公共财物、保护生态环境、遵纪守法等。

有文化是大学生自身发展的本质要求。文化传承是大学的使命和职能之一，知识是文化的基础和载体，文化素养是有文化的重要体现。文化素

① 教育改革重要文献选编［M］. 北京：人民出版社，1986：3.

养表现在对中华民族文化的认知能力；辩证取舍，增强对外来文化的选择能力；与时俱进，提升对社会主义文化的创造能力。加强校园文化建设，引领大学生做到文化自觉。把校园建设成为学生立志成才、报效祖国的精神家园；建设成为进行文化思考、催生先进文化的阵地；建设成培养具有强烈社会责任感、勇于担当文化强国建设使命人才的摇篮。

有纪律是大学生安身立命之本。邓小平认为“有了理想，还要有纪律才能实现”。[①] 大学生时刻注重培养自己遵守纪律的自觉性，遵守纪律贵在自觉，自觉是遵守纪律的关键。将遵守纪律的观念落在行动上，要从日常生活中的小事做起。大学生要做到学法、懂法。大学生正处在人生的十字路口，要避免走错路、弯路，必须铺设好自己的人生轨道，这就要注意学习法律知识，增强法制观念；否则，便会因为不知法而走上违法犯罪的道路。

在这个历史阶段，大学生的价值教育经历了从恢复到重建的跨越。恢复和重申了党的教育方针，思想政治教育重新恢复，探索重建思想政治教育的内容体系、课程体系、师资队伍建设等方面的工作，收到了一定的成效。高校思想政治理论课经历了从恢复到重建，制定出台了新的高校思想政治理论课方案，即“85 方案”。1984 年开办了思想政治教育专业，到 1987 年全国开设思想政治教育专业的高校达 37 所，培养了专业的人才队伍。在大学生中开展了人生价值大讨论活动，如“潘晓讨论”“张华救老农讨论”“雷锋精神是否适应改革开放的新形势讨论”等；“校园竞选”活动促进了大学生实践民主的尝试；伴随着改革开放后“校园文化热”的兴起，这些对当时大学生价值教育的开展起了积极的引导作用。当然，这一历史阶段的大学生价值教育还存在一些有待改进的方面，在教育内容方面，较为突出政治教育、道德教育；在教育方式方法方面，注重运用灌输的方法，侧重课堂讲授，对大学生的心理诉求和感受关注不够。

二、社会主义市场经济体制建立过程中大学生价值教育的与时俱进（1992~2002 年）

社会主义市场经济体制建立过程中，改革开放事业又进入了一个新的

① 邓小平文选（第三卷）［M］. 北京：人民出版社，1993：111.

阶段。这一历史阶段大学生价值教育坚持正确的政治方向和适应市场经济法则相结合，大学生价值教育开始走向规范化，注重发挥高校全员育人和全过程育人的作用，重视学校、社会教育和家庭教育相结合。大学生价值教育相继开展了邓小平理论和“三个代表”重要思想的教育；围绕“依法治国”基本方略深入开展了法治教育；拓展了爱国主义教育的内涵；坚持正确的政治方向和集体主义价值观教育。

（一）社会主义市场经济体制建立过程中大学生价值教育的形势分析

1992 年春，邓小平“南方谈话”推动了中国改革新一轮高潮的到来。他提出了“三个有利于”的价值标准。1992 年 10 月，党的十四大召开，提出了建立社会主义市场经济体制的战略任务，确立了教育优先发展的战略地位。1995 年 5 月，中共中央、国务院发布了《关于加速科学技术进步的决定》，提出实施科教兴国的战略。1997 年 9 月，党的十五大召开，对我国的现代化建设事业作出了战略部署，同时强调教育要同经济相结合。在社会主义市场经济体制建立过程中，党和国家对教育重要性的认识不断深化，而且每一次对教育重要性认识的深化都会带来思想上的解放，这些都为大学生价值教育的开展提供了新契机。

高等教育的改革与发展为大学生价值教育的开展提供了新的机遇。高等教育的规模经历了稳步增长，特别是 1999 年开始实行扩招政策，高等教育规模进入快速增长阶段，如表 3-2 所示。《中国教育改革和发展纲要》指出：“各级各类学校要认真贯彻‘教育必须为社会主义现代化建设服务，必须与生产劳动相结合，培养德、智、体全面发展的建设者和接班人’的方针。”[①] 教育法制建设加速，为大学生价值教育的开展提供了法律保障，《中华人民共和国教师法》《中华人民共和国教育法》《中华人民共和国高等教育法》先后颁布。《高等教育法》对高等学校教师和学生的权利与义务的规定，直接体现了对大学生价值教育的要求，具有鲜明的时代特征。高校办学体制、招生制度、就业制度的改革为大学生价值教育的开展带来了新的挑战。党的十四大以后，党和政府大力支持和正确引导社会

① 教育部思想政治工作司.加强和改进大学生思想政治教育重要文献选编（1978–2014）[M].北京：知识产权出版社，2015：127.

力量办学。高等教育管理体制、学校内部管理体制、投资体制等的改革促进了高校的发展，高校的教育规模不断扩大，在校生人数剧增，大大增加大学生价值教育的工作任务。而毕业生就业制度改革，使得当时的大学生择业观、就业观发生了很大的改变。素质教育要求“高等教育要重视培养大学生的创新能力、实践能力和创业精神，普遍提高大学生的人文素养和科学素质”。

表 3-2　社会主义市场经济体制建立过程中全国普通高校本、专科在校生人数统计

单位：万人

年份	合计	本科	本科占比（%）	专科	专科占比（%）
1993	253.55	141.74	55.90	111.82	44.10
1994	279.86	151.69	54.20	128.18	45.80
1995	290.64	163.82	56.36	126.82	43.64
1996	302.11	179.46	59.40	122.64	40.60
1997	317.44	198.61	62.57	118.82	37.43
1998	334.46	261.13	78.07	73.33	21.93
1999	408.59	272.44	66.68	136.15	33.32
2000	556.09	340.02	61.14	216.07	38.86
2001	719.07	424.37	59.02	294.69	40.98
2002	903.36	527.08	58.35	376.28	41.65

资料来源：历年《中国教育年鉴》。

社会主义市场经济建设带来了大学生价值观念的新变化。与 20 世纪 80 年代的大学生相比，90 年代的大学生少了一分浮躁与冲动，多了一分理性和平和，对市场经济的认识更深刻，能积极投身市场经济与社会发展中。众所周知，经济效益能调动人们的积极性，同时也对大学生产生了一些负面影响。特别是在与市场经济相适应的法律法规、制衡机制尚未健全，价值观念的确立、道德标准的调整还尚未跟上，致使大学生的价值取向发生了一些冲突：对理想信念的坚持与对利益目标的追求的冲突、树立集体主义观念与追求个体价值的冲突、弘扬艰苦奋斗精神与注重物质享受的冲突等。特别是社会上出现的官僚主义、享乐主义、个人主义、拜金主义等对大学

生也产生了负面影响，使这一时期的大学生价值观发生了很大的变化。一是价值目标转向实际化、功利化，追逐物质金钱，追求实惠、优越的生活；二是追求自我，自我价值观念凸显、渴望自身价值的实现；三是价值取向多元化，有人坚持集体主义价值观、有人坚持合理的利己主义、也有人将“人不为己，天诛地灭”作为信条。

（二）邓小平理论和“三个代表”重要思想教育

党的十四大指出，学习邓小平建设有中国特色社会主义理论是党和国家一段时期的战略任务。随后，各高校普遍开展了学习宣传建设有中国特色社会主义理论教育。党的十六大把“三个代表”重要思想确立为党的指导思想，将学习“三个代表”重要思想不断推向深入。

1. 用邓小平理论教育和武装大学生

在改革开放和市场经济条件下，邓小平运用辩证唯物主义和历史唯物主义的立场、观点、方法，围绕如何建设社会主义、怎样建设社会主义等问题提出了系列的新观点和新论断。1998 年 6 月 24 日，中共中央印发《关于在全党深入学习邓小平理论的通知》，对加强邓小平理论的研究、宣传等方面提出了要求。高校认真学习贯彻党的十五大精神和中共中央有关文件要求，认真组织学习宣传邓小平理论，用邓小平理论教育和武装大学生。

第一，单独设置《邓小平理论概论》课程。教育部下发《邓小平理论概论教学基本要求》，从 1998 年秋季开始，全国普通高校都要开设邓小平理论课。1998 年 6 月 10 日，中宣部、教育部印发《关于普通高等学校“两课”课程设置的规定及其实施工作的意见》（即“98 方案”），规定了《邓小平理论概论》的课时为 70 学时（这是当时方案中学时最多的“两课”课程）。规定了课程的主要内容，即主要进行建设有中国特色社会主义理论与实践的教育，引导学生正确认识社会主义本质和建设规律，搞明白社会主义是什么、怎样建设两个基本问题，增强大学生执行党的基本路线和基本纲领的自觉性和坚定性。

第二，在第二课堂、第三课堂中宣传邓小平理论。组织大学生开展社会实践活动，参观各类成就展；组织学生观看《邓小平》等专题文献片；邀请有关专家学者作专题的辅导报告，组织大学生开展专题讨论活动。通过这些活动的开展，让大学生更深刻地理解邓小平建设有中国特色社会主义理论的科学内涵，确立走中国特色社会主义道路的信念。

第三，党员领导干部带头学习邓小平理论。分期举办中央委员、候补中央委员学习邓小平理论研讨班；中共中央专门发出通知要求全党要掀起学习邓小平理论的新高潮；召开学习邓小平理论工作会议；开展“讲学习、讲政治、讲正气”为主要内容的党性党风教育，其中讲学习要求在掌握邓小平理论的科学体系和精神实质上下功夫。充分发挥党员领导干部在学习中的表率作用，以此带动全党和全国人民学习邓小平理论，成效显著。

2. 推动“三个代表”重要思想的“三进”工作

2000年2月25日，江泽民同志在广东考察时第一次比较全面地提出了“三个代表”的要求。2002年10月，党的十六大把“三个代表”重要思想确立为党的指导思想。党的十六大后，学习“三个代表”重要思想的举措和活动不断深入开展。2003年6月15日，《关于在全党兴起贯彻“三个代表”重要思想新高潮的通知》印发，强调指出：“要高度重视青年学生的理论武装工作，加强教材编写和师资队伍建设，推动‘三个代表’重要思想进教材、进课堂、进学生头脑。”①

第一，将“三个代表”纳入了“两课”教育教学内容。把学习《邓小平理论概论》调整为学习《邓小平理论和“三个代表”重要思想概论》，从2003年秋季开始所有高校普遍开设该课程。有条件的高校还组织编写《“三个代表”重要思想概论》示范教材。在其他的“两课”教育教学中全面渗透“三个代表”重要思想。

第二，探索“三个代表”重要思想“三进”工作新途径。充分发挥学生理论社团的作用，指导学生开展研究工作。开展形式多样的学习交流活动，如读原著，专题辅导，系统讲授，讨论交流，观看影像资料，参加社会实践，撰写调查报告、读书心得、学术论文等，全方位地推进“三个代表”“三进”工作。

第三，把学习贯彻“三个代表”重要思想与解决实际问题相结合。2003年，我国发生了罕见的大规模的“非典”疫情。各地各高校按照中央的统

① 中共中央文献研究室．十六大以来重要文献选编（上）［M］．北京：人民出版社，2005：322.

一部署，把师生员工的健康和安全放在第一位，一手抓“非典”的防范工作，一手抓教育教学工作。关心高校毕业生的就业，多渠道、多举措为毕业生的就业提供支持和指导。关心学生的心理健康，加大大学生心理健康教育和咨询工作力度。关心生活困难学生的学习和生活，建立健全资助体系。

3. 中国特色社会主义共同理想教育

大学生是进行中国特色社会主义共同理想教育的重点对象之一。20 世纪 90 年代初，苏联解体，东欧剧变，国际共产主义运动低迷，资本主义文化恣意扩张，对于大学生的理想信念产生了一定的影响。基于此，面向大学生开展中国特色社会主义共同理想教育就是用建设有中国特色社会主义理论武装大学生，坚定学生建设有中国特色社会主义的理想信念，教育引导大学生认识到共产主义理想的实现是一个漫长而艰苦的过程。因此既要有远大理想，更要有实现理想的坚定信念，有为理想奋斗的脚踏实地、百折不挠的精神。

这一历史阶段，对大学生进行中国特色社会主义教育的实践探索还有以下几种：一是把“四以”作为中国特色社会主义共同理想教育的重要举措，即“以科学的理论武装人，以正确的舆论引导人，以高尚的精神塑造人，以优秀的作品鼓舞人”。[①]“四以”是对 1989 年政治风波的反思，也为大学生价值教育的开展指明了方向。二是提出了“四个统一”的希望。1998 年，江泽民对青年大学生提出了四点希望：“坚持学习科学文化知识与加强思想道德修养的统一；坚持学习书本知识与投身社会实践的统一；坚持实现自身价值与服务祖国的统一；坚持树立远大理想与进行艰苦奋斗的统一。”[②]“四个统一”对大学生的价值教育提供了基本原则。三是把党的基本路线、邓小平理论、“三个代表”重要思想作为大学生价值教育的主要内容。党的十四大以来，高校继续通过马克思主义理论课、形势与政策课等途径在大学生中深化“一个中心，两个基本点”的基本路线教育，对大学生进行系统的中国特色社会主义理论教育。这些教育对大学生坚定社会主义的信念，树立建设有中国特色的社会主义的共同理想效果明显。

① 中共中央文献研究室．十四大以来重要文献选编（上）［M］．北京：人民出版社，1996：647.

② 江泽民文选（第二卷）［M］．北京：人民出版社，2006：124–125.

（三）围绕“依法治国”基本方略深入开展法治教育

1997年，党的十五大提出了“依法治国”的基本方略。1999年，“依法治国，建设社会主义法治国家”基本方略写入宪法。中华人民共和国成立后，党和国家一直很重视法制建设和法制教育。随着改革开放的深入和市场经济的推进，法制建设存在着一些不适应的地方。法治教育有待加强，部分社会成员包括大学生遵法、信法、守法、用法、依法维权意识不强。为此，国家推行“依法治国”的基本方略，加大法制建设，加强法治教育。

1. 制定颁布系列教育类法律，规定大学生的权利和义务

1993年10月，《中华人民共和国教师法》颁布实施，使我国的教师队伍建设开始走向法制化、规范化，为建立一支业务精、素质高的教师队伍提供了法律保障。1995年9月1日开始正式实施的《中华人民共和国教育法》，是我国教育法制建设的里程碑，也是我国依法治教的重要标志。《中华人民共和国教育法》第五章系统地规定了受教育者的权利、义务和保障，保证了大学生受教育的权利、义务。1998年8月，《中华人民共和国高等教育法》审议通过，对高等教育的性质与地位、高等教育改革与发展的基本原则、高等学校教师和学生的权利与义务的规定，直接体现了大学生价值教育的时代要求。

2. 提升完善法律基础课的设置

一是在课程设置上，从独立的《法律基础课》到《法律基础课》与《思想道德修养课》并立。“98方案”对“两课”设置进行了调整，把《法律基础课》与《思想道德修养课》提到同等重要的位置，纳入“思想品德课”范畴，并规定“法律基础，主要是进行社会主义法制教育，帮助学生掌握马克思主义法学的基本观点，了解宪法和有关专门法的基本精神和规定，增强学生的社会主义法制观念和法律常识”。[①]从这时起，大学生法制教育正式成为和道德修养并列的法律修养教育，其主要任务是对大学生进行法制素质教育。二是通过开展系列法制教育活动来进行法制宣传教育活动，如法律知识

① 教育部思想政治工作司.加强和改进大学生思想政治教育重要文献选编（1978-2014）[M].北京：知识产权出版社，2015：181.

竞赛、普法宣传月、开办模拟法庭等，法制宣传活动的开展，使大学生增强了法制观念，树立起守法光荣，违法可耻的法制观。三是在大学生法制教育的内容上，突出现代法学基础理论知识的篇幅，强化依法治国理论与实践的学习。

3. 继续开展普法宣传教育活动

1991 年 3 月 2 日，《关于深入开展法制宣传教育的决议》发布，在总结“一五”普法的经验基础上，提出从 1991 年起实施“二五”普法，进一步提高广大干部群众的法制观念；指出要站在培养新一代社会主义事业接班人的高度，设置法制教育必修课，充实法制教育内容，切实加强在校学生的法制教育。1991 年起实施的“二五”普法规划中，强调了要完善学校的法制教育体系，争取实现法制教育系统化，增强学生的法制观念。1996 年起实施的“三五”普法，强调青少年的法制宣传要常抓不懈，法制教育是在校学生的必修课，要实现学法用法相结合，突出从“学”到“用”的转变。2001 年起实施的“四五”普法，对学校的法制教育提出了“四落实”的要求，要求要做到计划、课时、教材、师资的落实，从而实现由提高学生的法律意识向提升学生的法律素质转变。

（四）拓展丰富爱国主义教育的内涵和渠道

这一历史阶段，以江泽民为核心的党中央高度重视爱国主义教育，积极拓展爱国主义教育的内涵，把爱国主义教育和弘扬民族精神结合起来。经济全球化的到来、社会主义市场经济的飞速发展对爱国主义教育提出了新的要求，邓小平理论指导思想的确立为爱国主义教育提供了新的理论指导，思想政治专业的发展、“两课”教学改革的推进进一步推动了爱国主义教育。

1. 颁布实施《爱国主义教育实施纲要》

1994 年 8 月 23 日，中共中央印发《爱国主义教育实施纲要》（以下简称《纲要》），规定了爱国主义教育的基本原则、主要内容、重点对象，同时要求要做好爱国主义教育基地建设，营造爱国主义教育的社会氛围，加强必要的礼仪，增强爱国意识，大力宣传爱国典型，加强对爱国主义教育的领导。其中规定爱国主义教育的主要内容包括：中华民族悠久历史的教育、中华民族优秀传统文化教育、党的基本路线和社会主义现代化建设成就教育、中国国情的教育、社会主义民主和法制教育、国防教育和国家安全教育、民族团结教育、“和平统一、一国两制”方针的教育。[①]《纲要》规定的爱国主义教育内容丰富和发展了 1983 年下发的《关于加强爱国主义宣传教育的意见》所规定的内容。《纲要》是新时期爱国主义教育的规范性指导文件，在我国爱国主义教育的发展中具有里程碑的意义。同年 9 月 23 日，国家教委下发《关于贯彻〈爱国主义教育实施纲要〉的通知》，要求以《纲要》为指导，深入开展爱国主义教育，进一步发挥课堂主渠道的作用，重视在重要节日开展爱国主义教育，积极拓展爱国主义教育的课外活动。各地各高校认真贯彻《纲要》精神，有效地推动了大学生的爱国主义教育。

2. 建立爱国主义教育基地

爱国主义教育基地建设是落实《纲要》要求、开拓爱国主义教育途径的重要举措，受到高度重视。1995 年 3 月，民政部确定了第一批爱国主义教育基地（共 100 处），主要包括各级各类博物馆、纪念馆、文化遗迹、革命遗址、名胜古迹等。1997 年 7 月和 2001 年 6 月，中宣部先后公布了两批百个爱国主义教育示范基地名单，这些基地或反映中华民族的悠久文化，或反映党的光辉历史，推动了全国爱国主义教育基地建设，拓展了爱国主义教育的渠道，丰富了爱国主义教育的内容。

3. 利用重大事件开展爱国主义教育

通过振奋民族精神的重大事件对大学生进行爱国主义教育，是爱国主义教育的重要途径之一。1995 年，围绕抗战胜利 50 周年开展主题教育活动。1995 年，京九铁路全线铺通运行，促进了中国经济的腾飞。1997 年，香港回归祖国，是中国国力发展的表现。1998 年，我国遭遇百年未遇的特大洪水。全国人民团结一心战胜了洪灾。形成了万众一心、众志成城，不怕困难、顽强拼搏，坚韧不拔、敢于胜利的伟大抗洪精神。1999 年，澳门回归。2001 年，中国加入世界贸易组织，这些令人振奋的事件，丰富了爱国主义教育的内涵，也反映了国家的日益强大和发展。

---

① 教育部思想政治工作司. 加强和改进大学生思想政治教育重要文献选编（1978–2014）[M]. 北京：知识产权出版社，2015：140.

（五）加强集体主义价值观教育

我国大学生集体主义价值观教育实践在不同历史发展阶段有着不同的具体内容和表现形式。新中国成立初期，开展了为人民服务的革命人生观教育。为人民服务思想中蕴含的集体主义原则成了社会主义道德的基本价值标准。抗美援朝等政治运动中强化了集体主义的观念和行为。开始全面建设社会主义阶段，党和国家多次强调集体主义教育的意义，特别强调集体利益至上的原则。改革开放和社会主义事业建设新阶段，提出了用集体主义精神培养学生，鼓励人们发扬国家利益、集体利益和个人利益相结合的社会主义集体主义精神。在市场经济体制建立过程中，重视对个人主义的批判，指出集体与个人是辩证统一的关系，强调集体利益优先和重要性，集体利益和个人利益相结合，保证合理的个人利益。

1. 集体主义是社会主义社会的价值原则

在社会主义市场经济体制建立过程中，党和国家明确了集体主义依然是大学生思想政治教育的核心原则，社会主义市场经济条件下对大学生进行集体主义价值观教育具有重要意义。1996 年 10 月，党的十四届六中全会明确指出社会主义道德建设要以集体主义为原则，这要求在大学生价值教育中要始终坚持集体主义的原则，弘扬集体主义价值观。2001 年 9 月 20 日，中共中央印发《公民道德实施纲要》，指出："集体主义作为公民道德建设的原则，是社会主义经济、政治和文化建设的必然要求。在社会主义社会，人民当家作主，国家利益、集体利益和个人利益根本上的一致，使集体主义成为调节三者利益关系的重要原则。"①

2. 开展以集体主义为核心的价值观教育

1994 年 8 月 31 日，《中共中央关于进一步加强和改进学校德育工作的若干意见》指出："要对学生进行以集体主义为核心的价值观教育。要教育学生正确处理个人、集体、国家之间的利益关系，发扬对国家和人民的奉

① 教育部思想政治工作司. 加强和改进大学生思想政治教育重要文献选编（1978–2014）[M]. 北京：知识产权出版社，2015：225.

献精神。”[①]1999 年 9 月 29 日，中共中央印发《关于加强和改进思想政治工作的意见》,强调要广泛地开展爱国主义、集体主义和社会主义教育。2004 年，《关于进一步加强和改进大学生思想政治教育的意见》指出：“要以为人民服务为核心，以集体主义为原则……加强集体主义和团结合作精神教育，引导大学生成为各项素质协调发展的社会主义新人。”[②]

面对社会主义市场经济建设过程中，社会道德发展的新情况和新要求，各高校加大力度对大学生进行道德品质教育。各高校从学生日常管理着手，进行了一些有益的探索。如完善政策导向，加强学校的管理，在招生、就业、评先评优等方面坚持德才兼备的原则。完善并严格执行校纪、校规，严格要求学生遵守行为规范，建设文明、健康、生动活泼的校园文化，树立良好的校风、教风、学风。引导大学生在社会主义市场经济的条件下正确处理好国家、集体、个人三者的利益关系，形成与社会主义市场经济相适应的价值观念和道德品质。

3. 强化对大学生树立正确“三观”的引导

这一历史阶段，在党和国家领导人的讲话和相关文件中都进一步阐述了帮助引导青年学生树立正确“三观”的重要性。1993 年 2 月，《中国教育改革和发展纲要》正式实施，指出要“引导学生运用马克思主义的立场、观点、方法认识现实问题……促进学生树立科学的世界观和为人民服务的人生观……坚定建设有中国特色的社会主义的信念”。[③]1998 年 6 月，《关于普通高等学校“两课”课程设置的规定及其实施工作的意见》明确提出：“学习毛泽东和邓小平哲学思想，帮助学生掌握马克思主义的科学世界观和方法论，培养分析和解决实际问题的能力，树立正确的世界观、人生观和价值观。”[④]2000 年 2 月，江泽民在关于教育问题的谈话中讲道：“尤其要加强

---

① 教育部思想政治工作司. 加强和改进大学生思想政治教育重要文献选编（1978–2014）[M]. 北京：知识产权出版社，2015：145.

② 教育部思想政治工作司. 加强和改进大学生思想政治教育重要文献选编（1978–2014）[M]. 北京：知识产权出版社，2015：266.

③ 教育部思想政治工作司. 加强和改进大学生思想政治教育重要文献选编（1978–2014）[M]. 北京：知识产权出版社，2015：127.

④ 教育部思想政治工作司. 加强和改进大学生思想政治教育重要文献选编（1978–2014）[M]. 北京：知识产权出版社，2015：180.

对青少年学生进行爱国主义、集体主义、社会主义的思想教育，帮助他们树立正确的世界观、人生观、价值观。”[①] 各地各高校针对改革和建设过程中出现的新情况、新问题，大学生价值观念中的新特点，强化了对大学生的“三观”教育引导。

随着改革开放的深入，市场经济和竞争观念深入人心，社会价值观念日益多元化，大学生的价值教育出现了许多新的问题和挑战。无疑，这一历史阶段，大学生价值教育针对新时期的具体问题做出了应有的回应。大学生价值教育规范化、科学化、制度化不断推进，注重培养大学生正确的“三观”，增强了大学生价值教育的针对性、实效性和亲和力，同时综合应用教育、管理、舆论等手段，充分发挥网络平台的作用，在全社会的精神文明建设和教育法制建设等过程中推进大学生价值教育。

三、全面建设小康社会进程中大学生价值教育的科学发展（2002~2012 年）

全面建设小康社会进程中，大学生价值教育被提到更加重要的位置，科学发展观的提出为大学生价值教育提供了新的理论视野。《关于进一步加强和改进大学生思想政治教育的意见》（中发〔2004〕16 号文）的印发，大大加强了对大学生的价值引领工作。开展了科学发展观教育、“和谐”价值观教育、社会主义核心价值体系教育，这些都是这一历史阶段大学生价值教育科学发展的体现。

（一）全面建设小康社会进程中大学生价值教育的形势分析

2001 年 12 月 11 日，我国正式加入世界贸易组织，标志着我国在经济全球化的进程中参与度更高、参与范围更广。国际上各种反华势力利用经济全球化，借助各种途径对我国青少年进行资本主义意识形态的灌输，大搞“西化”“分化”。与此同时，我国经济体制、社会结构、利益格局、思想观念等方面的变革调整，对大学生的价值观念带来了很大的冲击。2002 年 11 月，党的十六大顺利召开，标志着我国改革开放和现代化建设

① 中华人民共和国教育部，中共中央文献研究室. 毛泽东　邓小平　江泽民论教育[M]. 北京：中央文献出版社，人民教育出版社，北京师范大学出版社，2002：289.

进入全面建设小康社会时期。全面建设小康社会对加强大学生价值教育提出了全新的要求。2003年10月，党的十六届三中全会明确提出了科学发展观。2004年9月，党的十六届四中全会提出了构建和谐社会的重大战略任务，和谐社会的提出要求加强对大学生开展“和谐”价值理念的教育。2006年10月，党的十六届六中全会首次提出建设社会主义核心价值体系的任务，要求大学生价值教育要以社会主义核心价值体系为引领。2007年10月，党的十七大召开，将科学发展观正式写入《党章》。在全面建设小康社会进程中加强大学生价值教育，必须以“三个代表”重要思想、科学发展观为统领，要牢牢把握与时俱进这一思想精髓，加强价值教育理论的创新，拓展价值教育的内容，探索价值教育的新途径，推动大学生价值教育科学发展。

这一阶段，高等教育在校生规模增长较快，2003年突破千万大关，2012年全国普通高校在校生规模达2391.32万人，如表3-3所示。大学生的思想状况继续呈现出积极、健康、向上的状态。如2003年大学生思想政治状况调查显示，当前大学生的思想主流呈现出积极、健康、向上的良好态势。在2003年抗击“非典”的斗争中，广大大学生与党和政府同心同德、共渡难关，经受住了严峻的考验，表现出高度的政治觉悟、社会责任感和战胜“非典”的必胜信念。2008年高校学生思想政治状况调查显示，“大学生思想主流积极健康向上，他们与党中央保持一致，表现出了高度的政治觉悟、严密的组织纪律性和强烈的爱国热情”。① 大学生政治上趋于成熟、理性化，关心时事，但在一些深层次问题上仍存在着一些模糊、错误的理解和认识；大学生思维活跃，求新意识较强，善于通过各种方式特别是网络获取新的信息，但自身鉴别力和控制力还比较薄弱；大学生人生观、价值观主流积极健康，渴望成长成才，但面对竞争日益激烈的社会环境，容易出现急躁情绪，甚至激进行为；大学生支持和拥护高校招生就业政策、教育教学改革，也对高校的教育质量、办学条件、生活环境提出了更高的要求。

---

① 王庆环．“80”后大学生思想主流积极健康——高校学生思想政治状况滚动调查显示[N]．光明日报，2008-08-01（002）．

表 3-3　全面建设小康社会进程中全国普通高校本、专科在校生人数统计

单位：万人

年份	合计	本科	本科占比（%）	专科	专科占比（%）
2003	1108.56	629.21	56.76	479.35	43.24
2004	1333.49	737.84	55.33	595.65	44.67
2005	1561.78	848.82	54.35	712.96	45.65
2006	1738.84	943.34	54.25	795.50	45.75
2007	1884.89	1024.30	54.34	860.59	45.66
2008	2021.02	1104.22	54.64	916.80	45.36
2009	2144.66	1179.85	55.01	964.81	44.99
2010	2231.79	1265.61	56.71	966.18	43.29
2011	2308.51	1349.66	58.46	958.85	41.54
2012	2391.32	1427.09	59.68	964.23	40.32

资料来源：历年《中国教育年鉴》。

（二）在大学生思想政治教育的科学发展中加强价值引领

伴随着国内外形势的新变化，大学生价值教育机遇和挑战并存。这一历史阶段，以胡锦涛为总书记的党中央高瞻远瞩，立意深远，高度重视大学生的思想政治教育工作，多次颁布重要专项文件部署和指导大学生思想政治教育工作，大学生价值教育在思想政治教育的科学发展中深化。

1.《关于进一步加强和改进大学生思想政治教育的意见》印发

2004 年 8 月 26 日，中共中央、国务院印发了《关于进一步加强和改进大学生思想政治教育的意见》（以下简称《意见》）。随后一年左右的时间，中宣部、教育部、团中央等部门就落实《意见》精神，先后颁布了 17 个配套文件。

《意见》提出了加强和改进大学生思想政治教育的主要任务："一是以

理想信念教育为核心，深入进行树立正确的世界观、人生观、价值观教育；二是以爱国主义为重点，深入进行弘扬和培育民族精神；三是以基本道德规范为基础，深入进行公民道德教育；四是以大学生全面发展为目标，深入进行素质教育。加强民主法制教育，加强人文素质和科学精神教育，引导大学生勤于学习、善于创造、甘于奉献，成为有理想、有道德、有文化、有纪律的社会主义新人。”①

《意见》强调要充分发挥课堂教学在大学生思想政治教育中的主导作用。指出思想政治理论课是主渠道，形势政策教育是重要内容和途径，哲学社会科学课程负有重要职责，高校的所有课程都具有育人功能，所有教师都负有育人职责。同时要求要努力拓展新形势下大学生思想政治教育的有效途径，包括深入开展社会实践，大力建设校园文化，主动占领网络新阵地，开展心理健康教育，努力解决大学生的实际问题等。②

2. 全国加强和改进大学生思想政治教育工作会议召开

2015 年 1 月 17~18 日，全国加强和改进大学生思想政治教育工作会议在北京召开，这是新中国成立以来第一次以党中央名义召开的大学生思想政治教育工作会议。虽然党和国家历来重视大学生的思想政治工作，但召开全国工作会议系统部署，这在新中国尚属首次。胡锦涛出席会议并发表重要讲话，强调切实加强和改进大学生思想政治教育工作，培养造就千千万万具有高尚思想品质和良好道德修养、掌握现代化建设所需要的丰富知识和扎实本领的优秀人才，对于确保实现全面小康社会，确保实现中华民族的伟大复兴，具有重大而深远的战略意义。并要求各级党委和政府都要充分认识新形势下进一步加强和改进大学生思想政治教育工作的重要性和紧迫性，增强历史责任感和使命感，坚定信心，狠抓落实，切实把大学生思想政治教育工作提高到一个新的水平。同时指出高校必须把培养中国特色社会主义事业的建设者和接班人作为根本任务。

① 教育部思想政治工作司. 加强和改进大学生思想政治教育重要文献选编（1978–2014）[M]. 北京：知识产权出版社，2015：266.

② 教育部思想政治工作司. 加强和改进大学生思想政治教育重要文献选编（1978–2014）[M]. 北京：知识产权出版社，2015：267–268.

3.《关于进一步加强和改进高等学校思想政治理论课的意见》印发

2005 年 2 月，中宣部、教育部联合下发《关于进一步加强和改进高等学校思想政治理论课的意见》(以下简称《意见》)。同年 3 月,《意见》的《实施方案》(即“05 方案”) 印发。“05 方案”将马克思主义基本原理、毛泽东思想、邓小平理论和“三个代表”重要思想概论、中国近代史纲要、思想道德修养与法律基础设置为必修课，并开设“当代世界经济与政治”等选修课。“05 方案”保留了“98 方案”的优点，体现了马克思主义的整体性和与时俱进的理论品质，融入了马克思主义中国化的最新理论成果，并增加以爱国主义为主题的中国近代史纲要课程，为大学生价值教育注入了新内容。2011 年 1 月，教育部印发《高等学校思想政治理论课建设标准（暂行）》的通知，对思想政治理论课的标准从组织管理、教学管理、队伍管理、学科建设、特色项目等方面提出了具体的指标要求和评价标准。

4. 完善新形势下大学生思想政治教育的有效途径

一是积极探索实践育人的长效机制。开展形式多样的社会实践活动。重视社会实践基地建设，重视培养大学生的劳动观念和职业道德，注重社会实践育人作用的发挥。二是大力推进校园文化建设规范化。按照教育部、共青团中央《关于加强和改进高等学校校园文化建设的意见》的要求，加强了校园文化建设。加强和改进师德师风建设，精心组织校园文化活动，加强大学生的文化素质教育；开展丰富多彩、积极向上的学术、科技、体育、艺术和娱乐活动，把德育与智育、体育、美育有机结合起来，寓教育于文化活动中，积极开拓校园文化载体。三是主动占领网络新阵地。建立思想政治教育专题网站，召开思想政治教育进网络工作研讨会，开通“中国大学生在线”，推进了高校网络思想政治教育。各高校也主动出击占领网络新阵地，建立了思想政治教育专题网站。此外通过构建网络文化建设和管理队伍，加强辅导员博客建设等途径凝聚学生、服务学生，发挥网络思想政治工作的优势和积极作用。

（三）围绕“和谐社会”的要求开展大学生价值教育

实现和谐发展是人类的美好追求，是马克思主义的理想追求，也是中国共产党人一直努力的目标之一。1956 年，毛泽东发表《论十大关系》，提出了正确处理人民内部矛盾的思想，正确处理好人民内部矛盾本质上就是要实现和谐。改革开放后，邓小平提出“消灭剥削、消除两极分化，实现共同富裕”，实质上就是要构建和谐社会。2002年，党的十六大明确提出和谐社会是全面建设小康社会的目标之一。2004年，党的十六届四中全会第一次把构建和谐社会作为重要任务和奋斗目标写进党的正式文件。2006年10月，党的十七届六中全会通过了《中共中央关于构建社会主义和谐社会若干重大问题的决定》，指出了“民主法治、公平正义、诚信友爱、充满活力、安定有序、人与自然和谐相处”的总要求。和谐社会建设赋予了大学生价值教育新要求，帮助引导大学生树立和谐的价值观念，主要包括四个方面的内容：一是培养树立诚信友爱的价值理念，追求人与人的和谐；二是培养树立民主法治的价值理念，追求人与社会的和谐；三是培养树立生态文明的价值思想，追求人与自然的和谐；四是培养树立全面发展的价值目标，追求自我的身心和谐。

大学生价值教育与和谐社会建设是相融相通的。中国社会的转型是共同的社会背景和时代背景。社会转型给经济发展带来机遇和挑战，也给大学生的成长成才增加机遇和挑战，大学生的升学、就业、竞争等压力都比过去增加，出现发展不和谐的概率增加，更加需要对大学生加强价值引领和教育，增加“和谐”价值观的教育。

1. 加强道德价值规范教育

2005年，教育部下发《关于整体规划大中小学德育体系的意见》，指出“学校教育，育人为本；德智体美，德育为先”。强调大学教育阶段德育的目标，即“教育引导大学生确立在中国共产党领导下走中国特色社会主义道路、实现中华民族伟大复兴的共同理想和坚定信念，牢固树立爱国主义和全心全意为人民服务思想，自觉遵守法律法规和社会道德规范，加强自身道德修养，具备良好的心理素质和艰苦奋斗、开拓进取的精神，促进大学生思想政治素质、科学文化素质和身心健康素质全面协调发展”。[①]

这一阶段，加强了大学生道德规范教育，广泛开展了社会公德、职业道德、家庭美德教育，引导大学生爱国守法、诚实守信、勤俭节约、自强不息和敬业乐群，养成良好的道德品质和文明行为。加强了大学生的法制教育

① 教育部思想政治工作司.加强和改进大学生思想政治教育重要文献选编（1978–2014）[M].北京：知识产权出版社，2015：317.

和诚信教育，增强大学生法律意识和守信意识，自觉遵纪守法，自觉树立守信为荣、失信可耻的道德观念。积极开展道德实践活动，把道德教育渗透到学校教育各个环节。2005 年 3 月，教育部印发《高等学校学生行为准则》，要求大学生要做到以下八个方面：志存高远，坚定信念；热爱祖国，服务人民；遵纪守法，弘扬正气；诚实守信，严于律己；明礼修身，团结友爱；勤俭节约，艰苦奋斗；强健体魄，热爱生活。[①] 各高校在校园物质文化、制度文化、精神文化等方面不断挖掘，努力营造有利于大学生价值教育的校风、学风。

2. 加强公平正义的廉洁观教育

2005 年 7 月，《教育部办公厅关于在大中小学开展廉洁教育试点工作的意见》发布，决定从 2005 年下半年开始，在北京、上海、天津等十省市开展廉洁教育试点工作。2007 年 3 月，教育部《关于在大中小学全面开展廉洁教育的意见》发布，其中规定大学阶段廉洁教育的目标和主要内容是：以社会主义核心价值体系为引领和主导……组织学习党和国家关于党风廉政建设和反腐败方面的方针政策、法律法规等，引导大学生树立报效祖国、服务人民的信念，不断提高大学生的道德自律意识，增强拒腐防变的良好心理品质，逐步形成廉洁自律、爱岗敬业的职业观念。[②] 各高校通过开展廉洁教育，引导教育大学生树立公平正义的廉洁观。

3. 注重大学生的身心和谐

在日常管理方面，2003 年 12 月，教育部《关于进一步加强高校学生管理工作和心理健康教育工作的通知》，要求进一步加强高校学生管理和心理健康教育工作。2004 年 6 月，教育部《关于切实加强高校学生住宿管理的通知》，要求切实加强对学生住宿管理工作的领导，对如何在学生宿舍和公寓中开展党建与思政工作、加强管理机制和安全保卫工作以及学生校外租

① 教育部思想政治工作司. 加强和改进大学生思想政治教育重要文献选编（1978–2014）[M]. 北京：知识产权出版社，2015：300.

② 教育部思想政治工作司. 加强和改进大学生思想政治教育重要文献选编（1978–2014）[M]. 北京：知识产权出版社，2015：353.

房等问题提出了明确要求。①2004 年 9 月，国务院办公厅下发《关于切实解决高校贫困家庭学生困难问题的通知》，要求："全力推进国家助学贷款新机制，建立规范的高等学校勤工助学制度，加快推进生源地助学贷款业务等。"② 共青团中央、教育部等部门先后下发《关于加强和改进大学生社团工作的意见》《关于进一步加强高校学生住宿管理的通知》《关于进一步做好高校学生住宿管理的通知》等文件，加强对大学生的宿舍管理，持续推进思想政治教育进公寓。

在大学生心理健康教育方面，2005 年 1 月，教育部、卫生部、共青团中央下发《关于进一步加强和改进大学生心理健康教育的意见》，进一步明确大学生心理健康教育的总体要求，强调大力加强大学生心理健康队伍建设。2011 年教育部办公厅先后印发《普通高等学校心理健康教育工作基本建设标准（试行）》《普通高等学校学生心理健康教育课程教学基本要求》。各地各高校认真贯彻落实有关系列文件精神和要求，保证了大学生日常教育管理有章可循，维护了大学生的正当权利和义务，为和谐校园建设和大学生自身的和谐发展提供了制度保障。

（四）学习实践科学发展观和"以人为本"原则的确立

科学发展观是发展的世界观和方法论，是马克思主义中国化的新发展，为大学生价值教育提供了全新的视野，注入了新的理论源泉，也为大学生价值教育的开展提供了新的理论指导。党的十七大报告对科学发展观进行了科学概括和深刻阐述，指出："科学发展观，第一要义是发展，核心是以人为本，基本要求是全面协调可持续发展，根本方法是统筹兼顾。"③

这一历史阶段，在大学生中开展了学习实践科学发展观活动。大学生价值教育在科学发展观的指导下，确立了以人为本的原则，尊重大学生的主体地位，尊重大学生的需要和利益，切实解决大学生学习生活中的实际困难，为大学生的全面发展服务。

---

① 教育部思想政治工作司 . 加强和改进大学生思想政治教育重要文献选编（1978–2014）[M]. 北京：知识产权出版社，2015：263–264.

② 教育部思想政治工作司 . 加强和改进大学生思想政治教育重要文献选编（1978–2014）[M]. 北京：知识产权出版社，2015：271–272.

③ 中共中央文献研究室 . 十七大以来重要文献选编（上）[M] . 北京：中央文献出版社，2009：69.

1. 开展学习实践科学发展观活动

在全党开展深入学习实践科学发展观活动，是党的十七大作出的重大战略部署之一。党中央高度重视深入开展学习实践科学发展观活动。胡锦涛等中央领导同志多次作出重要指示，要求深入推进学习实践科学发展观，深刻理解科学发展观的科学内涵、精神实质和根本要求，增强贯彻落实科学发展观的自觉性和坚定性。2007 年 12 月，中共教育部党组发出《关于教育战线认真学习贯彻党的十七大精神的通知》，要求有计划地对师生进行培训和轮训，确保把党的十七大精神的学习落到实处，取得实效。抓好党的十七大精神进教材、进课堂、进学生头脑的工作，把学习党的十七大精神作为大学思想政治教育和课堂教学的重要内容融入学校党团组织各种活动中。2008 年 9 月 14 日，中共中央发出《关于在全党开展深入学习实践科学发展观活动的意见》，用一年半左右的时间在全党深入开展了学习实践科学发展观活动。具体目标要求包括：提高思想认识，增强贯彻落实科学发展观的自觉性和坚定性；解决突出问题，努力解决影响和制约科学发展的突出问题；创新体制机制，建立健全体现科学发展要求的规章制度；促进科学发展。2010 年 5 月，在党的基层组织和党员中深入开展创先争优的活动。

高校按照党中央的部署和要求，积极对大学生开展了科学发展观的教育活动，组织编写出版了《科学发展观大学生学习读本》。完善了“两课”教学，组织编写了《毛泽东思想和中国特色社会主义理论体系概论》教材，增加了科学发展观的内容，包括科学发展观的形成条件、形成过程、科学内涵、主要内容、历史地位等内容。开展学习实践科学发展观的社会实践活动，如围绕“怎样用科学发展观指导大学生成长成才”问题开展大讨论，引导大学生科学规划人生发展；开展“青春创业大讲堂”活动，助推大学生就业创业；组织实施“大学生志愿服务西部计划”，将科学发展观落到实处。

党的十七大的一个重大的理论贡献，就是创造性地提出并深刻阐述了中国特色社会主义理论体系，将邓小平理论、“三个代表”重要思想和科学发展观统一起来。党的十七大以后，大学生价值教育中广泛开展中国特色社会主义理论体系的宣传和教育，结合新时期大学生的特点和需求，在教育的理念、目的、内容、方法、载体等方面进行了广泛的探索和创新。

2. 以学生为主体开展教育

坚持以人为本，以学生为主体开展教育，在这一阶段开始凸显。一是在教育内容的设计上，既体现国家和社会发展的要求，又关注大学生价值观念形成和发展的特点。既开展了国家层面要求的“三个代表”和科学发展观的学习宣传教育等工作，又结合大学生的特点开展了具体的廉洁观、就业观教育。二是在教育方式方法上，强调要尊重学生，充分发挥学生的主动性、积极性。《关于进一步加强和改进大学生思想政治教育工作的意见》指出：“加强和改进大学生思想政治教育，要坚持以人为本，贴近实际、贴近生活、贴近学生。”①《关于进一步加强和改进高等学校思想政治理论课的意见》强调：“充分发挥学生学习的主体作用，激发学生学习的积极性和主动性。要求教学方式和方法要贴近学生的实际，符合学生学习的特点，提倡启发式、参与式、研究式教学。”②三是在教育途径上，既充分发挥传统的课堂教学、实践育人、文化育人的作用，同时与时俱进地运用网络新媒体开展教育教学，加强对学生社团的管理和指导，加强班集体建设，规范大学生入党程序和加强对党支部的管理，高度重视学生宿舍、学生生活社区的管理，全方位对大学生加以教育和引导。

3. 注重对学生的人文关怀

注重人文关怀体现在很多方面，最主要的是要切实帮助大学生解决实际问题，在关心人、帮助人中教育人、引导人。一是重视毕业生的就业工作。各高校把就业工作作为最大的民生工程来抓。从 2003 年开始，国务院办公厅每年专门就做好普通高等学校毕业生就业工作下发通知。二是加强毕业生的就业观念教育。2011 年，中组部、教育部、人力资源和社会保障部、共青团中央联合印发《高校毕业生基层培养计划实施方案》。鼓励引导毕业生到城乡基层、中小企业和非公有制企业就业，鼓励和支持高校毕业生自主创业。采取多种形式，有针对性地做好毕业生的价值教育工作，帮助毕业生准确把握就业形势，确立符合实际的就业期望；宣传党和国家的方针、政策、法规，增强大学生的诚信意识、安全意识。三是开展丰富多彩的毕业生就业教育活动。2008 年 11 月，中宣部联合教育部举办“励志青春——当

① 教育部思想政治工作司. 加强和改进大学生思想政治教育重要文献选编（1978–2014）[M]. 北京：知识产权出版社，2015：271–272.

② 教育部思想政治工作司. 加强和改进大学生思想政治教育重要文献选编（1978–2014）[M]. 北京：知识产权出版社，2015：295.

代大学生在 2008”先进事迹报告会，来自北京大学、清华大学等高校的 9 名大学生为 1000 余名大学生作了精彩感人的报告，他们结合亲身经历，讲述了自己在平凡的生活中不平凡的生活态度和人生追求，帮助大学生确立正确的就业观、成才观。四是完善困难大学生资助体系。2004 年 9 月 3 日，国务院办公厅下发《关于切实解决高校贫困家庭学生困难的通知》，要求全力推进国家助学贷款新机制，加大对贫困大学生的助学奖励力度，建立勤工助学制度，加快推进生源地助学贷款业务，切实帮助家庭贫困大学生顺利完成学业。五是关注学生身心健康。教育部办公厅成立普通高等学校心理健康教育专家指导委员会，切实加强大学生的心理健康工作。中共中央、国务院印发《关于加强青少年体育增强青少年体质的意见》，要求高度重视青少年的体育工作，认真落实增强青少年体质的各项措施，加强领导，齐抓共管，形成合力支持青少年的体育工作。

（五）社会主义核心价值体系教育

2006 年 10 月，党的十六届六中全会首次提出了社会主义核心价值体系这一命题，并指出："社会主义核心价值体系包含四个方面的基本内容，即马克思主义指导思想，中国特色社会主义共同理想，以爱国主义为核心的民族精神和以改革创新为核心的时代精神以及社会主义荣辱观；同时强调社会主义核心价值体系是建设和谐文化的根本；要坚持把社会主义核心价值体系融入国民教育和精神文明建设全过程，贯彻到现代化建设各方面。"[①]2007 年，党的十七大再次强调建设社会主义核心价值体系，切实把社会主义核心价值体系融入国民教育全过程，积极探索用社会主义核心价值体系引领社会思潮的有效途径。

1. 中国特色社会主义理论体系的宣传教育

第一，掀起学习"三个代表"重要思想的新高潮。2006 年，出版发行了《江泽民文选》，中共中央印发了《关于学习〈江泽民文选〉的决定》。在大学生中迅速掀起了学习"三个代表"重要思想的新高潮，立足在措施和方法上有新的突破和创新。在理念上，凸显"以人为本"，尊重大学生的主

① 中共中央关于构建社会主义和谐社会若干重大问题的决定［M］. 北京：人民出版社，2006：22.

体地位和主体意识。在方式方法上，既坚持传统的教育方法，同时注重运用网络新媒体多渠道全方位地开展学习教育活动。在教育对象上，根据不同年级不同层次学生的特点，采取分层教育。

第二，系统开展中国特色社会主义理论体系教育。改革高校政治理论课，调整为学习《毛泽东思想、邓小平理论和“三个代表”重要思想概论》（以下简称“概论”），帮助大学生在系统掌握理论的基础上，坚定中国共产党的领导和走中国特色社会主义道路的信念。党的十七大创造性地提出并深刻阐述了中国特色社会主义理论体系。随后，在大学生价值教育中广泛开展中国特色社会主义理论体系的宣传和教育，并在教育的理念、目的、内容、方法、载体等方面进行了广泛的探索和创新。

2. 坚定中国特色社会主义共同理想的教育

这一时期，开展了丰富多彩的坚定中国特色社会主义共同理想的教育。开展载人航天精神报告会，激励广大高校师生学习航天科技工作者为我国航天事业无私奉献的先进事迹和崇高精神，激发广大师生的爱国热情、报国之志，不断增强为中华民族的伟大复兴而努力工作和学习的历史使命感、社会责任感和民族自信心。2008 年，拉萨“3・14”事件后，教育部联合新华社组织开展了系列大型图片展进校园活动。5 月，在清华大学举办西藏今昔大型图片展进校园活动启动仪式，帮助引导大学生进一步了解历史、了解真相。“5・12”汶川地震后，6 月，在北京大学正式启动“抗震救灾，众志成城——2008 中国抗震救灾大型新闻图片展”活动，引导大学生进一步心系民族、心系国家发展、心系人民福祉，树立为人民服务的意识。北京奥运会后，在清华大学正式启动“分享光荣与梦想——2008 北京奥运会大型新闻图片展”进校园活动，有助于大学生更好地了解奥林匹克精神，弘扬志愿服务精神。系列大型图片展进校园活动，对坚定大学生的共同理想信念发挥了积极的作用。

3. 以爱国主义为重点的民族精神教育

爱国主义教育是大学生价值教育的重要组成部分，特别是改革开放的深入，世界格局的变化，世界各国为了各自的国家利益矛盾凸显，在这样的背景下，对大学生加强爱国主义教育，弘扬民族精神就变得更加迫切。如 2003 年，开展以弘扬载人航天精神为主题的爱国主义、民族精神和科学精神学习教育活动。各地各高校充分利用各种形式和教育资源，开展了丰富多彩的学习教育活动。2009 年，新中国成立 60 周年，开展了“我爱我的祖国”主题教育活动。教育部专门印发了《关于围绕庆祝新中国成立 60 周年在各级各类学校深入开展“我爱我的祖国”主题教育活动的通知》，召开活动视频会议全面部署爱国主义教育活动。同时，在清华大学举行启动仪式，组织高校学生开展以“我爱我的祖国”为主题的暑假社会实践活动。2009 年，也是“五四”运动 90 周年，为此，教育部相继与中宣部、团中央联合举办“我与祖国共奋进——纪念‘五四’运动 90 周年”主题歌会。各高校认真贯彻落实中央精神和教育部的要求，紧紧围绕主题，充分发挥高校第二课堂的作用，深入开展了主题鲜明、形式多样，大学生喜闻乐见的文艺活动、社会实践活动、志愿服务活动及各类学习表彰先进典型的活动。

4. 社会主义荣辱观教育

2006 年 3 月 4 日，胡锦涛发表了题为《牢固树立社会主义荣辱观》的重要讲话，强调：“要在全社会弘扬爱国主义、集体主义、社会主义思想，倡导社会主义基本道德规范，扶正祛邪，扬善惩恶，促进良好社会风气的形成和发展。要教育广大干部群众特别是广大青少年树立社会主义荣辱观，坚持以热爱祖国为荣、以危害祖国为耻，以服务人民为荣、以背离人民为耻，以崇尚科学为荣、以愚昧无知为耻，以辛勤劳动为荣、以好逸恶劳为耻，以团结互助为荣、以损人利己为耻，以诚实守信为荣、以见利忘义为耻，以遵纪守法为荣、以违法乱纪为耻，以艰苦奋斗为荣、以骄奢淫逸为耻。”[①]“八荣八耻”既体现了中华民族优秀的文化传统，又结合了改革开放的时代精神，是新时期善恶美丑的价值标准，有助于帮助指导青年大学生明是非、辨美丑、分善恶、知荣辱、讲正气、促和谐，形成正确的价值判断。大学生价值教育注重把社会主义荣辱观融入大学生教育教学和校园文化与课外活动中，收到了良好效果。教育部党组决定，在教育系统深入开展学习贯彻胡锦涛总书记讲话精神、加强社会主义荣辱观教育的活动。一是把社会主义荣辱观引进教材、引入课堂，充分发挥课堂教学在社会主义荣辱观中的主渠道和主阵地作用；二是把社会主义荣辱观融入大学生的社会实践中，通

① 中共中央文献研究室 . 十六大以来重要文献选编（下）［M］. 北京：中央文献出版社，2008：316-317.

过“三下乡”、志愿服务、实习实践、社会调研等社会实践活动，使大学生接受教育，熏陶思想，升华认识，提高觉悟；三是把社会主义荣辱观融入校园文化建设中，以丰富多彩的校园文化活动为载体，使大学生在日常的学习、生活中接受熏陶和感染。

全面建设小康社会进程中，大学生价值教育以思想政治理论课为主渠道，出台了“05方案”，深化了“两课”的建设和发展。积极开展社会实践活动，重视实践基地建设，注重培养大学生的劳动观念和职业道德，发挥社会实践在育人中的积极作用，努力构建实践育人的长效机制。大力建设校园文化，推进校园文化建设规范化。加强师德师风、校风学风建设；精心组织校园文化活动；积极拓展校园文化载体。主动占领网络新阵地，建立思政教育专题网站，推动网络文化建设和管理队伍建设。这些措施推动了大学生价值教育的科学化发展，大学生的思想主流继续保持着积极、健康、向上的态势，大学生认同社会主流的价值导向，大学生价值教育制度成果丰富。

第四章

新时代大学生价值教育的历史性发展（2012~2019年）

2012年11月8日，党的十八大召开，提出了“两个一百年”的具体奋斗目标；强调要进一步加强社会主义核心价值体系建设，以此引领社会思潮、凝聚社会共识；提出“三个倡导”，积极培育和践行社会主义核心价值观；要求把立德树人作为教育的根本任务。党的十八大以来，党中央提出了实现中华民族伟大复兴的“中国梦”，确定了“四个全面”的战略布局，号召坚定“四个自信”，树立“四个意识”。2017年10月18日，党的十九大召开，确定了中国特色社会主义进入新时代的历史方位，把习近平新时代中国特色社会主义思想确立为党的指导思想，并写入《党章》。习近平新时代中国特色社会主义思想内涵丰富，博大精深，主要包括“八个明确”和“十四个坚持”。“坚持社会主义核心价值体系”作为新时代坚持和发展中国特色社会主义的基本方略之一，彰显了我们党对价值观建设的高度重视。在新时代境遇下，高校积极学习贯彻落实党的十八大、十九大精神，认真领会习近平新时代中国特色社会主义思想，积极推进社会主义核心价值观的任务落实，推动大学生价值教育历史性发展。

一、新时代大学生价值教育的新使命新要求

党的十九大报告指出，经过长期努力，中国特色社会主义进入了新时代。“两个一百年”目标和中华民族伟大复兴目标的实现，需要大学生有理想、有本领、有担当。立德树人既是根本任务，也是中心环节。大学生的价值观念呈现出了新的特点。新时代要求加强思想理论教育和价值引领，要求加强大学生价值教育的针对性和实效性。

（一）新时代大学生价值教育的新使命

新时代产生了新思想，这一新思想就是习近平新时代中国特色社会主义思想。新时代大学生价值教育的开展必须坚持以习近平新时代中国特色社会主义思想为指导。新时代提出了新课题和新要求。新时代我国经济、政治、文化、社会、生态、外交、党建等方面都面临着许多新形势。新时代要求大学生有理想、有本领、有担当。对大学生进行系统地学习习近平新时代中国特色社会主义思想的宣传教育，用中国特色社会主义体系武装青年大学生，引导大学生认同“四个全面”战略布局，坚定“四个自信”，积极投身于实现中国梦的伟大实践中，是大学生价值教育服务于全面建成小康社会和全面深化改革开放的需要，是大学生成为社会主义合格建设者和可靠接班人的需要，是实现中华民族伟大复兴的必然要求。新时代要求大学生把个人理想同中华民族的共同理想和远大理想结合起来，教育引导大学生将个人的努力目标同“两个一百年”的奋斗目标有机结合起来，将个人的价值追求同国家历史使命的实现紧密结合，自觉做共产主义远大理想和中国特色社会主义共同理想的坚定信仰者和忠实实践者。新时代社会主要矛盾的变化，大学生价值教育要更加注重“以人为本”，增强他们的存在感、获得感和现实感，服务于他们对美好生活的追求。总之，新时代大学生价值教育的新使命就是要自觉运用习近平新时代中国特色社会主义思想武装大学生头脑，引导大学生树立崇高的理想信念，追求崇高的价值目标，践行正确的价值原则，在日常行为中做出正确的价值选择和判断，在实践中创造价值。

（二）新时代大学生价值教育的新要求

当前，“95 后”“00 后”逐渐成为大学生校园的学生主体，在校大学生的规模继续逐年上升，即将突破 3000 万人大关，如表 4-1 所示。如果说“95 后”是互联网原住民、市场化宠儿，那么“00 后”则是自媒体先锋、信息化和城市化交互影响的“新新人类”。[①] 他们生活环境相对优越，生活在物质条件极大丰富的年代，对新鲜事物的接受度极高，随着网络新媒体的普及和发展，他们也是生活在“网络上”的一代。因而，新时代生活在“网

① 刘川生．以习近平新时代中国特色社会主义思想为指导努力提升高校思想政治理论课亲和力与针对性［J］．中国高教研究，2018（2）：1–6.

络上”的大学生要求要营造风清气正的网络环境，确保正确的舆论导向。从每年的高校学生思想政治状况滚动调查来看，他们绝大多数能够基于正确的世界观、人生观和价值观进行理性的思考；随着我国综合国力的增强，大学生的民族自尊心和自豪感油然而生，爱国热情和民族自信心高涨，对国家大事也予以了高度关注。2016 年的调查显示：66.4% 的大学生认同“奉献是人生最大的快乐”；92.4% 的大学生赞同“国无德不兴，人无德不立”；96% 的大学生表示非常认同或基本认同社会主义核心价值观；85.3% 的大学生认为培育和践行社会主义核心价值观人人有责。[①] 但是大学生的价值观来源于改革发展、社会转型变化的现实，呈现出多元并存的趋势。他们的价值认知与行为选择之间存在不一致的情况。2014 年的调查显示：崇尚奉献精神的学生比例高出能够正确处理奉献与索取关系的学生比例 14.6 个百分点；18.6% 的大学生倾向于“个人价值”，个人主义价值观在大学生中占有一定的比例。[②] 他们的价值观念容易受社会思潮、社会现实和虚拟网络的影响，部分大学生集体主义价值观念弱化，个人主义、享乐主义、功利主义、实用主义等不良倾向在一定范围和一定程度存在；部分大学生个性张扬，注重独立自主，不愿意他人过多的干涉，敢于挑战价值“权威”。由于各高校重视程度和建设水平参差不齐，新时代大学生价值教育的新要求、新任务与大学生价值教育教学质量还不够高、学生获得感还不够强之间的矛盾依然存在，如教材内容更新滞后、教学方法相对传统。因此，新时代大学生价值观念的新特点和当前大学生价值教育实践中的问题，要求大学生价值教育进一步改进教育方式方法，探索拓宽教育的新途径，提升价值教育的亲和力、针对性和实效性，形成“三全”育人的格局。

表 4-1　党的十八大以来全国普通高校本、专科在校生人数统计

单位：万人

年份	合计	本科	本科占比（%）	专科	专科占比（%）
2013	2468.07	1494.44	60.55	973.64	39.45
2014	2547.70	1541.07	60.49	1006.63	39.51

① 沈壮海，肖洋 .2016 年度大学生思想政治状况调查分析［J］. 思想理论教育导刊，2017（1）：109.

② 沈壮海，段立国 .2014 年度大学生思想政治状况分析——基于全国 30 所高校的调查［J］. 思想理论教育导刊，2015（8）：101.

续表

年份	合计	本科	本科占比（%）	专科	专科占比（%）
2015	2625.30	1576.68	60.06	1048.61	39.94
2016	2695.84	1612.95	59.83	1082.89	40.17
2017	2753.59	1648.63	59.87	1104.95	40.13
2018	2831.03	1697.33	59.95	1133.70	40.05
2019	3031.53	1750.82	57.75	1280.71	42.25

资料来源：历年《中国教育年鉴》。

二、习近平新时代中国特色社会主义思想的系统教育

党的十八大以来，习近平同志围绕坚持和发展中国特色社会主义，围绕实现中华民族伟大复兴的中国梦，围绕“四个全面”战略布局，围绕经济新常态、科技文化、美丽中国、学习中国、从严治党、人类命运共同体、新安全观等，提出了很多新思想、新观点、新论断、新要求，形成了习近平新时代中国特色社会主义思想，是我们党划时代的重大理论创新，是马克思主义中国化的最新理论成果，为全党全国人民实现中华民族伟大复兴的中国梦提供了行动指南。新时代，大学生价值教育持续加强了中国特色社会主义理论的宣传教育。

（一）习近平总书记系列重要讲话和党的十九大精神的学习宣传教育

1. 深入推进学习党的十八大精神和习近平系列重要讲话精神

第一，认真学习贯彻党的十八大精神。2012 年 11 月 25 日，中共中央发出《关于认真学习宣传贯彻党的十八大精神的通知》，全党全社会学习宣传党的十八大精神活动全面展开。2012 年 11 月 27 日，教育部组织 500 多名首都高校师生参加中央宣讲团宣讲党的十八大精神首场报告会。2012 年 12 月 25 日，教育部联合团中央下发《关于开展全国高校学生“走基层看变化学习宣传党的十八大精神”主题寒假社会实践活动的通知》。全国各高校遵照通知精神纷纷开展以“走基层、看变化，学习宣传党的十八大精神”为主题的寒假社会实践活动，让广大大学生通过活动受教育、长才干、做贡献，真正做到让大学生把十八大精神“入思想，见行动”。在大学生中掀起了学习

十八大精神的热潮，加强了大学生对中国特色社会主义理论的理解和认识。

第二，认真学习习近平总书记系列重要讲话精神。2013 年 11 月 4~8 日，在北京召开了第一期省部级干部学习贯彻习近平总书记系列重要讲话精神研讨班。此后，全党全社会掀起了学习高潮。《习近平总书记系列讲话读本》《习近平谈治国理政》《习近平总书记系列专题论述摘编》等书籍相继出版。2013 年 11 月 28 日，教育部党组下发了《关于教育系统深入学习贯彻习近平总书记系列讲话精神的意见》，对学习活动的开展提出了明确要求和指导意见。

各高校结合实际，开展系列学习活动，形成了特色做法。包括抓好学习宣传载体，组建高校学习宣讲团，以思政课、党课、形势报告会、党团组织生活会为学习平台，以大学生喜闻乐见的活动形式为学习载体，将党的十八大精神和习近平系列重要讲话精神的学习宣传融入大学生的学习生活中。同时注重研究，既注重对十八大精神和习近平系列重要讲话精神的内容研究，也注重学习宣传教育方式方法的研究，力求将学习与实践紧密结合，推动学校事业发展，提升人才培养质量。

2. 深入推进学习党的十九大精神和习近平新时代中国特色社会主义思想

第一，全党全社会迅速掀起学习热潮。党的十九大以来，全国各地区各部门通过各种途径宣传学习贯彻十九大精神。2017 年 10 月 27 日，中共中央政治局召开会议，研究部署学习宣传贯彻十九大精神，强调要引导广大干部群众原原本本、原汁原味地学习好党的十九大精神。2017 年 11 月 1 日，中共中央印发了《关于认真学习宣传贯彻党的十九大精神的决定》。要求充分认识学习宣传贯彻党的十九大精神的重大意义，并从抓好学习培训、宣讲活动、新闻宣传、研究阐释四个方面提出了明确要求。出版发行了《习近平谈治国理政》(第二卷)、《习近平新时代中国特色社会主义思想学习纲要》，为学习领会习近平新时代中国特色社会主义思想提供了权威读物。组织拍摄了《将改革进行到底》《法治中国》《巡视利剑》《辉煌中国》《不忘初心、继续前进》等专题片，为学习提供了好的素材。

第二，教育系统迅速掀起学习贯彻热潮。2017 年 11 月 2 日，中共教育部党组发布《关于教育系统认真学习宣传贯彻党的十九大精神写好教育“奋进之笔”的通知》，指出要面向教育系统全体干部师生系统推进党的十九大精神学习培训，全面深化党的十九大精神研究阐释，切实做好习近平新时代中国特色社会主义思想“五进”(进学术、进学科、进课程、进培训、进读本），确保广大师生学深学透、入脑入心，积极营造“学起来、教起来、传起来、研起来、干起来、实起来”的良好氛围。

第三，学校层面抓好学习贯彻任务的落实。党的十九大期间，组织师生及党员干部代表观看学习，通过党员活动日推行“学习十九大活动”，举办征文、百字谈、千字文等活动，相继成立习近平新时代中国特色社会主义思想研究中心，加强理论研究。

（二）“中国梦”的学习宣传教育

党的十八大后不久，以习近平为总书记的党中央，总结中国改革开放和社会主义现代化建设的成就和经验，结合中国具体国情和未来发展方向，提出了实现中华民族伟大复兴的“中国梦”的重要理念。2012 年 11 月 29 日，在国家博物馆，习近平总书记率领新一届中共中央政治局常委参观《复兴之路》展览时，第一次阐释了“中国梦”的概念，向全世界宣示：实现中华民族伟大复兴，就是中华民族近代以来最伟大的梦想。2013 年 3 月 17 日，习近平在十二届全国人大一次会议闭幕式上全面阐述了中国梦的科学内涵和实现路径。2013 年 5 月 4 日，习近平在同各界优秀青年代表座谈时指出：“中国梦是我们的，更是你们青年一代的。”[①] 勉励青年“努力在实现中华民族伟大复兴的中国梦的生动实践中放飞青春梦想”。

习近平提出并系统阐述中国梦之后，在大学生中引起强烈反响，全国各高校积极开展宣传、学习、贯彻中国梦的系列活动。2013 年 2 月 22 日，教育部党组发出《关于在全国各级各类学校深入开展“我的中国梦”主题教育活动的通知》，要求：“教育引导广大学生深刻领会实现中华民族伟大复兴是中华民族近代以来最伟大的梦想；深刻领会每个人的前途命运都与国家和民族的前途命运紧密相连；深刻领会空谈误国，实干兴邦，‘中国梦’的实现需要广大学生坚定理想信念，励志刻苦学习，积极投身实践，为把我们的国家建设好、发展好而努力奋斗。”[②]2013 年 4 月 8 日，中宣部、教育部、团中央在北京召开深化中国梦宣传教育座谈会。此后，教育部党组下发了《关于在“五四”期间深入开展中国梦宣传教育活动》《关于教育系统

① 习近平谈治国理政［M］. 北京：外文出版社，2014：49.

② 教育部思想政治工作司. 加强和改进大学生思想政治教育重要文献选编（1978–2014）［M］. 北京：知识产权出版社，2015：579.

学习贯彻习近平总书记五四重要讲话精神的通知》等文件，强调要深化中国梦宣传教育，着力引导大学生深刻领会中国梦的精神实质，把中国梦教育融入育人全过程，积极创新宣传教育活动方式和载体，加大舆论引导工作，引导大学生坚定理想信念，构筑精神支柱，积极投身实现中国梦的生动实践。同时指导开展“传递青春梦想　共话民族复兴——百万大学生网上接力活动”，通过网络凝聚大学生的青春正能量，激励广大学生在学习中践行青春梦想。2015 年 1 月 15 日，中共中央办公厅、国务院办公厅联合印发《关于进一步加强和改进新形势下高校宣传思想工作的意见》，强调坚定理想信念，深入开展中国特色社会主义和中国梦的宣传教育。

各高校精心组织，全面推进，通过多种形式引导大学生坚定理想、励志成才，将中国梦宣传教育不断引向深入。一是通过举办专题座谈会，师生一起畅谈学习感想，共话中国梦，通过主题班会、主题党团活动等深入开展学习中国梦理论和实践；二是抓课堂教育主渠道，进一步推动中国梦宣传教育进教材、进课堂、进头脑，将中国梦的内容融入“两课”教学中，在课堂中开展中国梦主题征文、演讲等教学活动；三是抓日常教育主阵地，进一步推动中国梦宣传教育贴近实际、贴近生活、贴近学生。开展“青春中国行”暑期社会实践活动，加强毕业生主题教育，引导大学生深入基层、西部就业和服务。广泛组织青春励志电影展播，推荐经典书籍，开展经典歌曲传唱等大学生喜闻乐见的活动。充分运用微博、微信等网络新媒体，深入开展“中国梦 · 学子梦”“我的梦 · 中国梦”网络文化和书信文化活动等。

（三）“四个全面”战略布局的学习宣传教育

党的十八大提出了全面建成小康社会，党的十八届三中全会部署全面深化改革，党的十八届四中全会要求全面推进依法治国，党的群众路线教育实践活动宣示全面从严治党，“四个全面”战略布局逐步形成，清晰展现。“四个全面”战略布局是以习近平同志为核心的党中央从坚持和发展中国特色社会主义全局出发，提出的治国理政的新战略布局，是引领民族复兴的战略布局，是实现中国梦的关键一招。“四个全面”战略布局是党的十八大以来价值教育的新内容，在大学生中宣传贯彻“四个全面”战略布局是大学生价值教育的重要任务。

党的十八大明确提出了全面建成小康社会的奋斗目标。针对全面建成小康社会，习近平有很多重要论述。他提出坚持以人民为中心的发展思想，指出人民对美好生活的向往就是中国共产党人的奋斗目标，要随时随地倾听人民呼声、回应人民期待；提出精准扶贫的新扶贫观；强调就业是民生之本，解决就业问题根本要靠发展；提出关注民生，保障和改善没有“终点站”；多次强调全面小康“一个也不能少”。在大学生中，大力宣传全面建成小康社会的奋斗目标，积极培育和践行社会主义核心价值观，大力弘扬社会传统美德和中华民族优秀传统文化，实现中华民族精神的传承，为全面建成小康社会提供精神支持。

党的十八届三中全会通过了《中共中央关于全面深化改革的若干重大问题的决定》。为了更好地推动学习宣传推进深化改革的精神，2013 年 11 月 13 日，在全国宣传部长会议上强调学习宣传贯彻党的十八届三中全会精神是宣传思想文化战线的重大政治任务。中共中央决定成立中央宣讲团，奔赴各地进行宣讲，要求各地组织形式多样的宣讲活动。

党的十八届四中全会通过了《中共中央关于全面推进依法治国若干重大问题的决定》，将每年的 12 月 4 日确定为国家宪法日。2014 年 11 月 17 日，中宣部、司法部、全国普法办联合印发《关于认真学习贯彻落实党的十八届四中全会精神，深入开展法治宣传教育的意见》，对深入开展法治宣传、推动全社会树立法治意识作出部署安排，要求全社会开展宪法宣传，扎扎实实地推动法治宣传落到实处。2014 年 12 月 3 日，习近平作出重要指示，强调宪法是国家根本大法。同日，“深入开展宪法宣传教育　大力弘扬宪法精神座谈会”在北京召开，张德江在会上发表了题为《深入开展宪法宣传教育，牢固树立宪法法律权威》的讲话，指出要使宪法精神深入人心，以宪法精神凝心聚力。要求要结合中国近现代史，结合改革开放和社会主义现代化取得的辉煌成就，结合全面推进依法治国的实践成果，结合实现中华民族伟大复兴的中国梦等来深入开展宪法宣传教育。

2013 年 5 月 9 日，中共中央印发《关于在全党深入开展党的群众路线教育实践活动的通知》，教育实践活动持续到 2014 年 10 月结束。在党的群众路线教育实践活动的总结大会上，对全面从严治党进行了部署。此后，中共中央先后印发《关于开展“三严三实”专题教育方案》《关于在全体党员中开展“两学一做”学习教育方案》《关于推行“两学一做”学习教育常态化制度化的意见》等文件，同时加大反腐惩治力度，逐步构建腐败治理体系现代化，全面从严治党落到实处。党的群众路线教育实践活动的开展有效纠正了“四风”问题，使广大党员干部再次接受了马克思主义群众观点的教育。“三严三实”专题教育活动的开展，进一步巩固了党的群众路线教育实践活动的成效，进一步改善了守纪律讲规矩的政治生态。通过“两学一做”学习教育活动的开展，把全面从严治党的对象从关键少数延伸到广大党员，教育引导广大党员坚定理想信念，提高党性觉悟，增强“四个意识”，强化宗旨观念，为协调推进“四个全面”战略布局提供组织保证。开展“不忘初心、牢记使命”主题教育，通过学习教育，实现理论学习有收获、思想政治受洗礼，从而增强守初心、担使命的思想和行动自觉。

（四）“四个自信”的学习宣传教育

党的十八大提出了“三个自信”，包括道路自信、理论自信、制度自信。在庆祝中国共产党成立 95 周年大会上，习近平在讲话中首次提出了文化自信，概括为“四个自信”，此后习近平多次对“四个自信”进行了阐述，对如何坚定“四个自信”提出了要求。党的十九大再次强调要坚持“四个自信”。“四个自信”指明了中国特色社会主义事业的方向和未来，是实现中华民族伟大复兴的路径和保障。

道路自信教育。习近平强调：“道路决定命运，找到一条正确的道路多么不容易，我们必须坚定不移走下去。”① “全党要更加自觉地增强‘四个自信’，既不走封闭僵化的老路，也不走改旗易帜的邪路，保持政治定力，坚持实干兴邦，始终坚持和发展中国特色社会主义。”② 中国特色社会主义道路是党带领全国人民在革命、建设实践中的正确选择。这条道路不仅使中国人民和中华民族站起来了、富起来了，并走向强起来了，让广大人民群众有更多的获得感、幸福感。通过开展历史教育、党情、国情、世情教育，增进了大学生的道路认同感，教育引导大学生正确认识世界发展趋势、中国发展大势，从党探索发展中国特色社会主义道路的实践中把握中国特色社会主义的历史必然性，让大学生树立起道路骄傲，坚定道路自信，并在这条道路上不懈奋斗。

理论自信教育。马克思主义是我们的看家本领。中国特色社会主义理论体系是中国共产党人在实践的基础上不断丰富和发展起来的，是中国化

① 习近平 . 习近平谈治国理政［M］. 北京：外文出版社，2014：36.

② 习近平 . 决胜全面建成小康社会　夺取新时代中国特色社会主义伟大胜利——在中国共产党第十九次全国代表大会上的报告［M］. 北京：人民出版社，2017：17.

的马克思主义。习近平强调，高校要坚持不懈传播马克思主义科学理论，切实抓好马克思主义理论教育，为学生的成长奠定科学的思想基础。完善传播途径，充分发挥政治理论课的主渠道作用，实施政治理论课创新计划。充分发挥网络新媒体的作用，提高新闻舆论传播的引导力、影响力，建设良好的网络生态。帮助引导大学生在多元思潮中坚定价值判断，做出正确的价值选择，从而强化理论自信，增强大学生对马克思主义的信仰，坚定中国特色社会主义信念。

制度自信教育。中国特色社会主义制度是当代中国发展进步的根本制度保障。自新中国成立以来，既包括在课堂教学中向大学生阐述中国特色社会主义制度的基本知识，赢得大学生的认同；同时要在现实生活中让大学生体验感受到中国特色社会主义制度的优越性。当然，任何制度都是有待完善和发展的，为此还要激发大学生为推动国家治理体系和治理能力现代化贡献自己的聪明才智。

文化自信教育。习近平在党的十九大报告中强调，要坚定文化自信，推动社会主义文化繁荣兴盛。我们有博大精深的优秀传统文化，积淀着中华民族的价值追求。在长期的革命、建设实践中中国人民创造了奋发向上的革命文化、革命精神，如红船精神、井冈山精神、长征精神、雷锋精神等。我们有社会主义先进文化，有中国特色社会主义共同理想、以爱国主义为核心的民族精神、以改革创新为核心的时代精神，这些都是文化自信的来源。为此，教育引导大学生在传承和弘扬优秀传统文化中凝聚中国精神、中国价值；在弘扬革命文化、革命精神中坚定理想信念，艰苦奋斗；在学习社会主义先进文化中树立文化自信。

高校结合大学生的实际开展了系列学习教育活动。一是把“四个自信”教育融入思想政治理论课的教育教学中，发挥课堂教学的主渠道作用。通过课堂教学、党校培训、专家辅导报告、传统媒介宣传、新媒体推广、教育专题活动等形式开展教育。二是组织高校广大党员认真学习，在党校、党员的日常教育学习中增加“四个自信”学习宣讲、专题学习，党委理论中心组、党支部等各个层面组织开展专题理论学习和研讨活动。三是把“四个自信”融入大学生日常的思想政治教育中，借助校园文化活动、党团组织活动、班级活动、社会实践活动等日常思想政治渠道开展“四个自信”教育。四是开展系列主题教育实践活动。广泛开展“与信仰对话”主题活动，引导他们认识马克思主义的真理性，坚定走中国特色社会主义道路的信念。

三、培育和践行社会主义核心价值观

社会主义核心价值观是当代中国精神的集中体现，凝结着全体人民共同的价值追求。社会主义核心价值观包括国家层面的价值目标、社会层面的价值要求、个人层面的价值规范三个层面的内容，回答了建设什么样的国家、建立什么样的社会、培养什么样的公民等重大问题。党的十八大以来，高校按照党中央部署要求，在大学生中深化开展社会主义核心价值观的学习实践，努力使社会主义核心价值观成为青年学生的基本遵循，达到内化于心、外化于行的效果。

（一）引导大学生认同社会主义核心价值观

党的十八大以来，习近平同志在多个场合，对大学生培育和践行社会主义核心价值观提出了希望和要求。2014 年五四青年节，习近平在北京大学考察，与北京大学师生座谈，要求青年从现在做起，从自身做起，以社会主义核心价值观为基本遵循，无论何时何地，都要牢记和坚守核心价值观。2014 年 5 月 30 日，在北京市海淀区民族小学的座谈会上，习总书记强调只要是中国人，就应自觉培育和践行社会主义核心价值观。2014 年教师节前夕，习近平来到北京师范大学与师生代表座谈，再次强调要求广大教师善用课堂讲坛，善用校园阵地，以身作则倡导和引领社会主义核心价值观，用自身的学识、阅历、经验点燃青年学生追求真善美的热情，使社会主义核心价值观潜移默化地感染学生的灵魂，并在学习生活中转化为学生的实际行动。2014 年 12 月 29 日，习近平就高校党建工作作出指示，要求把社会主义核心价值观的培育和践行融入教书育人整个过程中。

全社会高度重视，服务于引导大学生对社会主义核心价值观的认同工作。教育部、中国文联、全国妇联等部门和群团组织纷纷发出倡议书，倡议践行社会主义核心价值观。各地各单位的宣传部门围绕社会主义核心价值观的培育工作召开经验座谈会。学术界针对社会主义核心价值观的培育和践行问题召开理论学术研讨会。广大党员干部带头培育和践行社会主义核心价值观。宣传舆论通过主流媒体、微信、微博、微电影等形式，传播向上向善的正能量。典型引领推动形成良好的社会道德风尚，大力加强了道德楷模、优秀典型的引领作用，潜移默化地对大学生进行教育，影响大学生的价值取向。高校校园文化建设中，围绕社会主义核心价值观的培育和践行开展了丰富多彩的主题教育活动，使大学生时时刻刻受熏陶、受教育。很多高校在引导大学生认同社会主义核心价值观方面做了有益的探索。如上海师范大学通过仪式教育，促进核心价值观内化；创新情景教育，增强核心价值观认同；推动分享教育，引领核心价值观践行，切实提高社会主义核心价值观教育的实效。厦门大学紧贴学生需求，充分发挥学生主体作用，从国家、社会、个人三个层面创新设计活动载体。湖南师范大学努力构建立体多元的网络文化育人平台，力求通过学生“眼睛”直达“心灵”，潜移默化中增进对社会主义核心价值观的理解认同。

（二）探索培育践行社会主义核心价值观的多种途径

1. 注重教育引导

教育引导是大学生培育和践行社会主义核心价值观的主要途径。党的十八大以来，中宣部指导开展了“核心价值观百场讲坛”活动；中央电视台制作并播出14集系列节目《核心价值观讲坛》；教育部组织开展全国高校思想政治理论课社会主义核心价值观教学展示活动，编制《社会主义核心价值观宣传片》，组织开展教学展示活动等。各地各高校贯彻落实立德树人根本任务，扎实推进社会主义核心价值观教育。创新方法把社会主义核心价值观融入学生教育的每一个环节，将社会主义核心价值观写入大学章程。在思想政治理论课中设立专题，深入阐明社会主义核心价值观的深刻内涵和实践主旨。在专业理论课教学中，结合社会主义核心价值观讲授专业知识、职业道德。在学生日常管理中，增加对学生践行社会主义核心价值观的考核体系。如上海连续四年开展高校思想政治理论课教学活动月活动，注重社会主义核心价值观融入贯彻，推动教学学科发展，这套教学改革的“组合拳”为核心价值观的创新优化提供了借鉴。

2. 注重实践养成

通过开展丰富多彩的第二、第三课堂活动，让大学生在实践中进一步认识和遵循社会主义核心价值观。开展爱国主义、革命传统、法治意识、诚信意识等主题教育活动，增强大学生的国家意识、法治意识、道德意识、生态文明意识，推动社会主义核心价值观学习实践从个人层面向国家、社会层面发展。围绕“七一”“八一”“抗战纪念日”“十一”“国家公祭日”等重大纪念日开展主题活动，弘扬爱国主义精神，加强国防教育。开展学雷锋志愿服务活动，推动志愿服务活动制度化、常态化。积极开展红色旅游活动，寓价值教育于红色教育之中，充分发挥全国爱国主义教育示范基地、红色旅游经典景区的作用。以“我们的节日”为主题，以中国传统节日为载体开展系列活动，为传承弘扬中华民族文化、凝聚价值共识保驾护航。修订完善了《普通高等学校学生管理规定》，强化大学生的准则规范意识、律己意识。开展平安中国建设活动，实施“七五”普法规划，组织“国家宪法日”“国家安全日”等主题活动，强化大学生的法治观、安全观。

3. 注重制度保障

通过教育引导指引大学生认同社会主义核心价值观，通过实践养成内化于心、外化于行，通过制度规范保障引导教育和实践养成的落实，从而构成一个完整的体系。党的十八大以来，中共中央、国务院及各部门颁发的相关文件中都把培育和践行社会主义核心价值观的任务落实作为重点，突出体现了制度保障在培育和践行社会主义核心价值观中的重要地位。党的十八届三中全会通过的《中共中央关于全面深化改革若干重大问题的决定》，指出要坚持社会主义先进文化的前进方向，坚持中国特色社会主义文化发展道路，培育和践行社会主义核心价值观。2013 年 12 月 11 日，中共中央办公厅发布了《关于培育和践行社会主义核心价值观的意见》，强调价值观的教育是国民教育的重要任务，要融入国民教育全过程，同时对宣传教育、开展实践活动等做了统一部署。2016 年 12 月 16 日，教育部修订通过新《普通高等学校学生管理规定》，要求高校要坚持培育和践行社会主义核心价值观。2016 年 12 月 25 日，中共中央办公厅、国务院办公厅下发了《关于进一步把社会主义核心价值观融入法治建设的指导意见》，要求运用法律法规和公共政策向社会传导正确价值取向，把社会主义核心价值观融入法治建设。增强司法公正的道德底蕴，从而引领社会公正，弘扬社会主义法治精神。2017 年 2 月 28 日，中共中央、国务院印发了《关于加强和改进新形势下高校思想政治工作的意见》，指出要强化思想理论教育和价值引领，把社会主义核心价值观体现到教书育人的全过程。2017 年 4 月 13 日，中共中央、国务院印发了《中长期青年发展规划（2016-2025 年）》，明确青年思想道德发展的目标之一就是广大青年积极践行社会主义核心价值观，加强理想信念教育，强化网络线上思想引领。2017 年 5 月 7 日，中共中央办公厅、国务院办公厅印发了《国家“十三五”时期文化发展改革规划纲要》，强调加强教育引导、舆论宣传、文化熏陶、实践养成和制度保障的综合运用，以强化价值观自信为着眼点，推进社会主义核心价值观学习实践的具体化、系统化。2018 年 5 月，中共中央印发了《社会主义核心价值观融入法治建设立法修法规划》，强调要以习近平新时代中国特色社会主义思想为指导，坚持全面依法治国，坚持社会主义核心价值体系，着力把社会主义核心价值观融入法律法规的立改废释全过程，推动社会主义核心价值观全面融入中国特色社会主义法律体系。

（三）构建培育践行社会主义核心价值观的长效机制

为深入细致、扎实持久地推进社会主义核心价值观培育工作长效化、常态化、科学化，教育部、共青团中央、各级各类学校积极探索有效路径，建立起培育和践行社会主义核心价值观的长效机制。2014 年 10 月 17 日，中共教育部党组、共青团中央联合印发《关于在各级各类学校推动培育和践行社会主义核心价值观长效机制建设的意见》，强调推动社会主义核心价值观融入教育教学、社会实践、文化育人、制度建设等方面。教育部组织编写出版了《社会主义核心价值观青少年读本》《高校培育和践行社会主义核心价值观创新案例》；深入开展核心价值观培育践行专题调研，研究制定了《高校学生培育和践行社会主义核心价值观测评指标》；印发了《关于在各级各类学校推动培育和践行社会主义核心价值观长效机制建设的意见》（以下简称《意见》），推动形成有示范、能落实、可督查的有效形式和长效机制。各地各高校将培育和践行社会主义核心价值观作为重要任务，从教育引导、舆论宣传、文化熏陶、实践养成、制度保障等环节入手，用鲜活的实践载体、生动的教育形式、新颖的活动方式，推动社会主义核心价值观教育落到实处、取得实效，涌现出一大批优秀经验和典型做法。

各高校积极贯彻落实《意见》精神，积极探索培育和践行社会主义核心价值观的长效机制建设。如中国人民大学推动实施博物馆、校史馆、图书馆、档案馆四馆融合发展，全方位构筑德育矩阵，积极推动社会主义核心价值观教育。中国药科大学推出“四位一体”培育和践行社会主义核心价值观，通过把社会主义核心价值观融入课堂、融入社会实践、融入文化育人、融入科学研究引导师生培育和践行社会主义核心价值观。安徽省委教育工委、省教育厅通过培育一批项目，培植一批典型，培训一批队伍，搭建平台，选树宣传推广典型，构建集“课堂教育、文化熏陶、实践感知、典型引导”于一体的核心价值观培育体系。广西壮族自治区“六个融入”深入推进社会主义核心价值观教育：融入课堂教学，强化主渠道建设；融入社会实践，构建实践养成机制；融入校园文化，注重文化育人；融入网络思政，拓展传播阵地；融入学校管理，强化管理育人；融入队伍建设，完善长效机制。武汉大学“坚持理论武装、实践育人、文化涵养、典型示范、队伍建设”五位一体协同推进，积极引导师生将社会主义核心价值观内化于心、外化于行。

四、围绕美丽中国的价值目标开展生态文明教育

党的十八大报告提出“五位一体”的总体布局，并特别指出要大力推进生态文明建设，主要措施包括优化国土空间开发格局、全面促进资源节约、加大生态系统和环境保护力度、加强生态文明制度建设等方面。党的十八大以来，习近平在多个场合都论述建设美丽中国要加强生态文明教育。他强调：“要加强生态文明宣传教育，增强全民节约意识、环保意识、生态意识，营造爱护生态环境的良好风气。”[①]党的十九大报告提出要建设美丽中国，主要通过推进绿色发展、解决突出环境问题、加大生态保护力度、改革生态环境监督机制等方面来实现。

党的十八大以来，党中央、国务院把生态文明建设作为重大民生工程，加快推进生态文明制度改革，出台系列文件促进生态文明建设；把生态文明教育纳入国民体系教育，开展系列生态文明宣传教育活动，在全社会凝聚起生态文明共识。加强大学生生态文明教育，是大学生价值教育发展的内在需要，是大学生适应社会主义生态法治建设的客观要求，是贯彻落实党和国家系列重要政策措施的基本要求。生态文明教育强调人与自然的和谐，强调人类在追求利益时要符合自然界的发展规律。要求大学生在日常行为中自觉承担起对自然环境的责任，提升大学生生态文明素养，培养大学生正确的生态价值观，树立健康的生态意识，实施良好的生态行为。

① 习近平．习近平谈治国理政［M］．北京：外文出版社，2014：210.

（一）推进绿色校园建设和营造生态育人氛围

2013 年 2 月 26 日，教育部下发《关于勤俭节约办教育建设节约型校园的通知》，要求加强宣传教育，培育节约型校园文化。各地各高校积极开展建设美丽校园、绿色校园活动，推进校园景观规划，加强人文景观建设，修缮校园历史人文建筑，制作校园人文景观图册和场景视频，出台文物建筑和历史建筑保护管理办法，深入开展宣传环境文化。建设节约型校园，通过开展节能低碳、节水和资源循环利用、废旧物回收利用、低碳日体验活动，加强节能保护宣传教育，把生态文明理念融入校园精神文明建设的全过程。

2015 年 4 月 25 日，中共中央、国务院印发了《关于加快推进生态文明建设的意见》，要求充分挖掘优秀传统文化中的生态文明思想和资源，创作生态文明作品，创建生态文明基地，满足人民群众对生态文明文化的需求，广泛动员全社会全面积极参与生态文明建设。培育绿色生活方式，倡导勤俭节约的消费观。鼓励公众积极参与，完善公众参与制度，健全公众监督机制，建立环境公益诉讼制度。2015 年 9 月 21 日，中共中央、国务院印发了《生态文明体制改革总体方案》，对生态文明体制改革的总体要求进行了部署，要求建立起系统的生态文明制度体系，加快推进生态文明建设，增强生态文明制度改革的系统性、整体性和协同性。

（二）加强生态课堂教育和涵养生态育人文化

《关于加快推进生态文明建设的意见》明确指出，要把生态文明纳入素质教育，纳入国民教育体系。为此，在《毛泽东思想和中国特色社会主义理论体系概论》中，专门在建设中国特色社会主义总体布局一章增加了一节内容，即“建设社会主义生态文明”，从树立社会主义生态文明新理念、坚持节约资源和保护环境的基本国策、完善生态文明制度体系三个方面构建生态文明教育内容。这些内容较好地反映了生态文明的教育理念，体现了生态文明教育的基本要求和大学生生态文明素质的发展需要。2016 年全国教育工作会议强调“以绿色发展引领教育风尚”，要求遵循教育教学规律和学生身心发展规律，实行内涵式发展，要培养师生绿色观念。

生态文明教育是一种终身教育。生态文明教育应该贯穿于教育全过程，家庭、学校、社会、政府应该实行联动机制，协同推进，注重养成，加强引导，强化体验。高校的生态文明教育应该与道德教育、法制教育等放到同等重要的位置加以重视。大学生的生态文明教育特别应该注重生态文明综合素养的提高，在思想政治理论课中加大生态文明教育的内容，同时加大生态文明类校选课程的比重，开设生态学、环境评价、环境法等公选课，专业课的教师也应强化生态文明教育的育人意识和育人功能。

（三）开展生态主题活动和传播生态育人理念

2014 年 3 月 18 日，中共中央办公厅、国务院办公厅印发《关于厉行节约反对食品浪费的意见》，要求教育部门组织开展节约粮食体验活动，开展有针对性的教育活动，促进青少年养成节约习惯。开展生态文明教育，加强节约教育和环境保护教育，开展大气、土地、水、粮食等资源的基本国情教育，引导学生树立尊重自然、顺应自然、保护自然的发展理念，养成勤俭节约、低碳环保、自觉劳动的生活习惯，形成健康文明的生活方式。打造生态文明教育基地。开展世界地球日宣传教育活动，开展生态文明暑期社会实践活动，充分利用课堂主渠道和社会实践活动，大力开展生态文明观、环保知识和生态法治教育。大力开展艰苦奋斗、勤俭节约教育活动，引导师生树立节约光荣、浪费可耻的价值观念。组织开展“节水节电周”“节粮周”“节约校园倡议书”等主题教育活动，引导学生参加节能环保社会实践活动。

2013~2014 年，教育部先后下发《关于深入开展节粮节水节电活动的通知》《关于在各级各类学校厉行节约反对食品浪费的实施意见》，要求要深刻认识厉行节约反对食品浪费的重要意义。加大宣传力度，普遍开展专题教育活动，有针对、有重点地把节约教育纳入课堂体系；完善师生评价体系，把厉行节约反对浪费表现纳入学生综合素质评价体系。

五、推进大学生价值教育贯穿教育教学全过程

党的十八大以来，以习近平同志为核心的党中央高度重视价值引领工作，在探索大学生价值教育贯彻教育教学全过程方面采取了有力有效措施，积累了许多宝贵经验。中国特色社会主义理论体系“三进”工作扎实有效，取得了显著成效。2016 年 12 月，召开全国高校思想政治工作会议，强调把思想政治工作贯穿于教育教学全过程，实现“三全”育人。2017 年 2 月，中共中央、国务院印发《关于加强和改进新形势下高校思想政治工作的意

见》，从强化思想理论教育和价值引领；发挥哲学社会科学育人功能；加强对课堂教学和各类思想文化阵地的建设管理；加强教师队伍和专门力量建设；推进高校思想政治工作改革创新；加强和改善党对高校的领导等七个部分对高校思想政治工作提出了具体的指导意见。2017 年 12 月，教育部党组印发《高校思想政治工作提升工程实施纲要》，包括目标原则、基本任务、主要内容、实施保障四个部分，详细规划了课程、科研、实践、文化、网络、心理、管理、服务、资助、组织“十大育人”体系，聚焦短板弱项，着力构建一体化育人体系，打通育人“最后一公里”。2018 年 6 月 21 日，教育部在四川成都召开了“新时代全国高等学校本科教育工作会议”。会议强调，坚持“以本为本”，推进“四个回归”，加快建设高水平本科教育、全面提高人才培养能力，造就堪当民族复兴大任的时代新人。会议印发了《关于加快建设高水平本科教育 全面提高人才培养能力的意见》，要求把思想政治教育贯穿于高水平本科教育全过程。

（一）发挥思想理论教育在大学生价值教育中的主阵地作用

1. 召开学校思想政治理论课教师座谈会，强化思想政治理论课在大学生价值教育中的关键作用

2019 年 3 月 18 日，习近平主持召开学校思想政治理论课教师座谈会并发表重要讲话，从国家事业发展全局和战略高度深刻阐述了办好学校思想政治理论课的重大意义，深刻回答了学校思政课建设一系列重大理论和实践问题。强调思想政治理论课是落实立德树人根本任务的关键课程。思政课作用不可替代，思政课教师队伍责任重大。办好思想政治理论课关键在教师。为落实“3·18”重要讲话精神，《关于深化新时代学校思想政治理论课改革创新的若干意见》《普通高等学校思想政治理论课教师队伍培养规划（2019—2023 年）》《新时代高等学校思想政治理论课教师队伍建设规定》等文件相继印发，强调解决好培养什么人、怎样培养人、为谁培养人这个根本问题，并重点在思政课改革创新上下功夫。各级各类学校通过整体规划思政课课程目标、调整创新思政课课程体系，不断统筹推进思政课课程内容建设，加强思政课教材体系建设。从全国重点马克思主义学院率先全面开设“习近平新时代中国特色社会主义思想概论”课，到中华优秀传统文化、革命文化、社会主义先进文化、科技创新文化及总体国家安全观等进课程、进教材，思政课改革创新的步伐持续走向深入。高校党委书记、校

长带头开讲，各地党政领导、模范人物纷纷登台授课。积极应对新时代的新问题新挑战，加强价值引导，理直气壮讲好思政课，让有信仰的人讲信仰，让有信仰的人引导大学生做到有信仰。

2. 推进教材体系建设，发挥教材在大学生价值教育中的重要作用

“建设什么样的教材体系，既是国家意志的体现，也是文化软实力的集中展示。”[①] 教育部党组成立了“教育部马克思主义理论研究和建设工程重点教材审议委员会”，加强教材的编写和审议力度，完善教材建设的体制和机制。各教材编写课题组组织思想素质好、学术水平高、责任意识强的首席专家和主编，站在高校哲学社会科学发展的新高度，极力打造中国特色哲学社会科学教材体系。教育部进一步统筹规划哲学社会科学各学科专业的基础教材和主干教材。党的十八大以来重点规划了哲学社会科学 96 种重点教材，涉及哲学、历史学、经济学、政治学、法学、教育学等十多个学科。其中，思想政治理论课教材达 14 种，覆盖全部 4 门思政公共课，编发教学活页，统一教材使用，基本构建起立体化的教材体系。在教材的使用方面，着重在协同作用上下功夫，协同推进教材编写、推广和使用，全面提高了这些教材的使用率和覆盖率，有效地发挥了教材在大学生价值教育中的重要作用。

（二）强化实践育人在大学生价值教育中的协同作用

党的十八大以来，实践育人工作得到进一步重视。坚持理论教育与实践养成相结合，整合各类实践资源，强化项目管理，丰富实践内容，创新实践形式，拓展实践平台，完善支持机制，教育引导师生在亲身参与中增强实践能力、树立家国情怀，取得了很大的成绩。

加强实践育人工作的总体规划。实践教学、军事训练、社会实践活动是实践育人的主要形式。各高校坚持把实践育人工作摆在人才培养的重要位置，在学校教学计划中增加相关课时，系统设计实践育人教育教学体系，规定相应的学时学分，加强实践型师资的聘用和培养，全面推进实践育人工作。强化实践教学环节，思政理论课的所有课程都加强实践环节。深化实践教学方法改革，重点推行基于问题、基于项目、基于案例的教学方法

① 顾海良．教材体系是育人育才的关键［N］．光明日报，2017-10-24（005）．

和学习方法，加强综合性实践科学设计和应用。通过开展军事训练增强国防观念、国家安全意识，弘扬爱国主义、集体主义和革命英雄主义，培养艰苦奋斗和吃苦耐劳的作风。系统开展社会实践活动。社会调查、生产劳动、志愿服务、公益活动、科技发明和勤工助学等社会实践活动是实践育人的有效载体。加强实践育人队伍建设，通过组织思政理论课教师、专业教师、辅导员和党团干部参加社会实践、挂职锻炼、学习考察等方式提升队伍能力。积极发挥学生的主动性，建立和完善考核激励机制，加大表彰力度，激发大学生参与实践的自觉性和积极性。加强实践育人基地建设，建立多种形式的社会实践活动基地。通过创新产学研协同育人机制，仅 2018 年上半年就争取到 346 家企业的 15000 项产学协同育人项目，企业提供近 35 亿元经费和软硬件支持，在解决学生实践能力这个突出短板上取得了新进展，实现了新突破。[①]

（三）巩固网络阵地在大学生价值教育中的导向作用

党的十八大以来，以习近平同志为核心的党中央高度重视互联网的网络安全和信息化工作，成立中央网络安全和信息化领导小组，作出系列重大决策部署，推动了互联网健康发展，为大学生网络价值教育营造了风清气正的网络环境。2016 年 7 月 27 日，中共中央办公厅、国务院办公厅印发了《国家信息化发展战略纲要》，指出互联网是传播人类优秀文化、弘扬正能量的重要载体。要始终坚持社会主义先进文化前进方向，坚持正确舆论导向，遵循网络传播规律，弘扬主旋律，激发正能量，大力培育和践行社会主义核心价值观，发展积极向上的网络文化，把中国故事讲得越来越精彩，让中国声音越来越洪亮。2017 年 1 月 15 日，中共中央办公厅、国务院办公厅发出《关于促进移动互联网健康有序发展的意见》，要求要强化移动互联网的驱动引领作用，把握互联网的传播规律，实施社会主义核心价值观、中华优秀文化网上传播等内容建设工程，培育积极健康、向上向善的网络文化。

在新形势下，加强和创新网络价值引领是高校价值教育面临的重要任务。2013 年，教育部、国家互联网信息办公室下发《关于进一步加强高等

① 教育部 . 关于政协十三届全国委员会第一次会议第 4108 号（社会管理类 378 号）提案答复的函［EB/OL］.http：//www.moe.gov.cn/jyb_xxgk/xxgk_jyta/jyta_gaojiaosi/201901/t20190131_368688.html.

学校网络建设和管理工作的意见》，要求切实推进高校学生网络互动社区和主题教育网站建设。2014 年，推行《“易班”推广行动计划和中国大学生在线引领工作实施方案》。2014 年 11 月，中央网信办联合教育部在上海召开创新网络思想政治教育现场经验交流会。2015 年 1 月，“易班”网全新改版升级。据不完全统计，282 所高校、450 万用户在“易班”上注册。推进辅导员博客、思想政治理论教师博客、校务微博、班级微博、校园微信公众号等网络新媒体建设，扩大校园网络文化的育人覆盖面和社会服务面。以弘扬主旋律、传播正能量为主旨，积极构建重大理论学习、重要时间节点、重要舆情应对时高校统一联动、集体发声、一呼百应的网络宣传工作机制。在“易班”网、中国大学生在线上开设专栏专题，把握时、度、效，主动设置议题，占领舆论制高点，疏导师生思想情绪。会聚高校专家学者、辅导员、学生骨干等群体，选拔组建网络评论队伍，组织开展网评骨干培训，探索建立网评队伍作用发挥机制，提升网络评论的针对性和实效性。2018 年 1 月 4 日，全国高校思想政治工作网正式上线开通。该网站正式上线开通后，将坚持和加强党的全面领导，坚持正确的政治舆论导向，传播主旋律，弘扬正能量，着眼于咨询宣传网站、成果展示园地、工作信息平台的目标定位，努力建设具有中国特色、中国风格、中国气派和国内权威、国际上有一定影响的高校思政工作宣传网站，使之成为全国高校思政工作的资源集散库、思想文化策源地和宣传舆论风向标。

（四）注重优秀传统文化在大学生价值教育中的涵养作用

2014 年 3 月 26 日，教育部印发了《完善中华优秀传统文化教育指导纲要》，明确了加强中华优秀传统文化教育的主要内容，指出大学阶段以提高学生对中华民族优秀传统文化的自主学习和探究能力为重点，培养学生的文化创新意识，增强学生传承弘扬中华优秀传统文化的责任感和使命感。2017 年 1 月 25 日，中共中央办公厅、国务院办公厅印发了《关于实施中华优秀传统文化传承发展工程的意见》，指出了实施中华优秀传统文化传承发展工程的重要意义、总体要求、主要内容、重点任务、组织实施和保障措施。

如何运用好优秀传统文化对大学生进行价值教育，是价值教育领域重要的课题。各地各高校认真学习贯彻习近平关于弘扬中华优秀传统文化重要讲话精神和有关文件精神，扎实推进中华优秀传统文化教育工作。一是在课程和教材体系中融入优秀传统文化，在有关学科中增加传统文化内容的比重。二是组织开展传统文化教育教学师资培训，全面提升师资水平。三是开展丰富多彩的传统文化主题教育活动，加强中华文化基因校园传承。推动中华优秀传统文化图书音像版权资源共享。四是加大宣传教育力度，鼓励媒体开办主题专栏、节目；利用互联网，推动中华优秀传统文化网络传播。例如，从 2014 年，教育部联合光明日报社在全国高校组织开展“文化根·民族魂·中国梦——礼敬中华优秀传统文化”系列活动。联合中央电视台举办《中国汉字听写大会》《中国成语大会》《中国诗词大会》。其中 2017 年的《中国诗词大会》10 期节目累计收看观众达 11.63 亿人次，为春节期间收视率最高的电视节目之一。节目唤醒了大学生对诗词歌赋的关注，弘扬了中国传统文化的古典之美。五是构筑中华优秀传统文化的宣传教育阵地，成立全国高校校园网站联盟，开展校园网络文化建设试点，建设大学生网络文化工作室，成立全国高校博物馆育人联盟等。如表 4-2 所示。

表 4-2　礼敬中华优秀传统文化开展情况

届别	主题	活动主要目的	活动内容	活动时间
第一届	文化根·民族魂·中国梦	提升民族自信，振奋民族精神，传承和弘扬中华优秀传统文化，为培育和践行社会主义核心价值观作贡献	系统整合中华优秀传统文化资源、推进中华优秀传统文化进校园	2014 年 5~12 月
第二届	阅读传统经典·品味书香生活	营造书香校园氛围，引导师生在阅读经典中深入挖掘和阐发中华优秀传统文化，讲仁爱、重民本、守诚信、崇正义、尚和合、求大同的时代价值	品读经典类、传授经典类、经典展演类、践行经典类	2015 年 4~12 月
第三届	爱国情·强国志·报国行	弘扬伟大爱国主义精神，培养爱国之情、砥砺强国之志、实践报国之行	课堂讲授、社会实践、校园文化建设	2016 年 5~12 月
第四届	传承发展·自信担当	弘扬核心思想理念、中华传统美德、中华人文精神，引导广大师生坚定文化自信，增强文化自觉，增进文化担当	教育阐释、社会实践、校园文化	2017 年 6~12 月
第五届	爱国心、奉献情、奋斗行	弘扬践行爱国奋斗精神，做爱国奋斗精神的传承者、党和国家事业的接班人、民族复兴大任的时代新人	教育阐释、校园文化、社会实践	2018 年 11 月至 2019 年 6 月

资料来源：根据网络资料整理。

六、重塑教师在大学生价值教育中指导者和引路人的角色

教育大计，教师为本。2013 年教师节，习近平向广大教师致节日慰问信时强调：教师是立教之本、兴教之源。2014 年 9 月 9 日，习近平在同北京师范大学师生代表座谈时提出“四有好老师”的标准。习近平还强调，全社会要大力弘扬尊师重教的良好风尚，使教师成为最受社会尊重的职业。2018 年 1 月 31 日，中共中央、国务院印发了《关于全面深化新时代教师队伍建设改革的意见》，是新中国成立以来中共中央出台的一个专门面向教师队伍建设的政策文件，在教师队伍建设史上具有里程碑意义。

（一）突出和强化师德师风建设

在 2016 年召开的全国思想政治工作会议上，习近平强调：“要加强师德师风建设，坚持教书和育人相统一，坚持言传和身教相统一，坚持潜心问道和关注社会相统一，坚持学术自由和学术规范相统一，引导广大教师以德立身、以德立学、以德施教。”[①]2017 年 10 月 20 日，教育部联合人力资源和社会保障部印发了《高校教师职称评审监管暂行办法》，其中第九条强调高校教师职称评审工作要切实把师德评价放在首位。《高校思想政治工作质量提升工程纲要》强调完善教师的评聘和考核机制，在教学评估、职务评聘奖励当中把思想政治表现和育人功能的发挥作为首要指标。各地各高校开展系列主题活动，加强师德师风建设，注重教师在学生价值引领中的重要作用。师德师风建设尤其要强化青年教师职业理想和职业道德教育，把师德规范纳入培训计划，坚持学术研究无禁区、课堂讲授有纪律，定期开展师德标兵评选活动，激励教师以高尚的师德感染学生。其次完善青年教师师德考核机制，把师德作为学校工作考核的重要指标，作为教师年度考核、职称评聘等的首要标准，实行师德“一票否决制”。

（二）加强思想政治理论课教师队伍建设

立德树人，重任在肩。加强思想政治理论课教师队伍建设是发挥思想政治教育主渠道的迫切需要。党的十八大以来，思想政治理论课教师队伍建设逐步加强。一是印发了《普通高等学校思想政治理论课教师队伍培养规

① 习近平．习近平谈治国理政（第二卷）［M］．北京：外文出版社，2017：379.

划（2013—2017 年）》，提出要建设一支“让党放心、让学生满意”的高校思想政治理论课教师队伍，要求建设数万名坚持正确方向、师德高尚、业务熟练、结构合理的专业化教师队伍。培养途径和措施包括培训计划和项目资助计划。二是再次强调思想政治理论课教师的配备比和任职资格。《普通高校思想政治理论课建设体系创新计划》明确本科和专科院校分别严格按照 1∶350~1∶400 和 1∶550~1∶600 的师生比配足配强专职教师，同时对任职资格提出了明确的要求。三是扎实推进思想政治理论课教师队伍建设。2012 年起，教育部启动全国高校优秀中青年思想政治理论课教师择优资助计划。开展全国高校思想政治理论课教学能手评选活动。2014 年，教育部启动高校思想政治理论课特聘教授制度试点工作。着力加强高校思想政治理论课骨干教师研修。2012~2017 年，每年继续坚持举办高校思想政治理论课骨干教师研修。其中，2017 年组织了 12 期高校思想政治理论课骨干教师研修，培训人数为 1200 人，针对每门课程各举办两次 200 人次的培训。思想政治理论课教师队伍思想政治素质和能力水平的提高，以身示范，言行一致，塑造完美的教师形象，促进大学生价值良好行为规范和习惯的形成。2019 年 6 月，教育部启动首届全国高校思政课教学展示活动，以赛促教、以赛促改、以赛促建，一大批中青年教师的政治素质、业务能力、育人水平得以全面提升。

（三）加强高校辅导员队伍建设

辅导员是开展大学生价值教育的骨干力量。辅导员队伍建设是教师队伍和管理队伍建设的重要内容。2013~2014 年，教育部先后印发了《普通高校辅导员培训规划（2013—2017 年）的通知》《关于加强高校辅导员基层实践锻炼的通知》《高等学校辅导员职业能力标准（暂行）的通知》。在全国高校思想政治工作会上，习近平在讲话中对辅导员队伍提出了新要求。2017 年 8 月 31 日，教育部修订出台《普通高等学校辅导员队伍建设规定》，要求把高校辅导员队伍建设作为教师队伍和管理队伍建设的重要内容，从高校辅导员的要求和主要职责、配备和选聘、发展和培训等方面对新形势下加强高校辅导员队伍建设作出整体规划和统筹安排。在工作职责上，进一步明确了高校辅导员的 9 大工作职责，要求高校辅导员要在思想理论教育和价值引领方面发挥重要作用。辅导员是学生思想政治教育的实施者，首先应该加强自身的思想政治素质，践行社会主义核心价值观，提升职业道德素质，坚持立德树人、言传身教，成为学生的人生导师和健康成长的知心朋友；辅导员是学生日常管理工作的组织者，需要将思想政治工作融合在每一项学生事务管理工作中，实现管理育人；辅导员作为学生与学院之间的联系纽带，要积极发挥沟通桥梁的作用，将思想政治工作、学生管理工作与学院工作紧密配合，推进全员育人、协同育人。

（四）加强专业课教师队伍建设

大学生价值教育需要全体教师的参加和配合。党的十八大以来，党和国家重视发挥所有课堂的育人功能，要求各类课程都守好一段渠、种好责任田，与思政课同向同行，形成协同效应。习近平提出了“四有”好老师的标准，即有理想信念、有道德情操、有扎实知识和有仁爱之心。专业课教师既要做“经师”更要做“人师”，用自己的言行举止、人格魅力、精神风貌影响学生，善于在专业的教学中引导学生树立正确的价值取向，遵守职业行为规范，追求精益求精的职业精神。最大限度发挥课堂教学的育人作用，是提升大学生价值教育实效的关键抓手。例如，自 2014 年起，在教育部指导下，上海市率先开展“课程思政”试点工作。全国高校思想政治工作会议召开以来，上海市加快推进由“思政课程”向“课程思政”教育教学改革，所有课都上出了“思政味”，所有任课教师都挑起“思政担”，探索构建全员、全课程的大思政教育体系，取得了初步成效。

第五章

新中国成立以来大学生价值教育的主要成效、经验和启示

中华人民共和国成立70年来，党和国家高度重视对大学生进行价值教育和引导，收到了成效，积累了经验，为新时代大学生价值教育的开展提供了启示。

一、新中国成立以来大学生价值教育的主要成效

大学生的成长离不开价值教育。价值教育的理论创新和系列针对性政策的制定实施，推动了大学生价值教育实践的健康发展，增强了大学生价值教育的实效性和影响力。高校认真落实党和国家的重大战略部署和文件精神，坚持开展马克思主义价值理论教育；坚持培育大学生正确的价值观念；坚持用疏导的方针对大学生进行价值心理引导；积极调控大学生的价值活动，引导大学生做出正确的价值判断和选择，付诸价值创造和实现活动。历史表明，虽然不同历史时期大学生价值观念呈现出时代特点，但总体来说，大学生的思想主流是好的，大学生价值教育取得了预期的效果。主要表现在：培养了大学生正确的政治方向；培育了大学生爱国主义的情感；推动了大学生对集体主义的认同；坚定了大学生对社会主义的信心。

（一）培养大学生正确的政治方向

大学生坚定正确的政治方向主要表现在：一是政治信仰坚定，认同马克思列宁主义、毛泽东思想和中国特色社会主义理论体系，对坚持党的领导信念坚定，执行党的路线、方针、政策。二是在政治态度上表现出健康、积极的变化，政治态度理性。三是政治观点明确理智，思想上相对成熟，对国际国内的重大政治事件，态度鲜明，与党中央保持高度一致。四是政治

参与意愿渐强，入党意愿较强。

新中国成立初期，大学生认真学习马克思主义的辩证唯物主义和历史唯物主义思想，认真学习新民主主义理论，积极参加到各种社会政治运动中去，在土地改革、镇压反革命运动、抗美援朝、“三反”、“五反”等系列政治运动中表现出了高涨的政治热情。以土地改革为例，1950 年初，北京就有 700 名大学生与教师们一起奔赴郊区参加土地改革。[①]1952 年，毛泽东在接见中国新民主主义青年团第二次全国代表大会主席团时指出：“中国青年是很有纪律的，他们完成了党交给的各项任务。”[②]社会主义改造完成后，大学生响应党的号召积极投身到社会主义建设事业当中。1962 年召开的全国二届人大三次会议上，周恩来在《政府工作报告》中总结到：“新社会培养出来的大量年轻的知识分子，他们正沿着‘又红又专’的道路成长。”

改革开放初期，党和国家对“文化大革命”进行了拨乱反正，加强了大学生政治思想工作，克服了政治思想工作中软弱涣散的问题，对大学生的政治观给予了强有力的马克思主义导向，很快扭转了“文化大革命”后大学生的政治冷漠态度。党的十二大的召开，提出了建设有中国特色社会主义的重大命题，大学生对党的向心力逐渐增强。坚定建设中国特色社会主义共同理想，努力成为“四有”新人是这个历史时期的主旋律。在 1989 年的政治风波中，大多数大学生坚持了正确的立场，反对资产阶级自由化思潮。通过教育者的正面引导和教育，加深了大学生对无产阶级理想的认识，扭转了少数学生的自由化思想。在政治思想上，积极拥护党的领导，拥护改革开放政策。

随着市场经济体制建立，党和国家及时回应体制转型过程中大学生价值观念的变化，国家经济政治文化建设等方面取得的巨大成就，使广大大学生备受鼓舞和振奋。他们勤奋学习，努力成才，积极向党组织靠拢。据中组部公布的数据：2009 年全国新发展大学生党员 118.5 万名，占新发展党员总数的 38.5%。在广大大学生的心目中，加入中国共产党是人生的重要选择。[③]

---

① 谈松华 . 中国高等学校思想政治教育史纲［M］. 北京：高等教育出版社，1992：65.

② 中共中央文献研究室 . 建国以来重要文献选编（第四册）［M］. 北京：中央文献出版社，1993：271.

③ 教育部调查：89.6% 大学生对党的执政能力加强表示乐观［N］. 人民日报（海外版），2011-06-20.

党的十八大以来，大学生在坚定的政治方向方面突出表现在对民族国家、道路、理论、制度、文化的高度认同上。2016年大学生思想政治状况调查显示：91.3%的大学生为自己身为中华民族的一员而自豪；94.1%的大学生对国家改革创新发展之路表示支持；88.8%的大学生对中国特色社会主义制度具有独特优势表示认同；67.8%的大学生愿意参加民主选举、游行示威、政治监督等政治活动；77.6%的大学生明确表示有意愿加入中国共产党，且总体来说入党动机是端正的。[①]调查还显示，大学生充分肯定党和政府的工作，高度认同以习近平同志为核心的党中央治国理政的新理念、新思想、新战略。

（二）培育大学生的爱国主义情感

重视爱国主义教育是我们党的光荣传统。大学生在党和国家的感召和教育培养下，爱国主义教育取得了显著成效。大学生的爱国主义情感日益增强，并在国际国内发生的大事件中得以展现。大学生的爱国主义理性认识日益增强，对爱国主义的认识日渐成熟，面对一些危害国家、违背国家尊严的事件，在表达爱国情绪方面呈现出理智、理性的态度。大学生的爱国行为更加自觉。

社会主义革命和建设时期，世界局势动荡，帝国主义妄图封锁中国，国际环境非常复杂。大学生们坚决拥护党的领导，敢于同各种敌对势力做斗争，维护了祖国的主权和统一。以抗美援朝为例，大学生以其特有的方式支持抗美援朝运动，广泛宣传抗美援朝活动，仅1951年5月，全国超过100万名的大学生参加了宣传活动。大学生给志愿军投寄慰问信和慰问品。医学院的学生参加医疗服务队，为志愿军服务。他们在抗美援朝中无偿地贡献自己的一切力量，有的甚至为祖国慷慨赴死。1957年，毛泽东指出："我们的大学生除少数例外，都是爱国的，都是拥护社会主义的，他们在匈牙利事件时期没有发生波动。"[②]

改革开放和社会主义现代化建设新时期，改革开放的重大决策和实现现代化的宏伟目标激励了大学生的使命感和责任心，让大学生对社会主义

① 沈壮海，肖洋.2016年度大学生思想政治状况调查分析［J］.思想理论教育导刊，2017（1）：108-110.

② 毛泽东文集（第七卷）［M］.北京：人民出版社，1999：218.

的发展有了一种兴奋和期待。20 世纪 80 年代，大学生校园中“从我做起，从现在做起”“团结起来，振兴中华”的口号，充分表达了大学生强烈的爱国主义热情。他们响应党的号召，积极参与社会主义建设，奔赴全国各地支援建设。20 世纪 90 年代，随着《爱国主义教育实施纲要》的印发，大学生爱国主义教育的目标更加明确，内容和方法日渐丰富。大学生爱国主义观念得到了强化，爱国主义热情高涨。在香港、澳门回归等重大事件中都表现出了强烈的爱国主义情感。进入 21 世纪，大学生把爱国主义热情自觉转化为爱国行动。以 2008 年为例，大学生积极参加奥运会的志愿服务活动，展现出了高昂的爱国热情和强烈的民族自豪感。2008 年上半年，某些西方势力歪曲事实，广大大学生认同支持政府的态度和行为，用适当的方式表达爱国情怀，通过各种合理途径进行理性的表达和合法抗争活动。

党的十八大以来，大学生的爱国热情持续高涨。他们高度关注事关国家利益的大事，维护国家安全和稳定的意愿强烈。2013 年调查显示，“爱国热情”是大学生自我评价最高的三个方面之一。96.4% 的大学生赞同对“中国就钓鱼岛及其附属岛屿领海基线发表的声明”。① 大学生积极培育和践行社会主义核心价值观。2016 年调查显示，92.8% 的大学生认同“大学生应成为社会主义核心价值观的积极传播者和践行者”，比 2015 年提高了 1.4 个百分点。②

（三）推动大学生对集体主义的认同

集体主义是社会主义社会基本的价值原则。集体主义教育的目标是引导受教育者正确处理集体利益和个人利益的关系，使受教育者树立正确的道德准则和价值标准。新中国成立以来大学生集体主义教育推动大学生们树立起了集体主义思想观念，养成了集体主义道德情感，主动践行集体主义行为。

在社会主义改造和开始全面建设社会主义过程中，大学生们把国家利益、集体利益置于个人利益之上，从国家和社会的需要出发，坚决服从国

① 教育部 . 调查表明：大学生思想主流持续积极健康向上［EB/OL］.http：//edu.sina.com.cn/l/2013-06-03/1500228893.shtml，2013-06-03.

② 教育部 .2016 年大学生思想政治状况滚动调查表明大学生思想主流积极健康、向上向好［EB/OL］.http：//www.moe.edu.cn/jyb_xwfb/gzdt_gzdt/s5987/201605/t20160531_247095.html，2016-05-31.

家的分配，许多大学生在毕业时主动要求到基层去、到边疆去、到祖国最需要的地方去。20 世纪 60 年代初，大学生们积极响应“向雷锋同志学习”的号召，学习雷锋无私奉献的集体主义精神，把为祖国、为人民服务当作最幸福的事情。

改革开放和社会主义现代化建设新时期，在集体主义价值观的引导下，大学生希望自己成为一个道德高尚的人。进入 21 世纪，在众多重大历史事件中大学生集体主义价值观念凸显，自觉付诸集体主义行动。2001 年在对大学生的思想状况调查中，其中问及判断一个人成功与否的主要依据时，大学生中有 75% 的人选择对社会、集体的贡献大小，78% 的大学生不认同“帮助别人往往会使自己吃亏”的观点。在被问到在关键时刻如何处理个人、集体和国际利益关系上，大多数大学生认为要服从国家和集体利益。在开放式的题目《最想说的一句话》中，为数不少的学生写道“努力学习，报效祖国”“胸怀祖国，服务人民”。[①]2008 年汶川大地震，全国各地大学生与全国人民一起，发挥“一方有难，八方支援”的集体主义精神，组织捐款捐物，奉献爱心。很多大学生不惧危险深入灾区，参加抗震救灾，为灾区人民服务，涌现出了许多优秀代表。仅四川省就有 500 余名大学生赴灾区开展心理安抚工作。据教育部统计，参加 2008 年奥运会的大学生志愿者达 53000 人。2009 年 5 月，胡锦涛在与中国农业大学生师生代表座谈时指出：“面对不平凡的 2008 年，广大青年学生自觉担当、奋勇向前，表现出强烈的爱国热情、高度的社会责任感和崇高的奉献精神，向祖国和人民，向全世界展示了当代中国青年崭新的精神风貌和优秀的整体形象。”[②]

党的十八大以来，大学生积极参加志愿服务活动和公益活动，愿意为社会贡献自己的力量，主动承担社会责任。2016 年调查显示，95.1% 的大学生赞同雷锋精神值得发扬，有 88.8% 的大学生参加过公益活动，有 62.9% 的大学生对成为“社会道德模范或英雄那样的人”表示“非常向往”或“比较向往”。[③]这些数据从侧面反映出了大学生集体主义教育实践活动的成效。

① 教育部社政司 . 当前大学生思想主流稳定健康、积极向上——京、津、沪、鄂等八省市 74 所高校调查综述［J］. 思想理论教育导刊，2001（6）：6.

② 胡锦涛 . 在同中国农业大学师生代表座谈时的讲话［N］. 人民日报，2009-05-03（002）.

③ 沈壮海，肖洋 .2016 年度大学生思想政治状况调查分析［J］. 思想理论教育导刊，2017（1）：110.

（四）坚定大学生对社会主义的信心

新中国成立 70 年以来的历史表明：中国特色社会主义事业经受住了历史和实践考验,得到了广大大学生的衷心拥护。他们拥护中国共产党的领导，拥护社会主义制度，对中国特色社会主义事业充满信心和希望。

社会主义革命和建设时期，大学生就表现出了对社会主义的信心。他们有着为理想献身的高度热情，追求“把青春献给党”“一切为了社会主义”的信念。在深入社会和实际斗争中了解学习和运用马克思列宁主义和毛泽东思想，逐步树立起了对社会主义的信念，树立起了全心全意为人民服务的人生观。党的八大指出：“知识界已经改变了原来的面貌，组成了一支为社会主义服务的队伍。”[①]1957 年，毛泽东指出：“我国知识分子中的大多数表示赞成社会主义制度，他们中间许多人用功学习马克思主义，有一部分人已经成为共产主义者。”[②]1958 年，中共中央、国务院《关于教育工作的指示》中指出，我国的教育工作在党的领导下取得了巨大的成绩，其中之一就是为社会主义建设培养了大量的干部。

改革开放和社会主义现代化建设新时期，大学生对社会主义事业的发展和综合国力的提升更加乐观。2002 年的大学生思想政治状况调查显示，许多学生在《最想说的一句话》中写道：“坚持中国共产党的领导，进一步改革开放，中华民族的伟大复兴就一定能实现。”[③]2011 年调查显示，98.1% 的大学生对“中国特色社会主义事业进一步发展，综合国力增强，国际地位提高”表示“非常乐观”或“比较乐观”，86.8% 的学生对“本世纪头二十年中国能够实现全面建设小康社会的目标”表示“非常乐观”或“比较乐观”。[④]

党的十八大以来，大学生进一步坚定“四个自信”，衷心拥护以习近平

---

① 中共中央文献研究室．建国以来重要文献选编（第九册）［M］．北京：中央文献出版社，1994：39.

② 毛泽东文集（第七卷）［M］．北京：人民出版社，1999：225.

③ 教育部社政司．当前大学生思想主流稳定、健康向上——京、津、沪、鄂等八省市 74 所高校调查综述［J］．思想理论教育导刊，2002（6）：19.

④ 教育部.2011 年高校学生思想政治状况调查表明大学生思想主流积极健康向上［EB/OL］.http：//old.moe.gov.cn//publicfiles/business/htmlfiles/moe/moe_1485/201106/120507.html，2011-06-03.

为核心的党中央，拥护社会主义制度，拥护中国特色社会主义道路，对全面建成小康社会充满信心，对实现“两个一百年”的奋斗目标信心满满，对实现中华民族伟大复兴的中国梦充满期待。2016年大学生思想政治状况滚动调查显示：86.3%的学生认为“到2020年，国家治理体系和治理能力现代化取得重大进展”，86.6%的学生对“党的创造力、凝聚力、战斗力进一步增强”表示乐观，分别比2015年上升了1.9个和2.5个百分点。①

二、新中国成立以来大学生价值教育的主要经验

大学生价值教育开展70年来，积累了丰富的经验，包括夯实理论根基，坚定不移地用发展的马克思主义教育引导大学生；坚持问题导向，注重用社会主导价值观吸纳和塑造大学生；注重方式方法，坚持用疏导方针引领大学生；坚持解决思想问题与实际问题相结合；坚持协同推进：发挥课程育人、实践育人、文化育人的合力。这五条基本经验分别扣准了大学生价值观教育的目标方向、理论根基、问题导向、实践向度，对新时代加强大学生价值引领具有重要的借鉴作用。

（一）坚持用发展着的马克思主义武装大学生头脑

大学生价值观教育的一个很重要的目的，就是用马克思主义，特别是发展的马克思主义中国化的最新理论成果武装大学生的头脑，夯实价值观确立和形成的理论根基。毛泽东十分重视对青少年的马克思列宁主义基础教育，他反对不问政治的倾向，要求不论哪个层次的教育都要开设政治课，加强马克思列宁主义的基础教育。习近平指出：“广大青年要坚持用邓小平理论、‘三个代表’重要思想、科学发展观武装头脑，把理想信念建立在对科学理论的理性认同上。”②“用科学的理论武装青年”，关键是加强马克思主义理论教育，为青年坚定理想信念构筑坚实的思想基础。

新中国成立初期，高校以《共同纲领》中关于教育的政策为指导，坚

① 教育部.2016年大学生思想政治状况滚动调查表明大学生思想主流积极健康、向上向好［EB/OL］.http：//www.moe.edu.cn/jyb_xwfb/gzdt_gzdt/s5987/201605/t20160531_247095.html，2016-05-31.

② 习近平.习近平谈治国理政［M］.北京：外文出版社，2014：50.

持开展民族的、科学的、大众的文化教育取代封建主义、帝国主义的教育。开设社会主义政治理论课程，开展知识分子思想改造运动，系统地进行历史唯物主义、新民主主义和马克思主义的教育，学习宣传党在过渡时期的总路线。帮助大学生认识新民主主义和社会主义，逐步树立起社会主义的价值观念，摒除错误的思想观念。开始全面建设社会主义阶段，掀起学习毛泽东思想的高潮。根据《关于教育工作的指示》精神，社会主义成为大学生价值教育的主要内容，以《关于正确处理人民内部矛盾的问题》为中心教材，马克思主义经典著作、党的文件等都是重要的阅读材料，让他们了解社会主义社会的基本制度，了解社会主义经济、政治、文化发展的方向，使大学生的思想观念紧跟党的指导思想，紧跟社会主义事业发展的节奏。可惜在“文化大革命”期间，高校各项工作受到了极大破坏，大学生价值教育工作遭受了重大挫折，扭曲了大学生的是非判断标准。

党的十一届三中全会以来，以邓小平为主要代表的中国共产党人，总结正反两方面的经验教训，解放思想，实事求是，转移工作中心，实行改革开放，开辟了社会主义事业发展的新时期，并形成了邓小平理论。党的十五大把邓小平理论确立为党的指导思想。中共中央印发了《关于在全党深入学习邓小平理论的通知》，出版发行了《邓小平文选》。各高校普遍开设了《邓小平理论概论》课程，配备好授课教师，加强教材建设，改进教学方法。积极推进邓小平理论“三进”工作，引导帮助广大学生正确认识“什么是社会主义、怎样建设社会主义”，理解建设中国特色社会主义的路线、方针、政策，坚定了大学生对社会主义社会的信心，努力成为“四有”新人，为社会主义现代化建设服务。

党的十三届四中全会以来，以江泽民为主要代表的中国共产党人，总结治党治国的宝贵经验，形成了“三个代表”重要思想。党的十六大把“三个代表”重要思想确立为党的指导思想。随后，积极开展了“三个代表”重要思想在大学生中的“三进”工作，加深了大学生对什么是社会主义、怎样建设社会主义的认识，加深了大学生对建设什么样的党和怎样建设党的认识，增强了大学生的担当意识和历史使命感。

党的十六大以来，以胡锦涛为主要代表的中国共产党人，根据经济社会发展的新要求，提出了以人为本、全面协调可持续发展的科学发展观，出版发行了《科学发展观学习读本》《科学发展观重要论述摘编》《胡锦涛文选》等。大学生价值教育中广泛开展科学发展观的宣传和教育，引导广大学生认识到科学发展观是我国经济社会发展的必然要求，是中国特色社会主义可持续发展的行动指南，深化了大学生对“实现什么样的发展”“怎样发展”的认识。

党的十八大以来，以习近平为核心的党中央，以实践创新推动理论创新，形成了习近平新时代中国特色社会主义思想。党的十九大把习近平新时代中国特色社会主义思想列为党的指导思想。中共中央先后发布《关于认真学习宣传贯彻党的十八大精神的通知》和《关于认真学习宣传贯彻党的十九大精神的决定》，积极推进十八大、十九大精神和习近平新时代中国特色社会主义思想“五进”（进学术、进学科、进课程、进培训、进读本）。出版发行了《习近平谈治国理政》、《习近平谈治国理政》（第二卷），组织编写了《习近平新时代中国特色社会主义思想学习纲要》，为学习领会习近平中国特色社会主义思想提供了权威读物。通过开展学习宣传教育系列活动，中国特色社会主义和中国梦深入人心，社会主义核心价值观和中华优秀传统文化广泛弘扬，使大学生坚定了“四个自信”。

马克思主义及中国化的最新理论成果是科学的世界观和方法论。大学生价值教育的内容不断丰富和发展，坚持开展马克思主义及中国化的最新理论成果教育既是指导思想也是中心内容。大学生价值教育只有坚持以马克思主义及中国化的最新理论成果为中心展开，才能确保大学生价值教育不偏离正确的政治方向，才能帮助引导大学生确立坚定的价值信仰，追求崇高的价值理想，坚持正确的价值取向，践行科学的价值规范。历史表明，大学生价值教育坚持用马克思主义中国化的最新理论成果武装大学生，夯实大学生价值教育的理论根基，就能推动大学生价值教育的健康发展。

（二）坚持用社会主导价值观吸纳和塑造大学生

坚持问题导向，用社会主义价值观吸纳和塑造大学生是我国大学生价值教育的主要经验之一。马克思指出：“问题就是时代的口号，是它表现自己精神状态的最实际的呼声。”[①] 习近平指出：“理论创新只能从问题开始。从某种意义上说，理论创新的过程就是发现问题、筛选问题、研究问题、解决问题的过程。”[②] 一个时代有一个时代的问题，一代人有一代人的历史使命。

① 马克思恩格斯全集（第四十卷）［M］. 北京：人民出版社：1982：289–290.

② 习近平 . 习近平谈治国理政（第二卷）［M］. 北京：外文出版社，2017：342.

新中国成立之初，作为对社会问题敏感的大学生，面临着翻天覆地的变化，在思想上是矛盾的、彷徨的。通过党在过渡时期总路线的宣传教育和开展民主改革运动对大学生进行社会主义教育，帮助青年大学生划清敌我界限、剥削和劳动的界限，提高阶级觉悟；围绕抗美援朝运动开展了爱国主义和国际主义教育；通过健全法律法规及教育传递了新中国平等、公正、法制的价值理念。社会主义改造完成后，针对大学生中的错误思想和缺乏理性信念问题，开展了以《正确处理人民内部矛盾》为指导的社会主义教育，按照党的教育方针确定了“又红又专”的人才观。选树先进典型，倡导敬业、友善、无私奉献的社会主义价值观，大大激发了广大青年建设社会主义的热情。

改革开放初期，一封来自读者潘晓的《人生的路为何越走越窄》的来信，表达了刚刚从“文化大革命”走出来的一代青年的迷茫和彷徨。由此在大学生群体中针对“潘晓来信”开展了人生价值大讨论活动，唤醒了青年大学生对自我价值和人生意义的重新认识。20 世纪 90 年代，在社会主义市场经济大潮的裹挟下，新旧价值观博弈、碰撞加剧，新观念、新观点、新思潮不断冲击和影响着大学生的价值判断、价值选择和价值评价，价值观多元化时代悄然而至。为适应大学生价值观念的新变化、新情况，高校加强了对学生进行社会公德和职业道德教育,加强了“择业观”“就业观”“利益观”“义利观”教育，引导大学生思考市场经济条件下如何更好地实现人生价值，如何处理好国家、集体和个人间的关系，如何处理好义与利的关系，使大学生树立起与市场经济法则相适应的价值观念，树立正确的竞争观念、效率观念和人才观念，培养大学生建立与社会主义市场经济相适应的价值规范。

步入 21 世纪，“80 后”成为大学生的主体，他们是沐浴着改革开放的春风成长起来的一代，思想开放自由，自我意识增强，倾向于把理想追求和现实功利结合起来。2004 年 8 月 26 日，中共中央、国务院印发了《关于进一步加强和改进大学生思想政治教育的意见》，指出大学生思想政治教育的主要任务之一是：“以理想信念教育为核心，深入进行树立正确的世界观、人生观、价值观教育。”[①]2006 年 10 月，党的十六届六中全会首次提出了社

① 教育部思想政治工作司.加强和改进大学生思想政治教育重要文献选编(1978–2014)[M].北京：知识产权出版社，2015：266.

会主义核心价值体系这一重大命题。2007 年 10 月，党的十七大要求切实把社会主义核心价值体系融入国民教育全过程。各高校通过开展科学发展观教育，深化“以人为本”理念认识；大力推动社会主义核心价值体系教育、和谐价值观教育，让中国特色社会主义共同理想在大学生中扎根。

进入新时代，“95 后”“00 后”逐渐成为大学生校园的学生主体。如果说“95 后”是互联网原住民、市场化宠儿，那么“00 后”则是自媒体先锋、信息化和城市化交互影响的“新新人类”。① “网红”的出现、“佛系青年”的流行，可以说社会改革开放的推动与前进，都直接催动大学生群体对国家、社会与个人关系的重新审视，都带来大学生对价值行为判断和选择的再度思量。党的十八大以来，大学生价值观教育在习近平新时代中国特色社会主义思想的指导下，积极培育和践行社会主义价值观。教育引导“全程化”，探索培育和践行社会主义核心价值观的多种途径，充分发挥课堂主渠道作用，融入思想政治理论课，融入专业教育，融入学生日常管理中，体现在教学教材中，体现在校风教风学风建设中。坚持正面宣传为主，重视发挥榜样的引领示范作用；运用新媒体营造舆论导向，传播正能量。强调继承和弘扬优秀传统文化，充分发挥中华优秀传统文化的滋养作用。注重行为养成，开展爱国主义、革命传统、法治、诚信、生态文明等主题教育活动，增强大学生的国家意识、法治意识、道德意识、社会责任意识、生态文明意识。强化制度保障，把提倡社会主义核心价值观写入宪法，不断推进社会主义核心价值观培育和践行的法律化。

（三）坚持用疏导方针引领大学生

疏导是一种解决人民内部矛盾的民主的方法，是我们党进行思想政治教育的基本方针，也是大学生价值教育的基本方法。疏导包括疏通和引导。20 世纪 50 年代初期，针对大学生的价值观念实际，在全国高校学生中开展了思想改造学习运动，引导学生积极参加政治运动，在参与中引导大学生树立与工农相结合、为新中国建设服务、为人民服务的思想。社会主义改造完成后，针对我国社会的主要矛盾发生变化的情况，解决人民内部的问题采取“团结—批评—团结”的方针，采用讨论、批评、说服教育、积

① 刘川生 . 以习近平新时代中国特色社会主义思想为指导努力提升高校思想政治理论课亲和力与针对性［J］. 中国高教研究，2018（2）：1–6.

极引导和比较鉴别的方法，引导人们自觉地去追求真、善、美，反对假、恶、丑。20 世纪 80 年代，针对校园中的热点问题，在“潘晓讨论”“张华救老农讨论”“人生价值观讨论”中及时纠正错误的思想和倾向，引导大学生树立正确的人生观。为适应市场经济的发展，大学生价值观念的新变化、新情况，高校加强了对学生进行社会公德和职业道德教育，加强了“择业观”“就业观”“利益观”“义利观”教育，引导大学生思考市场经济条件下如何更好地实现人生价值，如何处理好国家、集体、个人间的关系，如何处理好义与利的关系，使大学生树立起与市场经济法则相适应的价值观念，树立正确的竞争观念、效率观念和人才观念，培养大学生适应社会主义市场经济相适应的价值规范。党的十八大以来，大学生价值教育在习近平新时代中国特色社会主义思想的指导下，更加注重疏导方针的应用。在大学生中培育和践行社会主义价值观，坚持理论与实践相结合，坚持正面宣传为主，注重榜样引领，运用新媒体营造舆论导向，传播正能量。强调继承和弘扬优秀传统文化，充分发挥中华优秀传统文化的滋养作用。这些方法都是对疏导方针的继承和发扬，增强了在大学生价值教育的实效性。

榜样示范是价值教育的重要方法，主要借助榜样真实和鲜活的特点，运用榜样的高尚思想、模范行为、优秀品格来教育、影响学生。用榜样来引领激发大学生在内心形成心灵震撼，从而促动大学生形成良好的价值品格，实现自我价值。新中国成立以来，我国各条战线上涌现出来众多英雄模范人物，大学生价值教育充分发挥了榜样的引领作用，推动了教育的开展，在大学生树立正确的世界观、人生观、价值观过程中发挥了积极作用。新中国成立初期，开展了以学英雄、争立功与艰苦创业为主题的榜样教育，激发了大学生的爱国主义精神和主人翁责任感。在开始全面建设社会主义阶段，雷锋、焦裕禄、解放军、王进喜和大庆油田、南京路上好八连是当时榜样中最突出的代表。在教育领域及时发现并总结他们的先进事迹，在全国大张旗鼓地进行宣传教育，号召广大学生向他们学习，发扬共产主义精神，焕发出巨大的建设社会主义的精神力量，塑造了大学生的集体主义精神。改革开放新时期，高校积极开展“学雷锋、树新风”“五讲四美三热爱”系列活动。以实现“四个现代化”的目标激励着大学生，一批先进典型应运而生。有中越边境自卫还击战的英雄、“团结拼搏、勇攀高峰”的“五连冠”的中国女排、“勇救老人”的优秀大学生张华、攻破数学难题“哥德巴赫猜想”

的数学家陈景润、顽强精神和毅力自学的张海迪等，这些英雄模范人物引领大学生在学习生活中树立起了正确的人生观、价值观，激发了大学生的自信，激起了大学生为实现四个现代化建功立业的热情。从2003年开始，被誉为“中国人的年度精神史诗”的《感动中国》栏目应运而生。栏目向全国人民推出了许多先进典型，他们当中有来自民间的杰出人士、有光彩耀眼的明星、有睿智学者、有普通百姓、有党政高官，他们或有坚韧不拔的意志，或无私奉献地帮助他人，或积极树立社会道德，或坚定践行社会主义信仰，都成为大学生学习的榜样，带动了大学生坚守公平正义，爱岗敬业，坚定社会主义信仰，树立崇高的价值理想。2007年，启动了第一届全国道德模范评选活动，并每两年表彰一次。2016年，在“两学一做”教育活动中，推出了一档全新的电视节目《榜样》，用榜样的力量激发广大共产党员不忘初心，继续前行。此外，从2006年起，每年举办“全国大学生年度人物”评选活动，发挥优秀大学生的导向作用，通过大学生朋辈典型的宣传教育，充分发挥典型人物的引领示范作用，在全国大学生中营造争先创优的良好氛围。

（四）坚持解决思想问题与实际问题相结合

解决思想问题与解决实际问题相结合，是对大学生开展价值教育实效性很强的方法，是我党在长期的大学生价值教育中的基本经验之一。高校在大学生价值教育中十分重视大学生价值观念形成的规律和特点，既坚持马克思主义理论学习，又坚持为大学生办实事、办好事，在关心、帮助中教育引导大学生，始终坚持解决思想问题与解决实际问题相结合。

着力解决大学生的经济困难问题。1952年，开始建立实施高等学校人民助学金制度，1955年、1964年先后对人民助学金制度进行了调整，提高了发放标准，扩大了发放的范围，这种人民助学金制度一直沿用到1982年。人民助学金制度对推进工农子弟接受教育及促进教育公平起了推动作用。1983年，我国开始在大学生中建立人民奖学金制度，改变原来单一的助学金模式，过渡到实行奖学金和助学金并存的助学模式，加大了对贫困大学生进行资助的同时，鼓励大学生勤奋学习，让大学生切身体会到国家经济社会发展的进步和变化。1986年，国家开始实行学生助学贷款制度，更广泛地解决贫困大学生的经济问题。1989年3月，邓小平在同中央负责同志的谈话中指出：“十年来我们的最大失误是在教育方面，对青年的政治思想教育抓得不够，教育发展不够。知识分子的待遇太低，这个问题无论如何要解决。”[①]1997 年，高等教育开始实行收费制度，为了缓解经济困难大学生的压力，国家相继出台了勤工俭学政策、国家奖学金制度、绿色通道资助政策，从而初步形成了集奖、助、勤、勉、贷为一体的资助模式。此后，国家对这一资助模式进行了完善和补充，并更加注重资助育人功效的发挥，初步形成了“解困—育人—成才—回馈”的良性循环。

着力解决大学生的就业问题。改革开放前及改革开放初期，我国实行的统包统分的就业政策，保证了大学生个人的就业问题，充分体现了社会主义社会的优越性。20 世纪 80 年代中期到 20 世纪 90 年代末，我国的就业政策开始由供需见面向双向选择过渡。大学生就业政策的调整，是适应社会主义市场经济的需要，开始赋予用人单位、高校、毕业生一定的权利，并引进竞争机制，促进了大学生竞争意识的形成，毕业生的个人价值实现开始体现。1999 年，高校扩招，同时也开始实行自主择业的就业政策。从 2003 年开始，国务院办公厅每年下发通知，要求全力做好普通高等学校毕业生就业工作。从 2009 年开始，将 4 月确定为高校学生就业教育月。出台政策鼓励支持毕业生自主创业。鼓励毕业生到城乡基层就业，到中小企业和非公有制企业就业；要求党政机关录用公务员和国有企事业单位新增专业技术人员和管理人员，主要面向高校毕业生招考或招聘；鼓励各类企事业单位特别是中小企业和民营企事业单位聘用高校毕业生；为高校毕业生办理户口和人事档案提供方便；建立全国大学生就业公共服务网站，为大学生就业提供信息和服务；开展丰富多彩的毕业生就业教育活动，促进大学生顺利就业。

（五）坚持课程育人、实践育人、文化育人协同推进

大学生价值观教育的根本任务是培养全面发展的社会主义合格建设者和可靠接班人。各方面形成教育合力是完成这一根本任务的重要保证。充分发挥大学生价值观教育合力的作用，就能提升大学生价值教育的整体效果。大学生价值教育合力的形成要注重发挥教育途径的合力作用，坚持课程育人、实践育人、文化育人齐头并进。

注重发挥思想政治理论课的主渠道作用，不断推进思想理论课的改革和完善。思想政治理论课作为大学教育的必修课，开展系统的马克思主义理论教育，是社会主义社会大学的本质特征之一。中华人民共和国成立初

① 邓小平文选（第三卷）［M］. 北京：人民出版社，1993：287.

期，在党的领导下，肃清反动的政治教育，设置马克思列宁主义政治理论课，具体课程为“辩证唯物主义论与历史唯物主义论”“新民主主义论”“政治经济学”。20世纪60年代，调整为“哲学”“政治经济学”“中共党史”“马克思列宁主义基础”。这些课程的开设，在帮助大学生掌握马克思主义的立场、观点和方法，帮助大学生了解社会主义社会的发展规律和发展方向方面起了重要的作用。改革开放新时期，经过拨乱反正，恢复重建，高校的思想政治理论课也重新走上正轨。20世纪80年代以来，高校思想政治理论课的设置在“85方案”“98方案”“05方案”的调整中逐渐完善。“85方案”把“马克思主义哲学”改成了“马克思主义原理”，目的是教育引导大学生全面地了解马克思主义。“98方案”有三个突出的特点：一是更新、充实、调整“两课”教学内容，特别重视市场经济条件下大学生的理想信念教育；二是改革改进教学方法来提升教学质量；三是加强师资队伍建设。“05方案”体现了马克思主义的整体性和与时俱进的理论品质，突出了以马克思主义中国化的最新理论成果为中心内容，并增加以爱国主义为主题的中国近代史纲要课程，为大学生价值教育注入了新的内容，开辟了新的视野。党的十八大以来，党和国家更加强调高校思想政治理论课的主渠道作用，强调要办好高校思政课，探索“思政课程”到“课程思政”的转变，着力编好思政课教材，加大力度培养思政课教师队伍。实施《普通高校思想政治理论课建设体系创新计划》，提升思政课的育人效果。召开全国思想政治理论课教师座谈会，印发《关于新时代学校思想政治理论课改革创新的若干意见》，强调思想政治理论课是落实立德树人的关键课程，坚持守正创新。

注重发挥社会实践在大学生价值观教育中的积极作用。马克思主义认为，人的认识来源于社会实践，实践又是检验真理的唯一标准。同样，大学生价值观教育的开展也离不开社会实践，在社会实践中帮助大学生认识价值本质、树立正确的价值观念、提升大学生的价值素质是开展大学生价值观教育的一条重要经验。一是通过组织大学生参加生产劳动。新中国成立初期，我国的高等学校学习了苏联高等学校的生产实习制度，组织大学生参加生产实习活动，增强学生的劳动意识，树立劳动观念和尊重劳动人民的意识。20世纪60年代，每年都有计划地动员大批知识青年上山下乡，充分发挥他们在建设社会主义新农村中的积极作用。二是组织大学生参加社会实践活动。把社会实践纳入教学计划，列为必修课，不断丰富社会实践内容，全面深入开展“三下乡”暑期社会实践活动，探索大学生社会实践的长效机制。学生在社会实践活动中增见识，长才干，坚定社会主义道路的信念，增强社会主义建设的信心。三是组织大学生参加志愿服务活动。出台政策鼓励支持大学生参加西部志愿服务计划和贫困地区支教支农支医计划，号召大学生积极参与阳光助残行动、诚信行动、各种赛事志愿服务等。大学生在这些志愿服务活动中，逐渐树立起责任担当意识，并积极主动地投身到这些服务活动中去。四是组织大学生参加军事训练。20 世纪 80 年代，各高校开始把国防军事教育纳入教学计划，军事训练一般在大学一年级或二年级进行，训练时间不少于两周。通过军事训练，增强大学生的组织性、纪律性，引导学生树立爱国主义思想和保家卫国的观念。通过组织大学生参加社会实践活动，完善社会实践活动长效机制，引导他们坚持学以致用，在实践中长知识，增才干，受教育，在实践中学会做人、做事，在实践中丰富自己的人生阅历，思想感情得到熏陶，道德境界得到升华，价值观念得到巩固，精神生活得到充实。

注重发挥文化熏陶在大学生价值观教育中的积极作用。文化，作为一种价值观念的载体，具有渗透性强、影响持久的特点，文化形象、生动、直观，为大学生所欢迎。健康向上的校园文化，是课堂教学的延伸，是大学生价值观教育的重要载体。校园文化具有价值导向、规范约束、行为激励等功能，能够对学生价值观念的确立、价值规范的形成、价值行为的产生起到促进作用。高等院校充分认识到这一点，都积极加强校园文化建设，探索适合自己情况的校园文化载体。校园文化建设也进入健康发展的阶段，校园文化开始走向制度化、个性化、现代化。一是学校高度重视校园文化建设，促进了校园文化建设的良性发展。二是突出特色，在提升文化内涵上下功夫，彰显内涵式发展，培育和弘扬大学生精神。积极修订完善大学章程，加强师资队伍建设，加强学科建设，着力培养名教师、名学科。三是营造良好的校风、教风和学风，着力培养名学生。校风是校园文化的灵魂，建立良好的校风是高校的立校之本。教风是校园文化的关键，学风是高校生存发展的基础。四是积极开展校园文化活动。开展丰富多彩、积极向上的学术科研、体育艺术和文化娱乐活动，寓教育于文化活动中。例如，从 2001 年开始，教育部于每年的五月在不同的高校举办“五月的鲜花”全国大学生大型校园文艺演出活动。“五月的鲜花”每届都有鲜明的主题，节目都反映了大学生能力素质和理想追求，展现当代大学生爱党爱国爱社会主义爱人民的情怀和风貌，展现了高校开展文化素质教育的丰硕成果，弘扬了时代主旋律。

党的十八大以来，党和国家特别强调弘扬优秀传统文化的重要性和紧迫性，加强中华优秀传统文化教育，发挥了文化涵养在培育和践行社会主义核心价值观中的积极作用。

三、新中国成立以来大学生价值教育的启示

重视大学生的价值教育工作是党的优良传统。总结经验，是为了当下和今后提供借鉴和启示，主要包括：坚持“一元”的价值导向和分层分类引导；坚持“以人为本”和尊重大学生的主体地位；坚持“导之以行”和提高大学生的行动自觉；坚持价值原则强化和价值理性提升并重。

（一）坚持“一元”的价值导向和分层分类引导

文化多元化、价值取向多元化是现代社会的特点之一。在社会转型时期，更是多种价值观念并存。纵观我国大学生价值教育的发展历程，随着社会经济形势的变化，大学生价值教育的具体内容随之进行了调整充实，但在指导思想上要始终坚持马克思主义的指导地位，坚持为人民服务为根本的价值取向，坚持“三个有利于”为根本的价值标准，坚持爱国主义、集体主义、社会主义的价值观念不动摇，坚持社会主义核心价值观为引领。“一元”的价值导向使得大学生价值教育收到了比较好的成效，能够把大学生的价值观念引导到党和国家倡导的主流意识形态上来。

改革开放以来，思想的解放，市场经济的建立，唤醒并强化了大学生的主体意识，他们不再轻易地、不假思索地接受某种价值观。大学生价值观呈现出务实性、两重性、可塑性、多元性的特点。他们务实，讲实效重现实，他们的价值观具有鲜明的实用主义色彩，是一种历史的进步；但是这种实用性使得有些大学生过分看重金钱地位和眼前利益。当代大学生的价值观念开始注重自我价值，他们会广泛涉猎各种西方文化，有的甚至比较认同西方的价值观念，他们开始树立主体意识、竞争意识、效率意识、创新意识等，但由于缺乏经验和历练，面对西方自由主义、存在主义、后现代主义思潮的冲击，他们的价值观还存在诸多偏颇之处。他们的价值取向多元化，有的重金钱、有的重情重义、有的重享乐、有的重权力、有的重事业、有的重原则、有的重关系、有的重理想、有的重现实。在价值标准上，有的“唯书”、有的“唯实”、有的“唯上”、有的“跟着感觉走”、有的“跟着时髦走”、

有的以集体主义为标准、有的崇尚个人主义。面对大学生价值观念的两重性和多元性，我们既要坚持一元的价值导向，用社会主义核心价值观引领大学生，同时要坚持分层分类引导。有学者调查表明，大学生对社会主义核心价值观的认知认同存在差异，如就性别来说，男生对社会主义核心价值观的认同要高于女生；就年级而言，大三、大四学生的认知情况要低于大一、大二学生；就身份而言，非党员、非学生干部的认知、认同情况明显低于学生党员、学生干部。①

坚持一元为主导，始终坚持马克思主义的指导地位，坚持社会主义意识形态的主导地位，培育和弘扬社会主义核心价值观。习近平指出："青年是标志时代的最灵敏的晴雨表，时代的责任赋予青年，时代的光荣属于青年。""当代大学生是可爱、可信、可贵、可为的。"② 大学生是实现中华民族伟大复兴"中国梦"的中坚力量。因此要高度重视在大学生群体中培育社会主义核心价值观，激励他们在学习生活实践中弘扬和践行社会主义核心价值观，要让大学生对社会主义核心价值观真学真信真懂，真正把社会主义核心价值观作为自己的价值规范，内化于心、外化于行。高校应该注重加强大学生价值观的培养，在立德树人的工作中始终坚持以社会主义核心价值观为引领，教育引导大学生从现在做起，从自己做起，勤学、修德、明辨、笃实，使社会主义核心价值观成为自己的基本遵循，并身体力行地将其推广到全社会中去。无论在什么时候，都要坚守在中国大地上形成和发展起来的社会主义核心价值观，在时代大潮中建功立业，成就自己的宝贵人生。

大学生价值教育应坚持分层分类引导。一是对教育对象进行分层分类，如针对不同年级的大学生，教育的重点有所侧重，对于大一新生，主要侧重于价值本质教育，对于大二、大三的学生则侧重价值心理的调节，对于大四的毕业生侧重于价值行为的调整。二是对教育内容进行分类，把政治价值观、经济价值观、文化价值观、道德价值观等区别开来。在大学生价值教育的发展历程中，如在社会主义革命和建设时期，往往采取简单的、一刀切的办法，把大学生追求正当利益的经济价值观上升到政治价值观的高

① 汪娟，邵艳军．大学生对社会主义核心价值观的认知认同与践行状况调查［J］．北京教育（德育），2017（12）：24–26.

② 习近平．习近平谈治国理政［M］．北京：外文出版社，2014：166–167.

度，斥责他们为“资产阶级个人主义价值观”；用先进分子的共产主义价值观要求所有大学生，当有些大学生达不到时，就简单地批评他们为“落后”分子等，这种动辄上纲上线的简单方法严重挫伤了大学生的积极性。三是在教育方式方法的选择上，既要坚持显性课程的教育作用，也要注重隐性课程的潜移默化作用，特别是要注重发挥网络新媒体对大学生价值教育的舆论导向作用。因此，大学生价值教育必须从实际出发，既要让大学生有明确的奋斗目标，又要引导大学生经过自己的选择，确立符合社会价值的价值观念，纳入自己的价值观体系当中，形成自己的价值定向和个性。也就是说，大学生的价值教育，要给大学生以社会倡导的价值导向，在这一前提条件下，允许大学生有多种选择，根据个人的层次水平差异，确立自己的价值取向。这样，大学生才能更好地在自己的价值取向的指导下，去认识价值问题，分析价值问题，并付诸于价值行动，创造价值。

（二）坚持“以人为本”和尊重大学生的主体性

“以人为本”是党的宗旨的集中体现，在大学生价值教育中坚持以人为本，要求理性审视大学生价值观念的事实，把“以人为本”融入大学生价值教育全过程，尊重大学生的主体地位，充分发挥大学生的主体作用。

1. 坚持“以人为本”，必须尊重大学生的主体地位

关于主体的规定性，马克思有过很多论述，概而言之就是指人作为活动主体在对客体的作用过程中所表现出来的自主性、能动性和创造性。自主性是对依赖性的一种扬弃，是人的主体性中的核心要素。人作为主体为了达到自主掌握对象的目的，就必须充分发挥自觉的能动性，依据主体的需要和目的选择认识和改造的对象，可以说，能动性是人的主体性的基本内涵。人作为主体所从事的自主的、能动的活动，其本质也是一种创造性活动，创造性是人在对象性活动中的主体性的灵魂。

第一，唤醒大学生的自主性。大学生价值教育必须充分肯定大学生的主体地位，充分唤醒和尊重大学生的自主意识，牢固树立起“自我教育、自我管理、自我完善”的观念。在“自我教育”中认识自己，引导大学生对正当性原则的要求和内容进行主动认知、自主学习、自觉接受教育。在“自我管理”中规范自己，自我管理是以正当性原则的价值规范为基础的自我管理，通过自我管理把价值规范内化于心、外化于行。在“自我完善”中

提高自己，大学生作为“准社会人”，需要引导大学生学会对社会事物的是非曲直作出正确价值判断，思考未来的发展方向、方式和原则，在学习和实践中不断完善自我，朝着社会和国家认可的方向发展，不断提升自己的价值理性，实施自己的价值行为。

第二，培育大学生的能动性。能动性作为人的主体性的基本内涵，在价值教育中培育大学生的主体能动性，使大学生对社会主流价值的认同变被动为主动，变消极为积极，变他律为自律。因此，大学生的价值教育要充分尊重大学生的个性需要和个性发展规律，努力做到“因材施教”。在教育活动中，要结合每个学生的实际，设定适合其发展的个性化培养目标，进行“私人定制”，同时充分考虑到大学生的主观能动性，满足他们的求知欲、进取心和好奇心。价值教育活动植根于现实，以相关的价值问题为切入点，通过创设能发挥大学生主体性的价值情境，引导大学生对现实的价值问题进行质疑和探讨，不唯上不唯书，自主地作出合理的价值选择。

第三，激发大学生的创造性。创造性能力的培养需从现实的大学生出发，让他们各方面的能力自由拓展、创造性发展。一是鼓励大学生结合时代要求发现和提出价值问题，独立思考价值难题，以培养他们的价值创造能力。二是尊重差异，尊重个性。社会环境在迅速变化，大学生的个性需要也不断变化发展，大学生价值教育的目标是培养正直、高品质的人，价值教育就是要在这种变化发展中把大学生的力量引向发展和创造的方向，使他们不是把各种正当性原则当作约束与限制，而是当作自我发展、自我完善的需要。三是把社会实践作为提升大学生价值素质的主要途径，“劳动是积极的、创造性的活动”是马克思指出的关于“人的实践”的著名论断，通过引导大学生积极参加社会实践，在社会实践中激发学生的欲望、需要和兴趣，并以此为动力来引导大学生进行价值创造。

2. 坚持“以人为本”，必须关注大学生的需要

教育者不仅要重视价值教育中社会价值的实现和社会需要的满足，还要充分尊重大学生的主体地位，关注大学生的个体价值和个体需要，注重人文关怀和心理疏导，着眼于促进大学生的全面发展，着眼于满足他们不断增长的精神需求,从大学生的实际出发,尊重学生的需要。马克思指出“在

现实世界中，个人有许多需要”。① 马克思指出人有自然需要、社会需要和精神需要，同时还有劳动需要和社会关系的需要。从需要的层次来看，又可分为生存需要、享受需要和发展需要。需要是人的本性，同时也是人的行为目标和动力。人的积极性、创造性来源于人的需要，需要越强烈，积极性就越高，创造性就越强。

第一，满足大学生的合理需要。大学生的需要突出地表现在求知的需要、尊重的需要、交往的需要、情感的需要等。大学生价值教育要围绕学生、关照学生、服务学生，满足他们的合理需要。首先要引导大学生明晰什么是合理需要，什么是不合理需要；明白哪些是可实现的需要，哪些是目前不具备条件实现的需要。对于合理需要，尽量满足他们；对于不合理、不成熟的需要，引导他们自觉地进行调节，使其转向合理需求。需要作为人的本性，大学生既有共同的需要，同时，由于每个大学生的成长经历、家庭环境、人生抱负等不同,他们的需要又呈现出个性化的特点。在价值教育的过程中，对于大学生的普遍需要，采取集体引导的方式；同时注意把握大学生的个性化需求，通过分类引导、个别指导来引导帮助他们实现。

第二，升华大学生的高层次需要。当代大学生是实现中华民族伟大复兴的生力军。当代大学生肩负的历史使命，要求他们胸怀远大理想和抱负，始终坚持以人民为中心。在校时，坚定理想，志存高远，练就中国特色社会主义事业所需本领，铸就中国特色社会主义所需品质。走出校门时，脚踏实地，追求精益求精，积极投身于社会主义建设事业中去。大学生的价值教育不仅要教育引导大学生实现合理需要，激发他们的需求。更要引导大学生升华需要层次，激发他们树立崇高的理想，追求远大的目标，励志做社会主义建设的合格建设者和可靠接班人。

第三，引导大学生需要实现途径的合理化。价值是“客体对于主体需要的满足”。客体所具有的客观属性符合主体的利益和需要是客体的价值所在，但价值不仅来源于客体的客观属性，更在于主体的利益和需要，产生于主体的利益追求、评价与选择及实践中。这样价值就包括两个维度，一是主体的利益或需要的正当性，人的利益或需要五花八门，但并不是所有的利益和需要都是正当的、合理的，即人们通常说的“价值取向”或“目的价值”；二是实现满足主体的利益或需要的方式途径的正当性，即“手段

① 马克思恩格斯全集（第三卷）［M］. 北京：人民出版社，1960：326.

价值”，正当合理的利益或需要如果实现的途径不正当，同样不可取。如大学生都有取得好的学习成绩的需求，有人为了好的成绩挑灯夜读，也有人通过投机取巧的方式获得好的成绩，毫无疑问高校倡导的是前者。

现阶段，随着改革开放的深入和市场经济体制的不断完善，大学生的利益关系也发生了变化，价值诉求日益多元化。大学生的价值教育，以社会主义核心价值体系为引领，培育和践行社会主义核心价值观，并不是要用一元的价值导向来消弭甚至取代多样化的利益关系和多元化的价值诉求，而是要尊重差异，包容多样，在大学生多样化的价值诉求中寻求共识。

（三）坚持“导之以行”和发挥大学生的实践自觉

实践养成是大学生价值教育的主要途径之一。大学生虽已经具备了一定的价值选择判断能力，但社会实践经验和人生阅历还比较欠缺，在进行价值判断、选择时，还经常是停留在理论或知识层面。正当性意识的强化，责任与使命的担当，良好价值品格的养成，都需要大学生在实践行动中实现。在实践中通过批判性思维、处理价值判断选择难题才能真正明白和践行正当的价值原则。因此，大学生价值教育要在“融”字上下功夫，既要重视和发挥“第一课堂”的主渠道作用，同时也要重视“第二课堂”“第三课堂”的育人功能，把价值教育融入大学生喜闻乐见的各项活动当中去，在活动中明确价值导向，根据价值教育的特点、内容，精心组织和策划大学生的各类社团与实践活动，让大学生走出宿舍、走出网络、走出课堂、走出校门，深入实践、深入社会、深入基层，去体验和践行正当性的价值原则。一种价值行为只有经过了价值判断，再进行选择，从而做出价值行为，进而完成价值创造才能真正有价值。

第一，调动大学生参与实践的自觉性。实践总是与参与主体的动机愿望、兴趣情感、意向目标等相联系的，实现主体知、情、意、行的转变。实践是检验标准的最高形式，实践教育不是宽泛的无目的性的教育，任何教育活动都是有目的、有意识培养人的活动。价值教育最重要的特征是主体性，价值教育的目的要求引导受教育者认清客体的有用性，把握客体对于主体的意义和价值，综合主体的利益和需要，引导受教育者按照一定的价值标准去做出正确的价值判断、价值选择，去创造价值和实现价值。在价值教育的实践中，学校要根据学生的特点设计学生喜闻乐见的实践活动，由要学生参加转变为学生自己要参加，教师的职责就是在学生参加活动中引导帮助学生自主建构与其心智发展和社会要求相适应的价值观念，提升学生的价值品质。党的十八大以来，党中央多次强调要注重实践养成在培育和践行社会主义核心价值观中的作用。为此，学校需积极主动地拓宽实践的渠道和途径，让大学生能够自由地选择参加实践的途径，由规定学生参加转变为学生自主选择参加，从而在实践中自觉地践行和弘扬社会主义核心价值观。实践教育也是一种自我教育的方式，实践教育的开展和施行离不开学生的主动参与。

第二，增强大学生自主参与实践的目的性。目的性是实践的特征之一，当前国家、社会、学校为大学生提供参加实践的机会还是比较多的，从活动的途径来看，在校内有第二课堂实践活动，在校外有社会实习实践活动；在实践的内容上看，有志愿服务活动实践，有专业实习实践等；在实践的组织上，有学校组织的，个人也可以根据自己的需要选择。那么在实践活动中，怎样让学生在教育教学中形成的价值观念，获得的价值体验能够在实践中得以认证和强化，学校教师应该发挥主导作用，对实践过程进行必要的控制和设计，引导学生预先设计实践达到的预期目标和效果，强调突出实践的目的性，适应不同群体大学生的实践需要，以便更好地发挥较好的教育效果。同时要帮助引导学生主体在实践过程中及时调整偏离预期设计的目标的实践。教育引导学生正确认识实践的作用和意义，根据个人的成长需求和能力需求有目的性地选取实践形式和内容，让实践活动有针对性，达到预期效果。

第三，提高大学生自主参与实践的实效性。实践的开展包括很多主体，如学校、实践单位和学生个人。要切实提高学生自主参与实践的实效性，需要各个主体相互配合、相互支持才能达到共赢的效果。学校层面，丰富大学生参加实践的主题和形式，拓宽学生参加实践的渠道和途径，出台考评奖励措施鼓励促动学生多参加实践，加强教师对大学生参加实践的理论指导。社会层面，出台相关支持政策，鼓励社会各界、各单位为大学生的实践提供支持和帮助。学生个人层面，要正确认识参加实践的意义，切实提高自身参加实践的能力和素质，端正参加实践的动机，制定参加实践的规划，树立不怕苦、不怕累的精神，碰到困难问题能够迎难而上。纸上得来终觉浅，绝知此事要躬行。当前，大学生践行和弘扬社会主义核心价值观，必须要发挥实践养成的积极作用，把社会主义核心价值观切实当作日常行为规范的基本遵循。

（四）坚持价值原则强化和价值理性提升并重

社会转型时期，经济体制转型、社会形态变迁、多元文化冲击，致使大学生面临价值选择冲突与困惑，有东西方的集体主义与个人主义的冲突、有憧憬的理想与现实的社会冲突、有物欲追求与精神追求的冲突等。当他们面对这些冲突时，往往会出现“顾此失彼”“摇摆不定”的现象，缺乏正当性原则的价值导向，时常陷入矛盾，影响个人的发展。因此，大学生的价值教育首先要对大学生进行正当性原则的稳固与强化。正当性原则的稳固与强化应适应不断发展变化的客观实际，增强时代感，不断探索和把握新时代大学生的价值观念的形成、确立和发展规律，抓住关键环节，确定教育内容，选择教育方法，循序渐进，因势利导，深入浅出，达到入耳、入脑、入心、入行。

面对变动不居的文化价值观，唯有价值理性能够赋予大学生价值选择、判断精神利器。没有价值理性的引导，大学生就不能始终坚持正确的价值判断、价值选择，在多元价值观念的交往过程中就会引发价值行为失范。人的价值行为不是人的本能性的适应活动，它必须以一定的价值认知为基础。大学生只有在学习、实践中形成价值理性，才能指引大学生在未来的学习、工作中始终坚持正当性原则。所谓理性，意味着为了达到人生目标所采取的最佳方式。鼓励大学生自由发展，但不是随意发展。大学生价值教育在于引导学生不仅是从个人的美好愿望出发，而且还要从现实的个人、个人的现实存在出发，让自己各方面的能力自由拓展、创造性地发展。

改革传统思想政治教育。当前高校在价值教育上，不同程度地还存在着教育内容单调、话语体系陈旧、手段方法落后的特点。社会主流价值观的力量还偏弱，导致亚文化观念广为流行。高校结合新时代大学生的特点，有效利用“微世界”“云时代”的优势，造就有温度有态度的新媒体沟通交流渠道，运用鲜活的方式、严密的逻辑、榜样的示范、网络互动甚至是一对一的探讨方式针对大学生的身心特点进行身心健康教育、理想信念教育、社会角色教育，建立一套较为合理系统的价值规范，促进其拥有合理的权利观和义务观，使其不盲从，有思考力，有自己理想的心灵价值系统。

发展价值教育。大学时期是学生基本价值观确立的关键时期。如何发展真正面对所有学生的教育，因材施教，培养出“有个性”的学生，如何让分类分层教育结出不同的硕果，仍然需要探索和发展。建设各类专业社区，加强对学生价值心理调适。处于青年期的大学生，面临各种未知的人生选择，遇到难以化解的心理困惑，需要心理咨询专家的有效引导。即将步入社会，面临就业选题，需要具体的就业指导和职业生涯规划指导等。各类专业社区的建立，社会力量的介入和帮助，有助于帮助大学生树立正确的价值观。我们应该提供各种不同类型的优秀人士成功榜样，充分发挥榜样的力量，供大学生选择、学习，最终促进自我人格完善和发展。

第六章

坚持和发展中国特色大学生价值教育模式

经过对中华人民共和国成立 70 年以来的大学生价值教育历史发展的梳理，对中国共产党主要领导人的大学生价值教育思想的总结概括，发现尽管各个历史时期大学生价值教育的目标、内容、方法、途径各有侧重，但同时也有很多共同之处，这些共同之处体现了中国特色，形成了中国特色大学生价值教育模式。

中国特色大学生价值教育模式具体体现在：始终把坚持正确的政治方向摆在首位；培养全面发展的社会主义接班人和建设者为根本目标；在教育内容上坚持马克思主义及中国化最新成果的一元的价值导向，同时结合青年大学生的特点，引导大学生实现个性化发展；教育和生产劳动相结合是重要途径；教育和自我教育相结合是基本方式。中国特色大学生价值教育模式经过了三个大的历史时期的发展，党和国家制定一系列制度政策，不断推动大学生价值教育的规范化、科学化、法制化；通过多种形式和途径，动员全社会的力量，加强大学生价值教育工作。在新时代的背景下，围绕立德树人这个中心环节，着力培养担当民族复兴大任的时代新人；深化坚持社会主义核心价值体系教育；注重价值教育生活化和隐性生成；建立教育主体集体行动机制，提升教师队伍素质；坚持国际视野和本土情怀，服务中国大学生价值教育的实践，推动中国特色大学生价值教育模式创新发展，使大学生价值教育工作取得更大的成效。

一、中国特色大学生价值教育模式的基本理论

（一）把坚定正确的政治方向摆在首位

大学生的价值教育包括对大学生的价值本质观、价值观念、价值心理

的教育引导，包括对大学生价值行为的调控，能否教育引导、推动大学生在学习、生活、实践中沿着正确的政治方向前进，直接关系着大学生价值教育的成败。从历史发展看，大学生价值教育什么时候引导大学生坚持了正确的政治方向，就能取得成效；什么时候偏离了正确的政治方向，就会受到严重挫折。坚持正确的政治方向，要把坚持正确的政治方向和价值取向相统一。

政治是经济的集中表现。[①]把坚定正确的政治方向摆在首位是中国共产党主要领导人一贯坚持的大学生价值教育思想。大学生价值教育坚持正确的政治方向，就是坚持党的领导，坚持社会主义方向，坚持马克思主义为指导。毛泽东强调："没有正确的政治观点，就等于没有灵魂，要在青年中间进行生动活泼的思想政治教育。"[②]邓小平指出："毫无疑问，学校应该永远把坚定正确的政治方向放在第一位。"[③]江泽民提出："要说素质，思想政治素质是最重要的素质，不断增强学生的爱国主义、集体主义、社会主义思想，是素质教育的灵魂。"[④]胡锦涛指出："方向问题至关重要。有了正确的政治方向,宣传思想工作才会有明确的目标和着力点,才会形成凝聚力和影响力。"[⑤]习近平强调："高等教育必须坚持正确的政治方向。办好我们的高校，必须坚持马克思主义为指导。"[⑥]坚持坚定正确的政治方向,坚持坚定要求思想上、行动上要言行一致、持之以恒，思想上要坚持党的领导，全面理解贯彻党的路线、方针、政策，高举中国特色社会主义伟大旗帜，坚定中国特色社会主义道路自信、理论自信、制度自信、文化自信。行动上无论在何种艰难复杂的条件下，都要政治立场坚定，以人民为中心，代表最广大人民的根本利益，胸怀中国特色社会主义共同理想和共产主义远大理想。从而引导大学生把正确的政治方向内化为自己的政治信仰，外化为实践行动。

价值取向，"就是人们在一定场合以一定方式采取一定行动的价值倾向。

① 列宁选集（第四卷）［M］. 北京：人民出版社，1995：407.

② 毛泽东文集（第七卷）［M］. 北京：人民出版社，1999：226.

③ 邓小平文选（第二卷）［M］. 北京：人民出版社，1994：104.

④ 中共中央文献研究室 . 十五大以来重要文献选编（中）［M］. 北京：人民出版社，2001：879.

⑤ 胡锦涛 . 高举中国特色社会主义伟大旗帜，为夺取全面建设小康社会新胜利而奋斗——在中国共产党第十七次代表大会的报告［M］. 北京：人民出版社，2007：16.

⑥ 习近平 . 习近平谈治国理政（第二卷）［M］. 北京：外文出版社，2017：377.

它来自主体的价值体系、价值意识，表现为政治取向、功利取向、审美取向、道德取向等不同的方面。人的每一具体行为的取向或定向，都是各种具体价值取向综合作用的结果”。[①] 坚持集体主义是社会主义社会的主旋律，是中国共产党主要领导人一贯的价值取向和立场。毛泽东曾指出：“我们是以占全人口百分之九十以上的最广大群众的目前利益和将来利益的统一为出发点。”[②] 他极力批评无产阶级的个人主义，强调为人民服务。邓小平强调集体、社会、个人三者的利益是辩证统一的关系。江泽民认为个人的利益要在国家利益和社会利益的发展中得到实现。胡锦涛强调坚持以人为本，把最广大人民的利益作为党和国家工作的出发点和落脚点，要求广大青年学生要以实际行动让集体主义深入人心。习近平强调要加强集体主义教育，引导广大青年学生树立正确的民族观和国家观。坚持正确的价值取向教育，就是教育引导大学生自觉地以人民为中心，树立全心全意为人民服务的意识；正确处理国家利益与个人利益的关系、长远利益与当前利益的关系，坚持社会主义、集体主义利益观；践行和弘扬社会主义核心价值观，弘扬中华民族传统美德，坚持社会主义公德，正确认识和处理社会价值和自我价值之间的关系，把社会价值和自我价值有机统一起来，在实现中华民族伟大复兴的过程中放飞自己的青春梦想。

（二）培养全面发展的社会主义建设者和接班人

“为什么培养人、培养什么人、如何培养人”是中国共产党主要领导人关心关注的教育根本问题，也是大学生价值教育的根本目标。马克思经常用的概念和表述是“全面地发展自己的一切能力”[③]“人的全部力量的全面发展”。[④] 人的全面发展表现为人的劳动及其能力的全面发展、人的社会关系的全面丰富和人的个性的自由发展。只有培养出来的大学生能成为社会主义的建设者和接班人，才能实现中华民族的伟大复兴，才能使中国特色社会主义事业永不变色。中国共产党主要领导人继承和发展了马克思关于人的全面发展理论，站在历史发展的高度，把培养全面发展的社会主义建设

① 袁贵仁 . 价值哲学引论［M］. 北京：北京师范大学出版社，1991：350.

② 毛泽东选集（第三卷）［M］. 北京：人民出版社，1991：864.

③ 马克思恩格斯全集（第三卷）［M］. 北京：人民出版社，1960：330.

④ 马克思恩格斯全集（第四十六卷）［M］. 北京：人民出版社，1960：486.

者和接班人作为大学生价值教育的根本任务。

《共同纲领》规定了新中国的教育必须为国家建设服务。第一次全国高等教育工作会议上就提出了“培养国家高级建设人才”。毛泽东明确指出“使受教育者在德、智、体几方面都得到发展，成为有社会主义觉悟、有文化的劳动者”。[①]既注重社会性的需求，又尊重学生的个性发展。1981年通过的《关于建国以来党的若干历史问题的决议》提出：“用马克思主义世界观和共产主义道德教育人民和青年，坚持德智体全面发展、又红又专……”[②]用全面发展替代了之前的“几方面都得到发展”。邓小平提出培养“四有”新人的目标。江泽民强调人的全面发展是人的发展和社会发展的统一，物质生活和精神生活全面发展的统一，希望大学生成为德才兼备、全面发展的人。1995年颁布的《中华人民共和国教育法》明确规定：“教育必须为社会主义现代化建设服务，培养德智体等全面发展的社会主义事业的建设者和接班人。”以法律的形式明确了教育为谁服务、培养什么人的问题。2002年，党的十六大报告再次明确规定：“教育为社会主义现代化建设服务，为人民服务，培养德、智、体、美全面发展的社会主义建设者和接班人。”2016年，在全国高校思想政治工作会议上，习近平指出：“我国高等教育肩负着培养德智体美全面发展的社会主义事业建设者和接班人的重大任务……让学生成为德才兼备、全面发展的人。”[③]党的十九大报告再次强调：“要全面贯彻党的教育方针，落实立德树人根本任务，培养德智体美全面发展的社会主义建设者和接班人。”[④]

从新中国成立初期的“建设人才”到社会主义改造完成后的“劳动者”，再到20世纪90年代后的“建设者和接班人”；从1957年的“有社会主义觉悟的、有文化的劳动者”到20世纪80年代的“‘四有’新人”，再到90年代以来特别是党的十八大以来的“德智体美劳全面发展的社会主义建设者和接班人”。虽然在不同的历史阶段在育人目标上有不同的表述，但总体上是不断完善和发展的，是一脉相承的，其实质都是强调人才培养的

---

① 毛泽东文集（第七卷）［M］. 北京：人民出版社，1999：226.

② 中共中央文献研究室 . 三中全会以来重要文献选编（下）［M］. 北京：人民出版社，1982：842.

③ 习近平 . 习近平谈治国理政（第二卷）［M］. 北京：外文出版社，2017：377.

④ 习近平 . 决胜全面建成小康社会　夺取新时代中国特色社会主义伟大胜利——在中国共产党第十九次全国代表大会上的报告［M］. 北京：人民出版社，2017：45.

社会属性和社会主义价值取向。大学生价值观教育的根本目的在于促进人的全面发展，培养大学生树立正确的价值观念，培育健康的价值心理，从而达到社会主义合格建设者和可靠接班人的要求，确立为新中国的建设、社会主义的改革和建设，特别是为中国特色社会主义现代化建设服务，为实现中华民族的伟大复兴服务。培养全面发展的社会主义建设者和接班人，既符合国家、社会和人民的需要，也体现了大学生个人发展的需要，是社会价值和个人价值的统一。因此，大学生价值观教育必须始终坚持而不能偏离这个根本任务。

（三）坚持价值导向与价值取向的统一

中华人民共和国成立以来，尽管社会政治经济形势发生了很大变化，社会价值观念也随之变化，社会价值规范也相应做了调整和完善。但在指导思想上，我们始终坚持马克思主义的一元主导性；坚持对大学生开展马克思主义及中国化的最新成果教育；坚持爱国主义、集体主义和社会主义不动摇；坚持用社会主义核心价值体系和社会主义核心价值观引领社会思潮，凝聚共识；坚持对大学生开展共产主义远大理想和中国特色社会主义共同理想的教育，坚持引导大学生树立正确的世界观、人生观和价值观。

毛泽东十分重视对青少年的马克思列宁主义基础教育，他曾多次指出，干部和青年除了学习专业知识之外，还要学习政治和时事，学习马列主义，青年学生既要在业务上有所进步，在政治思想上也要所有进步。他反对不问政治的倾向，要求不论哪个层次的教育都要开设政治课，加强马克思列宁主义的基础教育。1994 年,《中共中央关于进一步加强和改进学校德育工作的若干意见》指出："以邓小平同志建设有中国特色社会主义理论作为学校马克思主义理论教育的中心内容。"①2004 年,《关于进一步加强和改进大学生思想政治教育的意见》提出："要坚持不懈地用马克思列宁主义、毛泽东思想、邓小平理论和'三个代表'重要思想武装大学生。"②2017 年,《关于加强和改进新形势下高校思想政治工作的意见》强调："把理想信念教育

① 教育部思想政治工作司.加强和改进大学生思想政治教育重要文献选编（1978-2014）[M].北京：知识产权出版社，2015：145.

② 教育部思想政治工作司.加强和改进大学生思想政治教育重要文献选编（1978-2014）[M].北京：知识产权出版社，2015：265.

放在首位，切实抓好马克思列宁主义、毛泽东思想学习教育，广泛开展中国特色社会主义理论体系学习教育，深入学习习近平总书记系列重要讲话精神，引导师生深刻领会党中央治国理政新理念新思想新战略。”[①]

党的十九大把习近平新时代中国特色社会主义思想列为党的指导思想，极大地丰富和发展了大学生价值教育的内容。习近平新时代中国特色社会主义思想是马克思主义中国化的最新理论成果，是发展着的马克思主义，内涵丰富，博大精深。把习近平新时代中国特色社会主义思想作为大学生价值教育的重要内容，是新时代大学生价值教育的要求。

马克思主义及中国化的最新理论成果是科学的世界观和方法论。大学生价值教育的内容不断丰富和发展，但坚持马克思主义及中国化的最新理论成果既是指导思想也是中心内容。大学生价值教育只有坚持以马克思主义及中国化的最新理论成果为中心展开，才能确保大学生价值教育不偏离正确的政治方向，才能帮助引导大学生确立坚定的价值信仰，追求崇高的价值理想，坚持正确的价值取向，践行科学的价值规范。

中国特色大学生价值教育模式坚持一元主导，同时注重研究青年大学生的特点，在坚持一元价值导向的前提下，注重大学生个性化多样化发展。中国共产党主要领导人从他们所处的历史时代出发，关注青年问题，重视青年大学生，提出了很多重要的思想，要求要结合青年大学生的特点，帮助引导大学生，鼓励大学生实现个性化多样化发展，满足大学生的需要，激发大学生的活力。两者的有机结合，体现了“和而不同”的精髓。因此，在大学生中努力坚持用马克思主义价值观统领大学生多元的价值取向，同时满足青年大学生个性发展的需要，致力于形成以社会主义核心价值观为核心的社会主义思想文化氛围，促进大学生自由而全面发展。

马克思指出：“要使社会的新生力量很好地发挥作用，就只能由新生的人来掌握它们。”[②] 列宁曾强调：“真正建立共产主义的任务是由青年来担负。”[③] 青年大学生肩负的历史使命和责任，要求必须加强引导青年大学生树立正确的价值观念、坚定正确的价值取向、确立远大价值理想。在毛

① 中共中央，国务院．关于加强和改进新形势下高校思想政治工作的意见［EB/OL］.http：//www.gov.cn/xinwen/2017-02/27/content_5182502.htm，2017-02-27.

② 马克思恩格斯选集（第一卷）［M］. 北京：人民出版社：1995：775.

③ 列宁选集（第四卷）［M］. 北京：人民出版社，1995：281.

泽东看来，“知识分子和青年学生在中国革命中起着先锋和桥梁作用”[①]，他强调青年团的工作要照顾青年的特点，青年是整个社会力量中最积极最有生气的力量，指出青年的缺点就是缺乏经验，容易犯错误，容易受各种不良思潮的影响，这些缺点可以在教育、革命锻炼中逐渐地去掉的。针对资产阶级自由化对青年学生产生的消极影响，邓小平指出：“一部分青年人对社会的某些现状不满，这不奇怪也不可怕，但是一定要注意引导，不好好引导就会害了他们。”[②]江泽民十分重视青年的不足，多次提出要加强教育和引导青年大学生，他强调：“对青年人，第一要爱，满腔热情地爱护他们；第二要严，对他们要热情帮助，要有批评。”[③]胡锦涛指出：“青年始终是我们社会中最活跃、最积极、最有生气的一部分力量，我们的事业取得的全部成就始终与一代又一代青年的英勇奋斗分不开。”[④]习近平认为：“当代大学生是可爱、可信、可贵、可为的，青年处在价值观形成和确立的时期，抓好这一时期的价值观养成十分重要。这就像穿衣服扣扣子一样，如果第一粒扣子扣错了，剩余的扣子都会扣错。”[⑤]这些论述都充分彰显了中国共产党主要领导人对青年的关心、关爱和肯定，同时也要求教育要加强对青年学生的价值引领。在新中国成立以来大学生价值教育 70 年的发展历史中，大学生价值教育始终把马克思主义及中国化的最新理论成果作为指导思想和中心内容，同时结合青年大学生的特点开展了丰富多彩的价值教育活动，在一元统领的前提下，兼容共生，引导大学生实现全面而自由发展。

（四）教育与生产劳动相结合

教育与生产劳动相结合，是马克思主义创始人为改造社会、发展生产、造就全面发展新人而提出来的，是马克思主义的一条基本原理。教育与生产劳动相结合，是坚持社会主义教育方向的一项基本措施。大学生价值教

① 共青团中央，中共中央文献研究室. 毛泽东邓小平江泽民论青少年和青少年工作[M]. 北京：中国青年出版社，2003：69.

② 邓小平文选（第二卷）[M]. 北京：人民出版社，1994：391.

③ 共青团中央，中共中央文献研究室. 毛泽东邓小平江泽民论青少年和青少年工作[M]. 北京：中国青年出版社，2003：236.

④ 胡锦涛. 发扬伟大的爱国主义精神为建设有中国特色社会主义努力奋斗——在五四运动八十周年纪念大会上的讲话[J]. 求是，1999（10）：5.

⑤ 习近平. 习近平谈治国理政[M]. 北京：外文出版社，2014：166-172.

育是培养全面发展的社会主义建设者和接班人，这就要求大学生应该具备生产劳动和社会实践的能力和意识。

毛泽东从中国实际出发，创造性地发展了教育与生产劳动相结合的思想。他强调实施教育与生产劳动相结合是为了培养大学生的工农感情，愿意为工农服务；是为了实现理论与实践相结合；是为了把大学生培养成有社会主义觉悟的有文化的劳动者，使大学生通过生产劳动，培养劳动观念，热爱劳动。邓小平重申了教育与生产劳动相结合是建设有中国特色社会主义教育的根本方针。江泽民指出："在马列主义、毛泽东思想指导下，与实践相结合，与工农相结合是我国知识分子健康成长的正确道路。"[①]《中共中央　国务院关于深化教育改革全面推进素质教育的决定》明确指出："教育与生产劳动相结合是培养全面发展人才的重要途径。"[②]胡锦涛指出："要坚持政治理论教育与社会实践相结合，既搞好课堂教育，又注重引导大学生深入社会、了解社会、服务社会。"[③]习近平多次强调，要采取多种措施教育引导广大青少年树立热爱劳动的思想观念，培养青少年养成热爱劳动的习惯，为祖国培养勤于劳动、善于劳动的高素质劳动者。

在大学生价值教育中坚持教育与生产劳动相结合，在教育内容上着重对大学生进行劳动价值观的教育、劳动意识和劳动精神的培养、劳动习惯的养成教育和劳动技能的培养。习近平要求："我们一定要在全社会大力弘扬劳动精神"，"引导广大人民群众树立辛勤劳动、诚实劳动、创造性劳动的理念。要教育孩子们从小热爱劳动、热爱创造，通过劳动和创造播种希望、收获果实，也通过劳动和创造磨炼意志、提高自己。"[④]教育与生产劳动相结合是全面提高大学生综合素质、增强价值教育整体效应的重要有效途径。马克思主义理论课、思想政治教育课的系统教育，为大学生参加生产劳动和社会实践提供了正确的理论指导；生产劳动和社会实践又为系统的理论教育提供了重要的途径和丰富的实践材料。中国共产党主要领导人都重视劳动、

---

① 江泽民文选（第一卷）［M］. 北京：人民出版社，2006：128.

② 中共中央文献研究室. 十五大以来重要文献选编（中）［M］. 北京：中央文献出版社，2001：862.

③ 中共中央文献研究室. 十六大以来重要文献选编（中）［M］. 北京：中央文献出版社，2006：640.

④ 习近平在庆祝"五一"国际劳动节大会上的讲话［EB/OL］. http：//www.xinhuanet.com/politics/2015-04/28/c_1115120734.htm，2015-04-28.

社会实践在育人中的作用，注重教育与劳动相结合，注重加强学生的劳动观教育，提升了大学生对劳动本质的认识，增强了广大青年学生的责任意识和担当精神。

（五）教育与自我教育相结合

大学生价值教育的成效，不仅依赖教育者的教育活动，而且还需要受教育者的自我教育。在大学生价值教育中，教育和自我教育相结合就是要把教育者的主导作用和受教育者的主动作用结合起来。教育和自我教育相结合的着力点，就是在教育者的引导下着重抓好受教育者的自我教育。把教育和自我教育相结合是中国共产党主要领导人一贯以来的主张，是中国特色大学生价值教育模式的又一重要体现。

毛泽东明确提出："对人民来说，用民主的方法向他们进行教育和说服的工作……这种教育工作是人民内部的自我教育，批评和自我批评的方法就是自我教育的基本方法。"[①] 邓小平多次强调要在教育者的指导下做好受教育者的自我教育工作。1994 年 8 月，《中共中央关于进一步加强和改进学校德育工作的若干意见》中明确指出："德育工作要与关心指导学生的学习、生活相结合，与加强管理相结合……培养学生自我教育、自我管理、自我服务、自我约束的能力。"[②] 2005 年，胡锦涛在全国加强和改进大学生思想政治工作会议上指出："坚持教育与自我教育相结合，既充分发挥学校的教育引导作用，又充分调动大学生的积极性、主动性。思想政治教育要取得实效，既要加大教育引导的力度，又要激发受教育者的内在动力。"[③] 习近平指出要"依靠学习走向未来"，对于如何学习，他要求要把学习当作一种精神追求、一种生活方式，做到主动学习、自觉学习、终生学习。

中华人民共和国成立 70 年来，我国大学生价值教育在教育和自我教育相结合方面进行了很多有益探索，表现在：一是课堂教育教学与"第二课堂""第三课堂"课外社团实践活动相结合。课堂教育教学主要是通过"两

① 中共中央文献研究室 . 建国以来重要文献选编（第一册）［M］. 北京：中央文献出版社，1992：325.

② 教育部思想政治工作司 . 加强和改进大学生思想政治教育重要文献选编（1978–2014）［M］. 北京：知识产权出版社，2015：145.

③ 中共中央文献研究室 . 十六大以来重要文献选编（中）［M］. 北京：中央文献出版社，2006：640.

课”教学、专业课程对大学生进行价值引导，教书育人。“第二课堂”社团活动主要有：“青年马克思主义者培养工程”、课外马克思主义政治理论学习小组、业余党校、团校，课外学术探索活动，各种演讲比赛、知识竞赛、辩论赛，课余的文化艺术体育活动等。“第三课堂”主要有：暑期“三下乡”社会实践活动，专业实习实训活动，青年大学生志愿服务活动及其他公益活动等。二是组织教育和个人教育相结合，组织教育是指党团组织集中组织开展的政治理论学习和其他集体活动，即我们通常所说的“过组织生活”，开展批评与自我批评，在批评与自我批评中提高认识，明辨是非。个人教育主要通过谈心谈话、心理咨询等方式对大学生进行价值引导，帮助其分析价值困惑，促进学生树立正确的价值观念、做出正确的价值判断和选择。三是学校管理和自我管理相结合。学校管理是指学校学院运用各种规章制度对学生进行的统一管理。自我管理是指学生集体和个人按照学校学院的要求进行自我的管理。在大学生价值教育中，实现教育与自我教育相结合，归根结底就是把价值教育转化成大学生一种生存方式和自我发展的内在需要。教育与自我教育相结合既符合思想政治教育理论，又贴近大学生的实际，有利于促进大学生的全面发展。

二、中国特色大学生价值教育模式形成的历史过程

社会主义革命和建设时期大学生价值教育在探索中曲折发展，初步确立了大学生价值教育的内容、途径和方法，突出政治价值观教育，建立思想政治教育的制度、机构和队伍。但因“左”倾错误的滋长使大学生价值教育在艰难中推进，“文化大革命”阶段大学生价值教育受到了严重挫折。改革开放和社会主义现代化建设新时期大学生价值教育围绕党和国家的中心任务展开，在发展中走向规范化、科学化，制定出台了系列政策和文件，加强和改进大学生思想政治教育，根据经济社会发展的要求与时俱进地充实大学生价值教育的内容，拓展大学生价值教育的途径。国家重要文件和领导人的重要讲话中都强调要引导大学生树立正确的世界观、人生观、价值观。党的十八大以来大学生价值教育在社会主义核心价值观的引领下深入发展，深入开展习近平新时代中国特色社会主义思想的宣传教育，强调要立德树人，积极培育和践行社会主义核心价值观，加强高校的思想政治工作。从对当代大学生价值教育的历史发展轨迹的整理和回顾来看，虽然不同历

史阶段大学生价值教育的内容、途径、方式方法等有各自历史阶段的特点，但也有一些共同的规律和特点。例如，大学生价值教育始终以马克思主义为指导，紧紧围绕经济社会发展的要求和大学生在不同历史阶段价值观念的特点展开；大学生的全面发展是大学生价值教育的目标追求；爱国主义教育是永恒的主题，各个历史阶段都结合经济社会发展的情况而不断丰富爱国主义教育的内涵；民主、法制教育不断发展；文明、和谐、美丽等价值观念教育逐步被列入教育范畴，都强调发挥课堂主渠道的作用，都注重发挥校园文化和社会实践在价值教育中的积极作用。

（一）社会主义革命和建设时期中国特色大学生价值教育模式探索的开端

新中国的成立是一次重大的文明替代和更新，既要对传统价值体系进行批判和继承，又要建构新的价值体系，实现新民主主义到社会主义的过渡。新中国成立初期确定了以发展为人民服务思想为主要任务，设置新的政治理论课课程体系，建立新的大学生政治工作机构和制度，组织学生参加政治运动，参与社会实践和生产劳动，都是要帮助引导大学生树立社会主义、集体主义、共产主义的价值观念。

从新中国成立到社会主义改造基本完成是大学生价值教育的新生阶段，这一时期大学生价值教育置身于社会政治、经济大变革中，其成绩和问题也不可避免地烙上了时代的印记。一是大学生价值教育具有从新民主主义向社会主义转变的过渡性质。思想政治教育工作的指导思想开始转变，开始强调教育的社会主义方向，确立了发展为人民服务的思想为主要任务。初步形成了由马克思主义理论教育、时事政策教育和日常思想品德教育组成的政治思想教育架构。二是注重政治教育，重视提高大学生的阶级觉悟。要求大学生参加政治理论学习，推行社会主义思想改造运动，组织学生参加土地革命、抗美援朝、镇压反革命及“三反”“五反”政治运动，在政治运动中传递价值观念。三是树立“全面发展”教育思想，突出开展共产主义道德教育。新中国一成立就把注重学生的全面发展作为学校教育的重要原则。毛泽东同志对青年提出了“身体好、学习好、工作好”的要求，要求教育部门充分兼顾青年的工作、学习和娱乐、体育、休息两个方面。因此教育界就把“三好”与“全面发展”联系起来，许多人还把“三好”内容作了引申，从而推进了全面发展教育的实施。1954 年开始，高等教育部以贯彻党在过渡时期总路线为契机，把实行全面发展的教育与社会主义教育联系起来，提出了培养社会主义全面发展新人的方针，使全面发展教育的实施进入了新阶段。1954 年到 1955 年，中共中央先后批转了有关青年大学生的共产主义道德品质教育，自觉抵制资产阶级思想侵蚀的文件，要求在全国高校普遍开展共产主义道德教育。

1956 年，党的八大的顺利召开，开启了科学探索社会主义建设新阶段。但是从 1957 年开始“左倾”错误的影响逐渐扩大，导致科学探索社会主义在曲折中发展。1956~1966 年，大学生价值教育在曲折探索中前进。党的教育方针的明确提出，为大学生价值教育提供了方向，强调教育为无产阶级政治服务。《高教六十条》的制定和执行，开始规范大学生价值教育。开展了以《正确处理人民内部矛盾》为指导的社会主义教育，按照党的教育方针确定了“又红又专”的人才观。选树先进典型，倡导敬业、友善、无私奉献的社会主义价值观。但是，这一时期，“反右运动”“大跃进”“人民公社运动”“四清社会主义教育”等，使大学生价值观念在很大程度上受到了“左”倾思想的干扰，混淆了两类不同性质的矛盾，误伤很多包括大学生在内的年轻人。这一阶段大学生价值教育的特点：一是突出政治价值观教育，把阶级和阶级斗争作为价值教育的重要内容，大力强化大学生的阶级斗争意识；用政治统帅一切教育工作，无论是政治课教学、课外活动和生产劳动，无不强调突出政治；社会政治运动频繁，占用了学生很多学习的时间。二是通过强化劳动教育，推动大学生价值教育。坚持教育与生产劳动相结合的方针，实行半工半读的劳动制度，大力倡导勤工俭学，学校下大力气办工厂、农场，生产劳动的作用被提到前所未有的高度，掀起了大规模的下厂下乡运动。三是突出榜样的作用，用先进典型引导大学生。20 世纪 60 年代后，学校价值教育在强化阶级斗争教育的同时，出现了一种新的实践形式，即特别注重榜样的引领作用，涌现出一批典型的英雄人物和英雄集体，大学生把他们当作学习和效仿的对象。

“文化大革命”阶段，“四人帮”对高校价值教育的破坏是极其严重的。他们为了篡党夺权的需要，主张把各类大学办成“政治大学”，蛊惑“知识越多越反动”“宁要没有文化的劳动者”、要把学生培养成“反潮流英雄”等思想。这种背离无产阶级教育思想的目标导向，破坏了教育事业，毒害了青年学生。“怀疑一切”“打倒一切”歪曲了大学生价值教育正确方针与原则；突出“政治”，以阶级斗争为纲扭曲了大学生价值教育内容；大搞形式主义、

“假、大、空”败坏了大学生价值教育途径和方法；在周恩来和邓小平主持工作期间，继续提倡“又红又专”教育，重提重试理论学习，组织青年上山下乡开展艰苦奋斗教育等，大学生价值教育出现了短暂的转机。

（二）改革开放和社会主义现代化建设新时期中国特色大学生价值教育模式走向规范化、科学化

1978 年 12 月，党的十一届三中全会作出了实行改革开放的国策，把党和国家的中心转移到经济建设上来的战略决策。大学生价值教育坚持在改革中探索，在实践中发展，逐步走向规范化、科学化。进入改革开放新的历史时期，大学生价值教育工作围绕党的中心任务展开，出台制定了一系列政策措施。

开创中国特色社会主义事业新阶段，大学生价值教育经历了一个从拨乱反正、整顿恢复到开始新的探索的过程。党的十一届三中全会后，大学生价值教育有了明确的方向，端正了指导思想，坚持正确的培养目标，适应改革开放的新要求开始了新的探索。围绕改革开放提出了坚持解放思想与四项基本原则相统一的原则，围绕建设社会主义现代化国家开展民主、法制、纪律教育，以社会主义精神文明建设理论为指导突出文明价值观念教育，培育“四有”新人。中共中央作出实施教育体制改革的决定，确定了教育为改革开放和经济建设服务的新的指导方针。中共中央针对社会主义精神文明建设、思想政治教育、思想政治理论课程改革和建设等都发布了相关指导方针、意见和决议，推动思想政治教育的制度化建设。中共中央宣传部、教育部等部门就爱国主义教育、学生参加生产劳动、加强思想政治工作队伍建设等方面下发指导意见，强调要加强爱国主义教育，规范学生参加生产劳动的时间，规范高校思想政治工作队伍。教育部颁发《高等学校学生守则》规范了学生的日常行为。各高校先后制定了一系列实施办法，加强思想政治教育的组织机构和规章制度建设。党和国家领导人先后在多次会议和公开场合强调要加强思想政治教育，并对教育的内容、方法等提出了要求。

在社会主义市场经济体制建立过程中，党的十五大把邓小平理论确定为党的指导思想，对我国的现代化建设事业做出了新的战略部署，强调教育要同经济相结合。党和国家对教育重要性的认识不断深化，每一次对教育重要性认识的深化都会带来思想上的解放，这一阶段的大学生价值教育把建设有中国特色社会主义与市场经济原则相统一，开展了建设有中国特

色社会主义理论的宣传教育，邓小平理论的宣传教育，“三个代表”重要思想的宣传教育；继续在建立社会主义市场经济体制中推进民主、文明、法制、道德教育，拓展爱国主义的内涵，弘扬民族精神；加强集体主义价值观教育，引导大学生树立正确的世界观、人生观、价值观。大学生价值教育的规范化发展是这一时期的特点之一，中共中央、国务院制定了一系列的意见、纲要、发展规划等来推动大学生的价值教育。《中国教育改革和发展纲要》对教育改革和发展的目标、方针、政策、措施等作了明确的规定。《爱国主义教育实施纲要》对爱国主义教育开展的基本原则、主要内容、重点对象、基地建设、氛围营造等提出了具体要求。《中国普通高等学校德育大纲》规定高校的德育目标、德育内容、德育原则、德育途径、德育考评、德育实施。《关于普通高等学校“两课”课程设置的规定及其实施工作的意见》规范了“两课”的课程设置、基本内容、时间安排、实施要求。《面向二十一世纪教育振兴行动计划》总结了我国改革开放以来教育发展的经验，对教育的战略地位、素质教育的内容要求、方法改革等提出了具体规划。此外，这一时期还对高校思想政治工作进网络、大学生心理健康教育工作、大学生社会实践工作、高校学生公寓管理、高校思想政治工作队伍建设、“两课”教材建设及管理等具体问题都提出了具体的实施意见和建议，并作为正式文件下发，要求各高校遵照执行。

全面建设小康社会进程中形成了“以人为本”、全面协调可持续发展的科学发展观，党的十七大把科学发展观列为党的指导思想，提出了建立社会主义和谐社会，树立社会主义荣辱观，构建社会主义核心价值体系等重大命题。大学生价值教育以科学发展观为新的指导理念，开展了“三个代表”、科学发展观的“三进”工作，开展了中国特色社会主义共同理想教育、以爱国主义为重点的民族精神教育、社会主义荣辱观教育、和谐价值观念教育等。据不完全统计，从2002年党的十六大召开到2012年党的十八大召开期间，中共中央、国务院、国家教育部、共青团中央等部门共发出关于大学生价值教育的文件、制度达100余项。这些制度和文件涉及大学生价值教育的各个方面。其中，2004年8月26日，《中共中央、国务院关于进一步加强和改进大学生思想政治教育的意见》，中共中央、国务院下发关于加强大学生思想政治教育的意见的文件在历史上还是第一次，该文件被认为是新时期大学生思想政治教育的纲领性文件。2005年3月，《〈中共中央宣传部、教育部关于进一步加强和改进高等学校思想政治理论课的意见〉

实施方案》（即“05 方案”）印发，“05 方案”是新时期大学生思想政治理论课的指导方案。2005 年 4 月 21 日，《教育部关于整体规划大中小学德育体系的意见》发布，对大学阶段的德育目标和内容、课程设置、德育活动的开展、德育的有效途径等作了明确的规定。2006 年 7 月，教育部颁发的《普通高等学校辅导员队伍建设规定》，是新时期高校辅导员队伍建设的指导性文件。2012 年 2 月，中宣部、教育部印发《全国大学生思想政治教育工作测评体系（试行）》的通知，采用材料审核和实地考察两种方法测试加强和改进大学生思想政治工作的进展及成效。注重大学生日常管理和心理健康教育工作，通过规范大学生的日常管理来引导大学生树立价值规范意识。加强大学生的心理健康教育，引导大学生树立健康的价值心理。加强毕业生的价值教育工作，引导毕业生树立正确的就业观、成才观。

（三）新时代中国特色大学生价值教育模式在科学发展中深化

党的十八大指出，深入开展社会主义核心价值体系学习宣传教育，用社会主义核心价值体系引领社会思潮、凝聚社会共识。正式提出三个倡导，积极培育和践行社会主义核心价值观。党的十九大把坚持社会主义核心价值体系列为基本方略之一，强调坚定文化自信，推动社会主义文化繁荣发展，牢牢掌握意识形态的领导权，培育和践行社会主义核心价值观。党的十八大以来，党和国家高度重视培育和践行社会主义核心价值观，深化社会主义核心价值观的学习教育。努力在全社会营造社会主义核心价值观无处不在、无时不有的氛围；努力使社会主义核心价值观内化于心、外化于行。推动全社会全民践行社会主义核心价值观、共筑中国梦的生动局面。大学生价值教育以社会主义核心价值观为引领，在科学发展中不断深化。

第一，强调社会主义核心价值观的地位、功能和作用。社会主义核心价值观把国家、社会、个人的价值要求融为一体，充分体现了社会主义的本质要求，传承和升华了中华优秀传统文化，吸收和借鉴了世界文明的优秀成果，是时代精神的体现。社会主义核心价值观是当代中国精神的集中体现，凝结着全体人民共同的价值追求，是一个民族赖以维系的精神纽带，是共同的道德基础。习近平强调：“核心价值观，承载着一个民族、一个国家的精神追求，体现着一个社会评判是非曲直的价值标准。”① 培育和践行社

① 中共中央文献研究室．十八大以来重要文献选编（中）［M］．北京：中央文献出版社，2016：2.

会主义核心价值观，关乎国家的前途命运，关乎人民幸福安康，是凝魂聚气、强基固本的基础工程，是党和国家必须始终抓好的战略工作。

第二，在培育和践行社会主义核心价值观的目标方面，强调要内化于心、外化于行。发挥课堂主渠道作用，加强理论教育，提升大学生对社会主义核心价值观的理性认知；发挥校园文化的育人功能，营造文化氛围，提升大学生的情感认同；利用新媒体平台，探索线上线下相结合的多种途径，培育大学生的核心价值观。在外化于行方面，强调教师的引领示范作用，推进学生社团活动与核心价值观的融合，紧密结合大学生的实际，精心设计开展社会实践活动，把社会主义核心价值观的要求日常化、具体化、生活化。

第三，在培育和践行社会主义核心价值观的内容方面，从国家、社会、个人三个层面提出了不同的要求。深刻阐释了新时代要建设什么样的国家、构建什么样的社会、培养什么样的公民的重大理论问题。针对大学生，不断丰富价值教育的内容，以习近平新时代中国特色社会主义思想为指导，以理想信念教育为核心，深入开展了中国特色社会主义、“四个全面”战略布局、“四个自信”的学习宣传教育；强调爱国主义教育；大力开展生态文明教育。引导大学生坚定理想信念，增强“四个自信”，树立爱国主义意识和生态文明意识，为实现中华民族伟大复兴的中国梦不懈奋斗。

第四，在培育和践行社会主义核心价值观的途径方面，强化教育引导，注重实践养成，加强制度保障。在教育引导方面，强调从娃娃抓起，从家庭做起，贯穿教育教学的全过程，构建课程、科研、实践、文化、网络、心理、管理、服务、资助、组织“十大育人”体系，形成全员育人、全方位育人、全过程育人的局面。在实践养成方面，通过开展丰富多彩的第二课堂、第三课堂活动，让大学生在实践中把社会主义核心价值观当作自己的基本遵循。在制度保障方面，中共中央把培育和践行社会主义核心价值观列为重大改革的重要组成部分，列为文化改革发展规划的重要内容，列为中长期青年发展规划的目标之一，写入《中华人民共和国宪法》。

第五，狠抓培育和践行社会主义核心价值观的任务落实。纳入课程体系，出版系列读物，制作宣传片，组织全国高校开展核心价值观的教学展示活动，深入开展专项调研，研究制定测评指标，研究制定长效机制。各地各高校将此作为重要任务，从营造氛围、教育引导、舆论宣传、文化熏陶、实践养成、制度保障等环节入手，用鲜活的实践载体、生动的教育形式、新颖的活动方式，推动社会主义核心价值观教育落到实处，取得实效。

三、中国特色大学生价值教育模式的创新发展

实现中国特色大学生价值教育模式的创新发展应当具备国际视野、立足本土、凸显时代特征。在结合党的核心价值观、国家经济社会发展的基础上，根据习近平新时代中国特色社会主义思想和党的十九大对大学生价值教育提出的新任务和新要求，以史为鉴，理论联系实际，把习近平新时代中国特色社会主义思想和党的十九大精神落实到大学生价值教育的创新发展之中。在新时代背景下，围绕立德树人的根本任务，培养担当民族复兴的时代新人；协同推进，抓好大学生培育和践行社会主义核心价值观的任务落实；以人为本，切实增强大学生的存在感和获得感；坚持国际视野本土情怀，服务大学生价值教育实践。

（一）培育担当民族复兴大任的时代新人

2017 年，党的十九大报告提出“培养担当复兴大任的时代新人为着眼点”，深刻回答了在新时代“培养什么人”的根本问题；指出“青年一代有理想、有本领、有担当，国家就有前途，民族就有希望”。明确提出中华民族伟大复兴将在一代代青年的接力奋斗中变为现实。实现“两个一百年”奋斗目标，广大大学生既是中国梦的追梦人，也是民族复兴的圆梦人。他们的理想信念、能力素质、担当意识，是一个国家发展活力的重要体现，也是一个国家软实力的重要构成因素。

第一，着力加强青年大学生的理想信念教育。理想信念是精神上的“钙”。理想信念是价值观念的核心，也是大学生价值教育的主要内容。树立共产主义远大理想和中国特色社会主义共同理想，是新时代对大学生的要求。习近平新时代中国特色社会主义思想，为当代大学生树立共产主义远大理想和中国特色社会主义共同理想提供了遵循。大学生的理想信念教育，其实质是解决世界观、人生观、价值观这个“总开关”问题。首先要加强理论武装，着力引导大学生坚定“四个自信”，确立对共产主义的价值认同。其次要加强历史教育，引导大学生正确认识历史发展规律，把握历史发展趋势，确定自己的历史使命和历史责任。再次要加强世情、党情、国情教育，引导大学生认识中国发展的国情，理解掌握发展的方针、政策，积累发展力量。最后要引导大学生积极投身社会实践，艰苦奋斗。在社会实践中改造自己、完善自己、发展自己，把树立理想和实现理想有机统一起来，

把追梦和圆梦结合起来。激励青年把个体成长理想与国家富强、民族振兴、人民幸福的国家和社会理想有机结合起来，引领青年珍惜这个伟大时代，做新时代的奋斗者。

第二，着力提高青年大学生的本领。有本领强调青年大学生成长成才要在坚定理想信念、厚植爱国主义情怀、加强品德修养、增长知识见识、培养奋斗精神和增强综合素质上下功夫。明确要求广大教师要肩负起传播知识、传播思想、传播真理，塑造灵魂、塑造生命、塑造新人的时代重任。① 练就过硬的本领，学习是进步的阶梯，实践是提高本领的途径。要引导大学生树立梦想从学习开始、事业靠本领成就的观念。培养担当民族复兴大任的时代新人，不能仅仅使青年意识到理论学习的重要性，关键是要引导他们将理论学习与本领提升紧密结合起来。学习是青年大学生的首要任务，青年大学生要把学习当作一种责任、一种精神追求、一种生活方式。另外，引导学生学会学习的本领。大学生学习要面向现代化、面向世界、面向未来，既要学好专业基础知识又要学会学习，增强知识更新的能力和紧迫感，不断提高与新时代发展要求相适应的素质和能力。时代新人只有掌握了过硬的本领，成为行业中的不可替代者，才能在实践中为实现中华民族伟大复兴中国梦和推进中国特色社会主义伟大事业做出独特的贡献。

第三，着力引导青年大学生学会担当。培养担当民族复兴大任的时代新人，其责任担当面向的不仅是个体自我，而是国家、民族乃至整个人类社会。全面小康社会的建成和现代化的基本实现，青年大学生是中坚力量，要强化青年大学生的使命意识、责任意识、奉献意识。强化使命意识，就是要教育引导青年大学生认清新时代的历史方位和建设社会主义现代化强国的奋斗目标，把以人民为中心作为根本价值取向，把为人民谋幸福、为中华民族谋复兴作为毕生追求。强化责任意识，引导新时代的青年大学生要传好中华民族伟大复兴这根“接力棒”，认清对国家、民族、社会、家庭、自己的责任，认清对历史、现实、未来所承担的责任。强化奉献意识，就是要教育大学生牢记“空谈误国，实干兴邦”的人生信条，引导大学生从现在做起，从点滴做起，用勤劳的双手和一流的业绩成就精彩人生。当今时代是一个急速发展的时代，当代青年生逢其时，也重任在肩，因而也是

① 习近平在全国教育大会上强调：坚持中国特色社会主义教育发展道路　培养德智体美劳全面发展的社会主义建设者和接班人［N］. 人民日报，2018-09-11（1）.

青年人奋斗的时代。引导青年大学生赓续永久奋斗的传统，以奋斗的青春为祖国发展增添正能量。

（二）深化社会主义核心价值体系教育

党的十九大把坚持社会主义核心价值体系作为基本方略之一，提出了要加强社会主义道德建设，这为新时代大学生价值教育指明了方向。在加速教育现代化的进程中，只有根据国家社会的现实需求和大学生价值观念的现实状况不断创新和发展价值教育的内容，才能从本质上推动大学生价值教育的现代化。当前和今后一段时期内,大学生价值教育要加强理论武装，推动习近平新时代中国特色社会主义思想入脑、入心、入行；推动大学生对社会主义核心价值观内化于心、外化于行，转化为大学生的情感认同和行为习惯；加强大学生的思想道德建设；继续深化开展理想信念教育；深化中国特色社会主义教育，深化“中国梦”“四个自信”“四个全面”战略布局教育，大力弘扬民族精神、时代精神，加强爱国主义、国际主义、集体主义、社会主义教育，引导大学生树立正确的历史观、民族观、国家观和文化观。

第一，深化马克思主义价值理论教育。马克思主义价值理论教育是社会主义核心价值体系的理论基础，是社会主义核心价值体系的根本内容。深入开展马克思主义价值理论教育，才能确保大学生树立价值观念、培育价值心理、调控价值活动有科学的理论基础。马克思主义价值理论内涵十分丰富。在层次结构上，包括：“科学社会主义和共产主义的价值观念层次，马克思主义价值学层次和马克思主义哲学价值论层次。”① 在时空结构上，可分为马克思主义的价值理论、列宁的价值理论、中国共产党主要领导人的价值理论。中国共产党主要领导人的价值理论是马克思主义价值理论在中国的发展，是大学生价值教育的核心内容。当前，要对大学生进行深入系统的习近平新时代中国特色社会主义思想的教育。通过创新话语体系，将深奥的学术语言转换为学生乐于接受的大众语言，将抽象的宏大叙事融入具体的个体故事，让话语内容“接地气”，让理论话语表达“有生气”。

第二，深化中国特色社会主义共同理想教育。理想信念激励着人们为着一定的社会理想和生活目标而不断努力追求。大学生价值教育中，深化中国特色社会主义共同理想教育，就是要引导学生确立马克思主义信仰，

① 李德顺 . 价值学大词典［M］. 北京：中国人民大学出版社，1995：189，452，454.

做中国特色社会主义共同理想和共产主义远大理想的忠诚实践者。着眼于新时代，科学规划青年价值观培育，既立足于“两个一百年”的现实目标，又着眼于“中国梦”的长远未来。紧扣时代特征，在“互联网＋”“人工智能”时代的当下，高度重视网络空间的价值引领，牢牢把握网络空间价值引领的主动权；强调要利用“大数据”“区块链”，增强网络价值引领的技术引力。紧扣青年特点，根据当代青年价值观念开放性、价值取向多元化、价值心理多维度等特点，探寻分层分类引导的途径和方法。通过教育引导、舆论宣传、文化涵养、实践养成引导大学生自觉把个人的理想追求融入为实现中华民族伟大复兴中国梦的奋斗当中。

第三，深化民族精神和时代精神教育。在价值教育中深化民族精神和时代精神的培育和弘扬，提倡社会发展的主流意识形态，弘扬社会发展主旋律，克服大学生精神生活中的物化现象，升华历史主体的社会实践能力。爱国既需要情感的基础，也需要理性的认识，更需要实际的行动。着力引导大学生把国家的安全、荣誉和利益放在高于一切的地位，始终做到爱国的深厚情感、理性认识和实际行动相一致，与祖国同呼吸、共命运。青年时期是创新创造的宝贵时期。新时代的大学生置身于实现中华民族伟大复兴的时代洪流之中。着力引导大学生以时代使命为己任，把握好时代脉搏，迎接时代挑战，增强创新创造的能力和本领，勇做改革创新的生力军。

第四，深化社会主义荣辱观教育。社会主义荣辱观是社会主义核心价值体系的基础，是社会主义基本道德规范的本质要求。深化社会主义荣辱观教育，构筑大学生思想道德新防线。当代大学生作为实现“两个一百年”奋斗目标的生力军，既要仰望星空，追求知识认知的超越，又要在学习实践中维系好心中的道德律。在大学生中深化社会主义荣辱观教育，必须建立健全社会主义荣辱观长效渗透机制。建立健全政策导向机制，在政策中贯彻荣辱价值标准、评价标准和基本规范。建立健全法律保障机制，依法惩处不讲廉耻的行为。建立健全文化熏陶机制，让扬荣抑耻的道德文化激发大学生的趋荣避耻的行为。建立健全网络导向机制，让网络成为传播社会主义荣辱观的重要阵地。

（三）注重价值教育生活化和隐性生成

在大学生价值教育的过程中，方法对教育效果起着重要的作用。既要发挥教师在价值教育中的主导地位，又要尊重大学生的主体地位。在信息化时代，各个领域飞速发展的科学技术为价值教育方法的现代化提供了可能。教育者可以把人文关怀与心理疏导相互结合起来提升大学生价值教育的吸引力；可以通过情感教育与理性教育交织用来增强大学生价值教育的可接受性；可以通过显性教育与隐性教育的相互补充来共同推进大学生价值教育；可以通过利用网络微博、微信、客户端等网络新媒体随时随地对大学生进行价值教育；可以借鉴其他学科比较成熟的如社会调查、量化分析等方法来提高大学生价值教育的有效性。

第一，改进教育方式。美国心理学家卡尔·霍夫兰通过试验研究表明，传播效果在很大程度上取决于传播者。受众对传播的反应极大地受到传播者的专业性、意图和可信赖性的影响。可信度高的传播者比可信度低的传播者更能说服人，更能使传播奏效。在对大学生进行价值教育时，要结合大学生的特点和已有的知识、技能、价值观念等，让大学生主动自觉地参与到价值教育当中来。教育家布雷钦卡认为，价值教育必然是传递某些特定的价值观而忽略其他可能选择的教育，必然是教育个体与特定的理想产生内在联系，同时忽略其他的可能的理想。[①]“引导”主要侧重于对受教育者的尊重，包括对内在的意愿、兴趣等方面的关注。教育不是一个被动的过程，不是教育者单向地给受教育者灌输一套价值系统，而是一个教育者与受教育者彼此互动的过程。在这一过程中，应该注重把握、尊重被教育者内在的意愿、兴趣、个性特点。

具体到大学生价值教育中，应改进教育方式，在学生主动参与上下功夫。在大学生价值教育过程中，学生往往成为“被教育”的对象，被动地接受和执行让学生缺乏存在感。为此，强化大学生的主体意识，尊重大学生的主体地位，为广大大学生提供参与设计和组织价值教育活动的机会，提高大学生在教育教学过程中的主动参与度，让大学生成为价值教育的“主人”。教师要善于发现学生的特点，通过私人定制或组建学习成长团队，充分发挥“意见领袖”的带动作用，激发大学生自主发展的内在动力。

第二，价值教育生活化。美国教育家杜威曾提出“教育即生活”理论，启示我们教育与生活是一个有机整体，教育中有生活，生活中有教育才是完整的。教育的内容是生活的延伸，生活为我们提供了广泛的教育内容。教育的形式是丰富多彩的，寓教于乐，不拘泥于课堂，不拘泥于书本。“价值

① 戚万学．冲突与整合［M］．济南：山东教育出版社，1995：21.

不是空中楼阁般的观念，而是与现实生活（包括家庭生活、学校生活、社会生活）相关联的活生生的行为”。[①] 大学生价值教育要紧紧围绕学生，设计吸引大学生的社团活动、社会实践，让他们参与其中，进行个性化的指导，在活动过程中互动与合作。针对不同的专业特点，顶层设计培养方案，把价值教育嵌入专业培养中。联系大学生日常生活的场景和经验，引导学生实施价值行为，对价值行为进行价值的纠偏、确认、行动，最终确立自己的价值观，指导实践，创造价值。

面向生活要求大学生价值教育要增强现实感，在教育载体上下功夫。一是需要推动课程载体、文化载体、活动载体的联动互补，因材施教，充分发挥课堂主渠道的作用；因时制宜地更新校园文化，发挥校园文化的熏陶作用；因人制宜地开展丰富多彩的主题教育活动，发挥活动载体的浸化作用。二是推动传统教育载体和新兴网络载体的联动，线上线下联动。借助微信平台、订阅号、客户端等大学生喜爱的网络平台加强宣传推广，丰富拓展网络宣传的内容、形式，充分展示网络阵地宣传的即时性、鲜活性。高校要建立整合各类载体的优势互补机制，充分发挥各自载体的功能，不断扩大社会主义核心价值观在大学生中的影响力和传播力。三是建立信息通畅的交流机制、资源共享的机制，推动大学生的价值教育工作的开展。包括建立信息共享平台，把全国的教育资源进行有效的整合，挖掘大学生价值教育中的好的做法、典型经验，开展专题交流研讨，开展资源共享，推动价值教育工作的开展。

第三，注重隐性生成。随着网络的普及、慕课的兴起、教育渠道的多样化，大学生价值观的初步确立，传统的教育方式对大学生的吸引力和价值影响逐渐减弱，而渗透式的教育效果逐渐凸显。对大学生的价值引导，要注重隐性课程的研究和设计，使隐性课程发挥正向功能，促进大学生价值素质的提升。对大学生的价值教育，要注重学校人文环境和校风的价值渗透作用。学校的人文环境；学校的校风、学风、教风；班级管理中的制度、规范；学习生活中的评先评优；学生干部的选拔任用；日常生活中的人际关系等因素都会潜移默化地影响大学生的发展方向。

注重隐性生成，增强大学生的获得感，在多元化服务体系上下功夫。

---

① ［美］戴安·泰尔曼，皮拉·克罗米纳．生活价值教育培训手册［M］．李宝荣等译．北京：北京师范大学出版社，2005：1.

建立“校领导接待日”“院领导接待日”等不同层面的接待日活动，切实了解、帮助学生解决学习生活中的实际困难，采取“辅导员家访”“党员教师一对一帮扶”“学生骨干一对一帮助”等措施，及时与学生沟通谈心，把教育、引导与服务学生结合起来。加强服务管理，不断创新管理服务方式，提高管理服务水平，满足大学生在学习、生活、文体活动等方面的合理需求。加强大学生心理健康教育、咨询体系建设，实现心理健康需求个性化，切实提高大学生心理健康素质。

（四）建立教育主体集体行动机制和提升教师队伍素质

大学生价值教育是一项持久的系统工程，需要教育主体集体行动，同向同行。全员育人明确了教育的责任主体和主体责任。高校所有专兼职教师、管理人员、教辅人员、服务人员都是大学生价值教育的参与者。提升大学生价值教育的实效，需要主体协同作用，履行好教书育人的职责，不断提升自身素质，增强对大学生进行价值引领的责任和使命意识。

第一，建立教育主体集体行动机制。推进大学生价值教育的开展，首先要明确教育主体的职责，教书育人、管理育人、服务育人形成教育合力，最大限度地发挥教育主体全员育人的整体效应。学校党委要发挥领导核心作用，把握方向，制定规划，协调统筹各部门，制定实施细则和考核细则，做到既有任务部署，又有督促、检查和反馈。团委、学生会、学院层面的党团组织结合大学生的特点，设置和开展丰富多彩的“第二课堂”“第三课堂”活动，把社会主义核心价值观的培育和践行落实到大学生日常生活的各个方面。思想政治理论课教师应有强烈的“上好课”的愿望，立足和用好思想政治理论课这一主渠道，提升社会主义核心价值体系的话语主导权和教育效果。学为人师，发挥表率作用，自觉弘扬和践行社会主义核心价值观。专业课教师应结合课程内容和特点进行符合社会主义核心价值体系要求的教学活动；结合专业教育，培养学生爱岗敬业，使其具备扎实的专业基础知识，学会用专业的方法分析解决问题，形成良好的专业素养。管理服务人员，以身作则，管理育人，以良好的服务态度，优质的服务质量，指引大学生形成良好的职业道德、职业美德。学生不仅是教育的客体，同时也是教育的主体，自觉接受教育，自觉认同、认可、践行社会主义核心价值观，做到内化于心、外化于行。

第二，加强教师队伍建设，提升教师队伍素质。加强大学生价值教育队伍的建设是大学生价值教育实践工作稳步推进的基本保障。加强大学生价值教育队伍建设，培养一批专业理论过硬、思想素质可靠、观念理念先进、工作方法科学的、具有现代化素质结构的工作队伍。习近平指出："长期以来，高校思想政治工作队伍兢兢业业、甘于奉献、奋发有为，为高等教育事业发展做出了重要贡献。要拓展选拔视野，抓好教育培训，强化实践锻炼，健全激励机制，整体推进高校党政干部和共青团干部、思想政治理论课教师和哲学社会科学课教师、辅导员班主任和心理咨询教师等队伍建设，保证这支队伍后继有人、源源不断。"①《中共中央　国务院关于全面深化新时代教师队伍建设改革的意见》指出："配齐建强高等学校思想政治工作队伍和党务工作队伍，完善选拔、培养、激励机制，形成一支专职为主、专兼结合、数量充足、素质优良的工作力量。"②在这个过程中，精心选拔是前提，大学生价值教育队伍的选拔，素质是关键，应择其优者而用之。培养提高是动力，对大学生价值教育队伍的素质要求不是一成不变的，是随着时代的变化而不断提高的，培养提高的内容包括思想政治素质、专业能力素质、新媒体新技术的运用，特别要加强教师队伍的价值及价值教育理论的教育培训，提高价值引导的针对性和实效性。培训的方式包括短期培训、进修、组织研讨会和交流学习会、专家流动讲学、网络学习等。激励机制是保障，建设大学生价值教育队伍，必须建立其相应的激励机制，如队伍资格准入机制、队伍流动机制、队伍职务晋升机制，激发队伍开展价值教育的内在动力。

（五）坚持中国情怀和国际视野的统一

习近平指出："培育和弘扬社会主义核心价值观必须立足中华优秀传统文化。牢固的核心价值观，都有其固有的根本。抛弃传统、丢掉根本，就等于割断了自己的精神命脉。博大精深的中华优秀传统文化是我们在世界文化激荡中站稳脚跟的根基。"③这段话中用了"立足""根本""根基"等词来阐释中华优秀传统文化对培育和践行社会主义核心价值观的意义。党的十九大报告指出："坚持社会主义核心价值体系，坚持马克思主义，树立共

---

① 习近平．习近平谈治国理政（第二卷）［M］．北京：外文出版社，2017：379-381.

② 中共中央，国务院．关于全面深化新时代教师队伍建设改革的意见［EB/OL］.http：//www.gov.cn/zhengce/2018-01/31/content_5262659.htm，2018-01-31.

③ 习近平．习近平谈治国理政［M］．北京：外文出版社，2014：163-164.

产主义远大理想和中国特色社会主义共同理想，培育和践行社会主义核心价值观，增强意识形态领域的主导权、话语权，推动中华优秀传统文化转化发展，继承革命文化，发展社会主义先进文化，不忘本来、吸收外来、面向未来，构筑起中国精神、中国价值、中国力量，为人民提供精神指引。”①新时代大学生的价值教育，既要立足本土，不忘本来，同时坚持国际视野，善于敢于吸收外来优秀的经验。

第一，立足本土，弘扬中华优秀传统文化，深入挖掘中华优秀传统文化中蕴含的价值观念，充分发挥文化的滋养作用。中华民族传统文化中蕴含的独具中国特色的价值体系，是中华民族宝贵的精神财富。习近平重点强调，要深入挖掘中华优秀传统文化中的优秀价值理念，如“民惟邦本，本固邦宁”中的民本思想；“天下兴亡，匹夫有责”中的责任担当精神；“言必行，行必果”中的诚信价值规范；“与人为善”中的友善价值规范。在新时代，开展大学生的价值教育工作，就要立足中华优秀传统文化，弘扬优秀传统文化中的优秀价值理念，使之成为大学生培育和践行社会主义核心价值观的重要内容。重点挖掘“讲仁爱、重民本、守诚信、崇正义、尚和合、求大同”六个方面中的价值观。中华民族的核心价值理念便是“讲仁爱”。“重民本”既是政治理念也是道德原则。“民主”价值目标就是对民本思想的继承发展。“守诚信”是中华民族的传统美德，是公认的价值标准和道德规范。“崇正义”是对社会合理秩序的追求，公正的价值理念是对“崇正义”的继承和发展。“尚和合”包含着“和而不同”“和实生物”的思想观念，对在多元文化价值观中如何凝聚最大公约数和尊重主体的个性有现实的借鉴意义。“求大同”可以提升为中华民族全体人民对伟大复兴中国梦的共同追求等。

当前，在大学生中培养和践行社会主义核心价值观，要善于从中华优秀传统文化中挖掘资源，汲取养分，否则，社会主义核心价值观就成了无本之源，就会失去历史传统和根基，不会有长久的影响力和生命力，不会得到大学生的认同。一是要在大学生中普及《中国文化概论》课程，让大学生对中华文化有一个系统的了解；二是继续开展弘扬中华优秀传统文化的主题教育活动，总结好的经验做法进行推广；三是利用网络新媒体大力弘扬中华优秀传统文化，让大学生在耳濡目染中接受优秀传统文化的熏陶。

① 习近平．决胜全面建成小康社会　夺取新时代中国特色社会主义伟大胜利——在中国共产党第十九次全国代表大会上的报告［M］．北京：人民出版社，2017：23.

第二，放眼世界，研究和借鉴国外价值教育中的优秀成果，使之本土化，融入中国语境。对于已深度融入全球化进程的中国而言，大学生价值教育必须立足本土的现实经验和文化资源。齐格蒙·鲍曼曾指出，由于多元主义是不可逆转的，不可能出现全球普遍认同的世界观和价值观，现存的世界观和价值体系均牢牢地植根于各自文化传统的基础之上。① 但社会主义核心价值观的培育和践行并不是封闭的。与此相反，应该是具有极大的包容性和开放性。不但要汲取中华优秀传统文化中的养分，也要善于吸收国外价值教育中的优秀成果，取其精华，去其糟粕，要本土化其他国家的优秀成果，使之融入中国语境。随着对外开放的深入，大学生的价值观念将更加深刻地受到国外各种社会思潮、文化价值观念的影响，大学生的价值教育工作必须要有国际视野，更要"加快构建充分反映中国特色、民族特性、时代特征的价值体系"，为世界大学生价值教育提供中国智慧、中国方案。

总结国外大学生价值教育的经验启示，为我国大学生价值教育提供借鉴。一是借鉴国外有关价值教育理论中的积极成果，拓展我国价值教育的理论研究，从而指导价值教育活动的开展。如人本主义理论中凸显的人的主体性，启示我们在价值教育的开展中要始终坚持以人为本；价值澄清理论主张引导教育对象自己进行价值澄清评价，主体由外化（在各种可能性中选择），到内化（对每种选择结果进行审慎思考后选择），经过珍视和珍爱、确认的珍视过程，再到行动（根据选择行动，重复行动），在这一澄清的过程中主体将澄清的内容内化于心并外化于行，这种教育方法值得我们借鉴。二是国外高校价值教育的有效做法，有很多值得我们借鉴之处。如国外重视显性课程和隐性课程的有机结合，注重发挥环境熏染渗透价值教育，重视发挥社会力量对学校价值教育的推动作用等。三是借鉴国外高校价值教育的先进方式方法，增强我国大学生价值教育的科学性和有效性。如国外的品格教育模式，强调用榜样示范在价值教育中的作用；社会行动模式鼓励学生参与社会行动，在社会行动中体验价值教育；价值澄清理论中的价值澄清方法；认知发展理论中的心理咨询方法等，这些价值教育的方法值得我们借鉴运用。

价值观作为文化的核心，从深层次塑造了不同民族和国家的生存方式和精神世界。大学生价值教育要向西方国家学习借鉴先进做法和有效经验，

① 齐格蒙·鲍曼．立法者与阐释者［M］．洪涛译．上海：上海人民出版社，2000：190.

坚持中国情怀和国际视野的统一，讲好中国故事，传播好中国声音，增强文化自信。“把跨越时空、超越国度、富有永恒魅力、具有当代价值的文化精神弘扬起来，把继承传统优秀文化又弘扬时代精神、立足本国又面向世界的当代中国文化创新成果传播出去。”[①] 让中华文明与各国人民创造的丰富多彩的文明共同为大学生的成长与进步提供正确的价值指引。

① 中共中央文献研究室.习近平关于社会主义文化建设论述摘编[M].北京：中央文献出版社，2017：201.

参考文献

一、经典著作

［1］马克思恩格斯文集（第1—第10卷）［M］. 北京：人民出版社，2009.

［2］马克思恩格斯选集（第1—第4卷）［M］. 北京：人民出版社，2012.

［3］列宁选集（第1—第4卷）［M］. 北京：人民出版社，2012.

［4］毛泽东文集（第1—第2卷）［M］. 北京：人民出版社，1993.

［5］毛泽东文集（第3—第5卷）［M］. 北京：人民出版社，1996.

［6］毛泽东文集（第6—第8卷）［M］北京：人民出版社，1999.

［7］毛泽东选集（第1—第4卷）［M］. 北京：人民出版社，1991.

［8］邓小平文选（第1—第2卷）［M］. 北京：人民出版社，1994.

［9］邓小平文选（第3卷）［M］. 北京：人民出版社，1993.

［10］江泽民文选（第1—第3卷）［M］. 北京：人民出版社，2006.

［11］胡锦涛文选（第1—第3卷）［M］. 北京：人民出版社，2016.

［12］习近平谈治国理政［M］. 北京：外文出版社，2014.

［13］习近平谈治国理政（第二卷）［M］. 北京：外文出版社，2017.

二、重要文献

［1］中央档案馆，中共中央文献研究室. 中共中央文件选集（第1—第50册）［M］. 北京：人民出版社，2013.

［2］中共中央文献研究室. 建国以来重要文献选编（第1—第7册）［M］. 北京：中央文献出版社，1993.

［3］中共中央文献研究室. 建国以来重要文献选编（第8—第10册）［M］. 北京：中央文献出版社，1994.

[4] 中共中央文献研究室．建国以来重要文献选编（第 11 册）[M]．北京：中央文献出版社，1995.

[5] 中共中央文献研究室．建国以来重要文献选编（第 12—第 13 册）[M]．北京：中央文献出版社，1996.

[6] 中共中央文献研究室．建国以来重要文献选编（第 14—第 17 册）[M]．北京：中央文献出版社，1997.

[7] 中共中央文献研究室．建国以来重要文献选编（第 18—第 20 册）[M]．北京：中央文献出版社，1998.

[8] 中共中央文献研究室．三中全会以来重要文献选编（上、下）[M]．北京：人民出版社，1982.

[9] 中共中央文献研究室．十二大以来重要文献选编（上、中）[M]．北京：人民出版社，1986.

[10] 中共中央文献研究室．十二大以来重要文献选编（下）[M]．北京：人民出版社，1988.

[11] 中共中央文献研究室．十三大以来重要文献选编（上、中）[M]．北京：人民出版社，1991.

[12] 中共中央文献研究室．十三大以来重要文献选编（下）[M]．北京：人民出版社，1993.

[13] 中共中央文献研究室．十四大以来重要文献选编（上）[M]．北京：人民出版社，1996.

[14] 中共中央文献研究室．十四大以来重要文献选编（中）[M]．北京：人民出版社，1997.

[15] 中共中央文献研究室．十四大以来重要文献选编（下）[M]．北京：人民出版社，1998.

[16] 中共中央文献研究室．十五大以来重要文献选编（上）[M]．北京：人民出版社，2000.

[17] 中共中央文献研究室．十五大以来重要文献选编（中）[M]．北京：人民出版社，2001.

[18] 中共中央文献研究室．十五大以来重要文献选编（下）[M]．北京：人民出版社，2003.

[19] 中共中央文献研究室．十六大以来重要文献选编（上）[M]．北京：中央文献出版社，2005.

［20］中共中央文献研究室．十六大以来重要文献选编（中）［M］．北京：中央文献出版社，2006.

［21］中共中央文献研究室．十六大以来重要文献选编（下）［M］．北京：中央文献出版社，2008.

［22］中共中央文献研究室．十七大以来重要文献选编（上）［M］．北京：中央文献出版社，2009.

［23］中共中央文献研究室．十七大以来重要文献选编（中）［M］．北京：中央文献出版社，2011.

［24］中共中央文献研究室．十七大以来重要文献选编（下）［M］．北京：中央文献出版社，2013.

［25］中共中央文献研究室．十八大以来重要文献选编（上）［M］．北京：中央文献出版社，2014.

［26］中共中央文献研究室．十八大以来重要文献选编（中）［M］．北京：中央文献出版社，2016.

［27］中共中央宣传部办公厅，中央档案馆编研部．中国共产党宣传工作文献选编（第 1—第 4 册）［M］．北京：学习出版社，1996.

［28］中共中央关于构建社会主义和谐社会若干重大问题的决定［M］．北京：人民出版社，2006.

［29］习近平．决胜全面建成小康社会　夺取新时代中国特色社会主义伟大胜利——在中国共产党第十九次全国代表大会上的报告［M］．北京：人民出版社，2017.

［30］共产主义青年团中央团校．马克思恩格斯列宁斯大林论青年［M］．北京：中国青年出版社，1980.

［31］共青团中央，中共中央文献研究室．毛泽东邓小平江泽民论青少年和青少年工作（增订本）［M］．北京：中央文献出版社，中国青年出版社，2003.

［32］高等教育部办公厅．高等教育文献法令汇编（1949—1952）［M］．北京：人民出版社，1958.

［33］教育部思想政治工作司．加强和改进大学生思想政治教育重要文献选编（1978—2014）［M］．北京：知识产权出版社，2015.

［34］育改革重要文献选编［M］．北京：人民教育出版社，1986.

三、一般著作

[1]包雅玮.高校社会主义核心价值观教育研究[M].北京：中国社会科学出版社，2016.

[2]陈秉公.思想政治教育学[M].长春：吉林大学出版社，1992.

[3]陈万柏.思想政治教育载体论[M].武汉：湖北人民出版社，2003.

[4]陈伟军.社会思潮的传播与核心价值引领[M].北京：人民出版社，2015.

[5]陈向明.质的研究方法与社会科学研究[M].北京：教育科学出版社，2000.

[6]陈章龙，周莉.价值观研究[M].南京：南京师范大学出版社，2004.

[7]冯刚，沈壮海.中华人民共和国学校德育编年史[M].北京：中国人民大学出版社，2010.

[8]高地.中国共产党社会主义核心价值观教育研究[M].北京：人民出版社，2013.

[9]龚海泉.当代大学德育史论[M].武汉：华中师范大学出版社，1997.

[10]龚海泉.高等学校思想政治教育史[M].武汉：武汉大学出版社，1992.

[11]龚海泉，万美容，梅萍.当代公民道德教育[M].北京：中央文献出版社，2000.

[12]龚海泉,张晋峰,张耀灿. 20 世纪的中国高等教育（德育卷）[M].北京：高等教育出版社，2003.

[13]韩震.教育的价值与价值的教育[M].北京：人民出版社，2015.

[14]郝维谦.中华人民共和国高等教育史[M].北京：新世界出版社，2011.

[15]黄济.教育哲学通论[M].太原：山西教育出版社，2011.

[16]姜玲玲.思想政治教育系统论[M].合肥：合肥工业大学出版社，2012.

[17]李斌雄，蒋耘中.高校学生形势与政策教育引论[M].北京：中国文史出版社，2014.

[18]李斌雄.扎紧制度的笼子——中国共产党党内法规制度的重大发展研究[M].武汉:武汉出版社，2017.

[19]李斌雄.中国共产党的价值观研究[M].北京：中国社会科学出版社，2003.

[20]李德顺，马俊峰.价值论原理[M].西安：陕西人民出版社，2002.

[21]李德顺.价值论——一种主体性的研究[M].北京：中国人民大学出版社，1987.

[22]李德顺.价值学大词典[M].北京:中国人民大学出版社，1995.

[23]李德顺.我们时代的人文精神 当代中国价值哲学的建构及其意义[M].北京:北京师范大学出版社，2013.

[24]李辉.现代思想政治教育环境研究[M].广州：广东人民出版社，2005.

[25]李连科.价值哲学引论[M].北京:商务印书馆，1999.

[26]李前进.我国大学生社会主义核心价值体系教育研究[M].上海:上海三联书店，2014.

[27]梁漱溟.中国文化要义[M].上海:上海世纪出版集团，2005.

[28]林滨.全球化时代价值教育[M].北京:人民出版社，2011.

[29]刘光.新中国高等教育大事记[M].长春：东北师范大学出版社，1990.

[30]刘济良等.价值观教育[M].北京:教育科学出版社，2007.

[31]刘建军.寻找思想政治教育的独特视角[M].北京：中国人民大学出版社，2016.

[32]刘建军.中国共产党思想政治教育的理论与实践[M].北京：中国人民大学出版社，2008.

[33]刘建军.信仰追问[M].北京:中国青年出版社，2015.

[34]鲁洁，王逢贤.德育新论[M].南京:江苏教育出版社，2010.

[35]罗国杰.伦理学[M].北京:人民出版社，1989.

[36]罗国杰.马克思主义思想政治教育理论基础[M].北京：高等教育出版社，1992.

[37]罗洪铁.思想政治教育学专题研究[M].重庆：西南师范大学出版社，1999.

［38］骆郁廷 . 当代大学生思想政治教育［M］. 北京：中国人民大学出版社，2010.

［39］骆郁廷 . 精神动力论［M］. 武汉：武汉大学出版社，2003.

［40］骆郁廷 . 思想政治教育原理与方法［M］. 北京：高等教育出版社，2010.

［41］马俊峰 . 马克思主义价值理论研究［M］. 北京：北京师范大学出版社，2012.

［42］倪愫襄 . 伦理学简论［M］. 武汉：武汉大学出版社，2007.

［43］戚万学 . 冲突与整合 ——20 世纪西方道德教育理论［M］. 济南：山东教育出版社，1995.

［44］瞿葆奎 . 德育［M］. 北京：人民教育出版社，1989.

［45］佘双好 . 大学生思想政治教育研究方法［M］. 北京：高等教育出版社，2010.

［46］沈壮海 . 思想政治教育有效性研究（第二版）［M］. 武汉：武汉大学出版社，2012.

［47］沈壮海 . 文化强国建设的中国逻辑［M］. 北京：人民出版社，2017.

［48］石书臣 . 现代思想政治教育主导性研究［M］. 上海：学林出版社，2004.

［49］石云霞 . 新中国思想理论教育 60 年（1949—2009）［M］. 武汉：华中科技大学出版社，2009.

［50］孙培清，李国钧 . 中国教育思想史［M］. 上海：华东师范大学出版社，1995.

［51］孙其昂 . 思想政治教育学前沿研究［M］. 北京：人民出版社，2013.

［52］童建军 . 价值教育合德性研究［M］. 北京：人民出版社，2014.

［53］童彭庆 . 思想政治教育心理学［M］. 北京：高等教育出版社，1996.

［54］王树荫 . 中国共产党思想政治教育史［M］. 北京：中国人民大学出版社，2015.

［55］王树荫 . 马克思主义中国化史（第二卷）［M］. 北京：中国人民大学出版社，2015.

[56]王玄武等.比较德育学[M].武汉：武汉大学出版社，2003.
[57]王玉樑.当代中国价值哲学[M].北京：人民出版社，2004.
[58]王玉樑.价值哲学新探[M].西安：陕西人民教育出版社，1993.
[59]韦吉锋.网络思想政治教育研究[M].北京：新华出版社，2005.
[60]魏贤超，王小飞.价值教育散论[M].武汉：武汉大学出版社，2018.
[61]吴亚林.价值与教育[M].北京：北京师范大学出版社，2009.
[62]吴育林等.当代中国价值问题与价值重构[M].北京：人民出版社，2014.
[63]夏银平.当代意识形态论[M].北京：人民出版社，2017.
[64]项久雨.思想政治教育价值论[M].北京：中国社会科学出版社，2003.
[65]肖前.马克思主义哲学原理[M].北京：中国人民出版社，1994.
[66]谢宏忠.大学生价值观导向——基于文化多样性视野的分析[M].北京：社会科学文献出版社，2010.
[67]熊建生.思想政治教育内容结构论[M].北京：中国社会科学出版社，2012.
[68]许启贤.中国共产党思想政治教育史[M].北京：中国人民大学出版社，2004.
[69]杨超.当代西方价值教育思潮[M].中山：中山大学出版社，2011.
[70]余清臣.现代学校价值教育[M].北京：北京师范大学出版社，2015.
[71]袁贵仁.价值观的理论与实践——价值观若干问题的思考[M].北京：北京师范大学出版社，2006.
[72]袁贵仁.价值学引论[M].北京：北京师范大学出版社，1991.
[73]袁贵仁.马克思主义人学理论研究[M].北京：北京师范大学出版社，2012.
[74]张彦.思想政治教育主体性研究[M].广州：广东人民出版社，2006.
[75]张耀灿.思想政治教育学前沿[M].北京：人民出版社，2006.
[76]张耀灿，郑永廷.现代思想政治教育学[M].北京：人民出版社，

2006.

[77]赵汀阳 . 论可能生活［M］. 上海：生活·读书·新知三联书店，1994.

[78]郑永廷，张彦 . 德育发展研究［M］. 北京：人民出版社，2006.

[79]郑永廷 . 思想政治教育方法论［M］. 北京：高等教育出版社，2000.

[80]郑永廷 . 现代思想道德教育理论与方法［M］. 广州：广东高等教育出版社，2000.

[81]中国共产党思想政治教育史编写组 . 中国共产党思想政治教育史［M］. 北京：高等教育出版社，2016.

[82]中央教育科学研究所 . 中华人民共和国教育大事记（1949—1982）［M］. 北京：教育科学出版社，1984.

[83][美]戴安·泰尔曼 . 青年生活价值训练广场［M］. 北京：北京师范大学出版社，2005.

[84][美]路易斯·拉思斯 . 价值与教学（中文版）［M］. 杭州：浙江教育出版社，2003.

[85][美]塞缪尔·亨廷顿，劳伦斯·哈里森 . 文化的重要作用——价值观如何影响人类进步［M］. 北京：新华出版社，2013.

[86][美]托马斯·里克纳，刘冰等 . 美式课堂——品质教育学校方略［M］. 海口：海南出版社，2001 .

[87][加]克里夫·贝克 . 学会过美好生活——人的价值世界［M］. 北京：中央编译出版社，1997.

[88][加]克里夫·贝克 . 优化学校教育——一种价值的观点［M］. 上海：华东师范大学出版社，2003.

[89][德]雅斯贝尔斯 . 什么是教育［M］. 上海：生活·读书·新知三联书店，1991.

四、论文

[1]陈封椿 . 用社会主义核心价值体系引领大学生健康成长［J］. 思想理论教育导刊，2012（1）.

[2]程馨莹，卢黎歌 . 社会主义核心价值体系及其教育研究述评［J］.

思想理论教育导刊，2014（6）.

［3］储德峰.大学生社会主义核心价值体系教育研究的双维度［J］.中国高等教育，2014（4）.

［4］冯刚.着力培育大学生社会主义核心价值观［J］.高校理论战线，2012（9）.

［5］高地.中国共产党社会主义核心价值观教育的历程、规律与经验［J］.思想教育研究，2011（8）.

［6］高政.英国价值教育概况与对中国的启示［J］.比较教育研究，2011（11）.

［7］龚放，王婧，郑汉文.大学生的价值教育：南京大学文化素质教育的个案分析［J］.高等教育研究，2000（5）.

［8］何桥.基于价值教育的终身教育体系重建［J］.中国高等教育，2011（8）.

［9］何中华.作为哲学概念的价值［J］.哲学研究，1993（9）.

［10］何祚榕.什么是作为哲学范畴的价值［J］.人文杂志，1993（3）.

［11］侯玉芹.当前高校价值教育面临的困境与挑战［J］.时代教育，2015（2）.

［12］胡萨.西方“价值教育”兴起、原因及启示［J］.中国教育学刊，2011（12）.

［13］胡绪明，刘鹏.社会主义核心价值体系融入大学生思想政治教育方法论探析［J］.思想政治教育研究，2017（10）.

［14］黄藿.价值教育的几个基本问题［J］.中国德育，2007（7）.

［15］黄蓉生，胡建军，崔健.加强大学生社会主义核心价值观教育的多维思考［J］.思想理论教育，2015（6）.

［16］黄蓉生，姜华.新中国成立以来大学生思想政治教育的发展历程［J］.思想教育研究，2009（9）.

［17］黄蓉生.大学生思想政治教育三十年发展论略［J］.西南大学学报（社会科学版），2014（3）.

［18］蓝维，夏飞.价值观的确立与发展——价值观教育30年的历史回顾［J］.中国德育，2008（12）.

［19］李斌雄，许桂芳.论马克思主义人学对大学生价值教育的实践要求［J］.学校党建与思想教育，2018（4）.

［20］李斌雄，李平贵．试论中国共产党的发展价值观［J］．武汉大学学报（哲学社会科学版），2007（1）．

［21］李斌雄,张小秋．大学生对社会主义核心价值体系的认同研究［J］．思想政治教育研究，2007（8）．

［22］李斌雄．论知识教育·价值教育·思想政治教育［J］．思想教育研究，2001（12）．

［23］李斌雄．我国社会主义核心价值体系教育的内容结构［J］．思想理论教育，2007（1）．

［24］李大健．多维审视与理性涵育——大学生社会主义核心价值体系教育研究［J］．马克思主义与现实，2016（3）．

［25］廖萍．论高校社会主义核心价值体系教育的基本路径［J］．思想理论教育导刊，2011（8）．

［26］林楠．论生命价值教育的目标取向［J］．理论与改革，2011（4）．

［27］刘川生．以习近平新时代中国特色社会主义思想为指导努力提升高校思想政治理论课亲和力与针对性［J］．中国高教研究，2018（2）．

［28］刘玉标,马静．九十年来中国共产党思想政治工作的人本向度［J］．理论导刊，2011（11）．

［29］刘蕴莲．论新形势下加强大学生社会主义核心价值观教育［J］．思想理论教育导刊，2014（5）．

［30］鲁洁．教育的返本归真——德育之根基所在［J］．华东师范大学学报（教育科学版），2001（12）．

［31］罗明星．基于价值本性的价值教育诠释［J］．江汉论坛,2011（12）．

［32］吕丽艳．多元价值背景下价值教育的挑战及其转向［J］．南京师大学报（社会科学版），2011（1）．

［33］彭未名．重建价值教育：大学道德知识边缘化的反思［J］．华中师范大学学报（人文社会科学版），2009（9）．

［34］蒲蕊．中国转型变革社会中的价值教育［J］．教育科学研究，2013（4）．

［35］秦玉友．价值教育的社会根基缺失与时代命题［J］．探索与争鸣，2013（10）．

［36］邱伟光．邓小平德育观的理论贡献和实践意义［J］．思想理论教育，2004（9）．

[37]邵常伟，赵丽，吴延红．高校社会主义核心价值体系教育的逻辑进路［J］．黑龙江高教研究，2017（11）．

[38]佘双好．当代大学生价值观念变化发展特点分析［J］．高等教育研究，1993（12）．

[39]佘双好．当代大学生价值观念变化发展特点及趋势分析［J］．青年研究，1999（3）．

[40]沈壮海，肖洋．2016年度大学生思想政治状况调查分析［J］．思想理论教育导刊，2017（1）．

[41]沈壮海，徐海蓉，刘素娟．中华人民共和国学校德育大事记（续）［J］．思想理论教育，2006（3）．

[42]石海兵．简论建国60年青年价值观教育的历史发展［J］．中国青年研究，2009（12）．

[43]石中英．当前加强青少年价值教育的几点建议［J］．中国教育学刊，2014（3）．

[44]石中英．价值教育的时代使命［J］．中国民族教育，2009（1）．

[45]孙弘安．坚持立德树人　加强大学生核心价值体系教育［J］．中国高等教育，2013（5）．

[46]孙瑞玉．论价值教育中的“应然”与“能然”——基于舍勒价值现象学的视角［J］．教育研究与实验，2013（12）．

[47]孙少平．十年“文革”时期学校德育的实践特征及其异化［J］．现代教育论丛，1998（12）．

[48]檀传宝．加强和改善德育工作的政策基础［J］．中国教育政策评论，2001（6）．

[49]唐卫红，罗明星，章明明．大学生价值冲突及价值教育策略研究［J］．广州大学学报（社会科学版），2010（9）．

[50]陶志琼．中小学价值教育的关键内容构成［J］．教育发展研究，2013（4）．

[51]王逢贤．价值教育及其在新世纪面临的挑战［J］．高等教育研究，2000（5）．

[52]王坤庆．论价值、教育价值与价值教育［J］．华中师范大学学报（人文社会科学版），2003（7）．

[53]王葎．价值教育的存在论基础［J］．教育研究，2014（3）．

[54] 王树荫，温静 . 中国共产党九十年思想政治教育疏导方针的发展演变 [J] . 思想政治教育研究，2011（6）.

[55] 王熙，陈晓晓 . 试论价值教育中教师的话语能力 [J] . 全球教育展望，2014（9）.

[56] 王占魁 . 澳大利亚学校价值教育的国家框架及其实施 [J] . 教师发展研究，2009（6）.

[57] 魏宏聚 . 变革时代的价值教育和公民教育 [J]. 教育研究,2013(3).

[58] 魏宏聚 . 价值教育在课堂 —— 英美两个有关教学实施价值教育研究的述评 [J] . 外国教育研究，2012（3）.

[59] 魏宏聚 . 课堂教学中实施价值教育的途径与策略 [J] . 教育科学研究，2013（2）.

[60] 吴锋 . 道德教育的核心是价值教育 [J] . 扬州大学学报（高教研究版），2011（12）.

[61] 吴凤平，玛格丽特 · 泰普林，黄甫全，刘彩祥 . 价值教育课程开发过程中教师专业成长的阶段和策略 [J] . 教师教育研究，2008（5）.

[62] 吴庆，张泽一 . 高校大学生价值教育的冲突及实现方式创新 [J] . 教育理论与实践，2015（9）.

[63] 吴亚林 . 学生如何看待社会主义核心价值观教育 [J] . 教育研究与实验，2017（5）.

[64] 吴亚林 . 价值教育及其在教育中的定位 [J] . 教育研究与实验，2011（4）.

[65] 辛志勇，金盛华 . 西方学校价值观教育方法的发展及其启示 [J] . 比较教育研究，2002（4）.

[66] 徐群祥 . 对大学生进行社会主义核心价值教育实效性的思考 [J] . 江苏高教，2008（3）.

[67] 许静波 . 大学生社会主义核心价值体系教育的认同途径探析 [J] . 思想理论教育导刊，2014（1）.

[68] 杨威. 国外价值观教育研究：目标、内容与方法 [J] . 思想理论教育，2017（10）.

[69] 杨威 . 好公民抑或好人？ —— 当代西方学校价值教育的路径与困境 [J] . 外国教育研究，2016（6）.

[70] 杨威 . 西方国家核心价值观培育的多主体系统及其协作 —— 以美

国、英国、澳大利亚为主要分析对象［J］. 社会主义核心价值观研究，2016（10）.

［71］杨辛. 德育：价值教育还是价值观教育［J］. 基础教育研究，2004（11）.

［72］姚本先. 新时期大学生价值观演变的轨迹、特点及原因［J］. 高等教育研究，2007（9）.

［73］于建福，王杰. 挖掘儒学核心价值　共谋儒学价值教育［J］. 理论视野，2010（10）.

［74］余清臣. 现代学校价值教育核心内容体系及其教育策略——以社会和谐—人生幸福为中心［J］. 教育学报，2013（2）.

［75］张岱年. 论价值的层次［J］. 中国社会科学，1990（3）.

［76］张岱年. 论价值和价值观［J］. 中国社会科学院研究生院学报，1992（6）.

［77］张坤. 德国特色价值教育——对一种隐性公民教育的探析及其启示［J］. 外国教育研究，2008（9）.

［78］郑晓江. 知识性科学教育与人文性价值教育——推进“三生教育”的意义与价值［J］. 广东社会科学，2011（1）.

［79］郑永廷. 中国共产党思想政治教育理论的创新与发展——纪念中国共产党建党九十周年［J］. 思想教育研究，2011（6）.

［80］朱哲，薛焱. 价值自觉、价值自信与价值实践——践行社会主义核心价值观的三个维度［J］. 思想教育研究，2014（5）.

［81］朱哲，郭国祥. 科学发展观视域下的小康社会建设［J］. 马克思主义与现实，2007（4）.

［82］顾海良. 教材体系是育人育才的关键［N］. 光明日报，2017-10-24.

［83］胡锦涛. 致中国青年群英会的信［N］. 人民日报，2007-05-05.

［84］卢新宁，李斌. 中国有梦　青春无悔——习近平五四青年节参加主题团日活动侧记［N］. 光明日报，2013-05-06.

［85］王庆环.“80”后大学生思想主流积极健康——高校学生思想政治状况滚动调查显示［N］. 光明日报，2008-08-01.

［86］习近平. 青年要自觉践行社会主义核心价值观——在北京大学师生座谈会上的讲话［N］. 人民日报，2014-05-05.

［87］习近平在中共中央政治局第十二次集体学习时强调建设社会主义文化强国着力提高国家文化软实力［N］. 人民日报，2014-01-01.

［88］张烁 . 在全党大兴学习之风　依靠学习和实践走向未来［N］. 人民日报，2013-03-02.

［89］朱哲，周翔 . 培育诚实守信的社会风尚［N］. 人民日报，2013-04-09.

［90］艾萍 . 变俗与变政［D］. 华东师范大学博士学位论文，2007.

［91］蔡丹 . 中国特色社会主义事业总体布局思想形成与发展研究［D］. 中共中央党校博士学位论文，2010.

［92］陈华文 . 立德树人维度下的大学生社会主义核心价值观教育研究［D］. 中国地质大学博士学位论文，2016.

［93］程婧 . 改革开放以来大学生思想政治教育若干问题研究［D］. 南京大学博士学位论文，2013.

［94］邓亚秋 . 毛泽东邓小平江泽民人才思想研究［D］. 西南大学博士学位论文，2011.

［95］方爱东 . 社会主义核心价值观的发展历程及其当代建构［D］. 安徽大学博士学位论文，2010.

［96］高地 . 中国共产党社会主义核心价值观教育研究［D］. 东北师范大学博士学位论文，2011.

［97］苟国旗 . 当代大学生马克思主义价值观培育研究［D］. 电子科技大学博士学位论文，2013.

［98］郭凤志 . 德育文化论［D］. 东北师范大学博士学位论文，2005.

［99］何会宁 . 新时期思想政治视域下的大学生研究［D］. 西南大学博士学位论文，2011.

［100］雷儒金 . 高校思想政治理论课程教学方法改革研究［D］. 武汉大学博士学位论文，2012.

［101］李养民 . 当代中国马克思主义大众化论域下的大学生价值观教育研究［D］. 陕西师范大学博士学位论文，2012.

［102］刘成立 . 大学生思想政治教育人本旨归的发展反思［D］. 东北师范大学博士学位论文，2014.

［103］邱琳 . 英国学校价值教育研究［D］. 武汉大学博士学位论文，2010.

［104］宋婷．建国以来高校法制教育研究［D］．南开大学博士学位论文，2013.

［105］孙建青．当代大学生核心价值观教育问题研究［D］．山东大学博士学位论文，2014.

［106］吴艳东．思想政治教育导向论［D］．武汉大学博士学位论文，2010.

［107］徐晓霞．新中国60年来高校理想教育的基本历程与基本经验［D］．山东大学博士学位论文，2016.

［108］杨天平．中国教育方针发展研究［D］．武汉大学博士学位论文，2011.

［109］张传民．中国特色社会主义文化发展道路研究［D］．山东大学博士学位论文，2014.

［110］张俊峰．马克思主义实践教育思想的发展及其现实价值研究［D］．福建师范大学博士学位论文，2015.

五、英文文献

［1］J.Mark Halstead，Monica J.Taylor（eds.）.Values in Education and Education in Values［M］.London：The Falmer Press，1996.

［2］H.Michael Hartoonian.The Ideal of America：How Values Shaped our Republic and Hold the Key to our Future［M］.Williamsburg：Vigina，Colonial Williamsburg Foundation，2013.

［3］Graham Haydon.Teaching About Values：A New Approach［M］. London：Cassel Wellington House，1997.

［4］Graham Haydon.Education，Philosophy and the Ethical Environment［M］.London：Routledge，2006.

［5］Bill Robb.What is Values Education So What［J］.The Journal of Values Education，1998（1）.

［6］Elisabeth Arweck，Eleanor Nesbitt.Values Education：The Development and Classroom Use of An Educational Programme［J］.British Educational Research Journal，2004，30（2）.

［7］Margaret Edwards　Arcus.Values Reasoning：An Approach to Values

Education [J] .Family Relations , 1980 (4) .

[8] Michael A.Morehead and Barbara Blumhagen.Values Education Is Basic Education [J] .American Secondary Education, 1984 (4) .

[9] Peter F.Carbone Jr.Perspectives on Values Education [J] .The Clearing House, 1991 (5) .

[10] Peter Silcock and Diane Duncan.Values Acquisition and Values Education : Some Proposals[J].British Journal of Educational Studies, 2001(9).

[11] Wing-Wah Law and Wai-Chung Ho.Values Education in Hong Kong School Music Education : A Sociological Critique [J] .British Journal of Educational Studies, 2004 (3) .

[12] Sundaresan Shobha, Nandakumar Kala.Value Education towards Empowerment of Youth-A Holistic Approac [J] .Procedia - Social and Behavioral Sciences, 2015 (72) .

[13] Tekin Çelikkaya, Uğur Başarmak, Simge Filoğlu, Bilge Şahin. Teacher-Parents' Relations in the Efficiency of the Value Education [J] . Procedia-Social and Behavioral Sciences, 2014, 11 (6) .

[14] Li Wang. The Study Significance and Individual Value Positioning of the Ideological and Political Education of College Students [J] . Canadian Social Science, 2015, 11 (5) .

[15] Karen Rodriguez.Cultivating Empathy and Empowerment Among Cultural Others : Values Education and Study Abroad [J] .Journal of College and Character, 2011, 4 (4) .

[16] Elisabete dos Santos Freire, Maria Luiza de Jesus Miranda. The Production of Knowledge about the Building of Values in Physical Education at School : Methods, Methodology and Epistemology [J] .Physical Education and Sport Pedagogy, 2014, 19 (1) .

[17] Beatriz Manzano-García, María Tomé-Fernández. Intercultural Values in the European and Latin American Basic Education [J] .Procedia - Social and Behavioral Sciences, 2017, 23 (7) .

[18] Maria Helena de Agrela Gonçalves Jardim, Geraldo Bezerra da Silva Junior, Márcia Lúcia Sousa Dias Alves.Values in Students of Higher Education [J] .Creative Education, 2017, 8 (10) .